크리스천을 위한

긍정의 훈육

본문 내 성경 인용은 개역개정에 맞추어 표기하였으며,
그 외 번역본을 사용한 경우 별도 표기했다.

Positive Discipline in the Christian Home

크리스천을 위한
긍정의 훈육

제인 넬슨, 메리 휴스, 마이크 브록 지음 · 안미영 옮김 · 김성환 감수

교육과실천

조건 없는 사랑에 관해 나에게 가르쳐주신 나의 부모님,

우리아 패럴 우드와 애그니스 레이니 우드에게

– 제인 넬슨 –

나에게 지속적으로 그리스도로부터

온 살아 있는 편지가 되어준 나의 가족에게(고후 3:2-4)

– 메리 휴스 –

나에게 예수님의 가르침을 가장 먼저 소개해주신

나의 부모님, 톰과 도리스 브록에게

– 마이크 브록 –

나의 성장과 성숙을 위해 아버지께서 보내주신 나의 가족과

함께 훈육의 길에 동행 중인 남편 종필에게

– 안미영 –

나를 포함해서 많은 크리스천 부모들이 성경의 원리에 따라 단호함과 온유함을 가지고 자녀를 양육하고 싶어 하지만, 구체적인 방법을 알지 못해 여러 시행착오를 겪고 있다. 이 책은 최근 학교 현장에서 적극적으로 도입되어 학생 지도에 실제 적용되고 있는 긍정훈육법을 성경적 관점에서 재해석하며 구체적인 양육 방법을 제시해준다. 귀한 책을 모든 부모들, 부모가 될 사람들 그리고 여러 자리에서 양육의 역할을 감당하는 사람들과 공유하고 싶다. •김영식_좋은교사운동 공동대표

심리, 정서적 불안으로 어려움을 겪는 아이를 교실에서 만날 때마다 가정의 회복이 절실하게 느껴지고 건강한 가정을 더욱 소망하게 된다. 이 책은 하나님께서 창조하신 가족 공동체의 자녀 양육에 대한 성경적인 교훈을 '긍정 훈육의 이론과 실제'를 통해 효과적으로 제공하고 있다. 이러한 소망을 실현하게 해줄 것이라는 기대를 품고 모든 부모에게, 교회학교 교사들에게 적극 추천한다. •이거랑_교사선교회 대표간사

견고한 콘크리트 구조물은 철근과 시멘트의 결합으로 이루어진다. 철근 없는 시멘트는 사상누각이요, 시멘트 없는 철근은 앙상할 뿐이다. '아이들을 하나님의 사람으로 어떻게 길러낼 것인가?'라는 질문 앞에 이 책은 철근과 시멘트 모두를 제공하리라 확신한다. 그러기에 이 책은 이 시대 크리스천 부모와 교사, 아이들을 사랑하는 모든 분들을 위한 축복이요 선물이 될 것이다. •이풍우_별무리교회 담임목사

자녀 양육을 책임지는 부모 역시 수많은 실수를 하며 조금씩 괜찮은 부모가 되어간다. 이 책에는 실수해도 괜찮다는 메시지와 함께 하나님의 방법과 일치하는 긍정 훈육의 원리가 담겨 있다. 『크리스천을 위한 긍정의 훈육』은 하나님이 맡기신 자녀들을 하나님이 그리시는 모습대로 양육하고자 애쓰는 부모를 격려하고 돕는 보배와 같은 책이다.

 • 송영옥_7남매의 아버지, 화순 늘푸른교회 담임목사

모든 사랑하는 부모들을 위한 실제적인 안내서다. 겉보기에 복잡한 부모 되는 일을 엄청 간단하게 만들어준, 이 작가들이 한 일이 얼마나 놀라운 일인가! • 케빈 리먼 박사_『나는 왜 나인가?』 저자

『크리스천을 위한 긍정의 훈육』은 깊음과 실질적 단순함의 절묘한 조합이다. 철학적이고 성경적이고 도덕적인 원칙에 기초한 이 책은 모든 교회 도서관과 크리스천 가정에 있어야 한다. • 폴 포크너 박사_애빌린 크리스천 대학 교수

나는 『크리스천을 위한 긍정의 훈육』이 첫 출판된 이래로 이 책에 나오는 양육 방법을 계속 가르쳐왔다. 나는 성경과 연결된 이 놀라운 도구들을 보고 정말 기뻤다. 내 수업에 참여하는 대부분의 가족은 자녀가 하나님과 이웃을 사랑하며 성장하기를 갈망한다. 이들은 친절함과 단호함

으로 이 도구들을 적용하는 법과 성경적인 가르침의 본을 보일 수 있는 사랑스러운 양육 환경을 조성하는 데 반드시 해야 하는 것에 대한 균형감을 배우려고 하는 젊은 부모다. 이들은 서술적인 성경 본문과 실제 사례가 어떻게 자신들의 양육에 명료함과 기쁨을 가져다주었는지를 표현한다. • 잔 모리스_긍정 훈육 공인 리드 트레이너, 부모 코치

처음부터 유대-기독교의 가르침은 전통적인 가정생활과 자녀 양육에 대한 지침으로 사용되어왔다. 이제 긍정 훈육의 상호 보완적인 원칙과 실제적인 적용은 오늘날의 격동적이고 급변하는 사회에서 도덕적인 아이로 기르고자 애쓰는 부모를 도와줄 확고한 믿음의 기초와 밀접하게 관련되어 있다. • 린다 E. 제섭_부모 격려 프로그램 설립자(PEP Inc.)

흥미진진한 책이다. 진짜 크리스천다운 가르침과 원칙을 자녀 양육 실천에 적용하기를 갈망하는 부모라면 꼭 읽어야 할 가이드다. • 레버런드 페기 구치_첫 통일 메소디스트 교회 어린이&가족 사역자

진부한 자기계발서와 기분 좋게 하는 쉬운 해결책이 세상에 넘쳐나는 가운데 크리스천을 위한 긍정의 훈육은 신선한 변화로 서 있다. 이 책은 초보 부모 및 경험 있는 부모 모두에게 한 단계 한 단계 실천하며 완성되어가는 자녀 양육에 대한 명확한 윤곽과 이해 가능하며 분별력 있는

양육의 철학을 제공한다. 성경적 지혜를 알프레트 아들러와 루돌프 드라이커스의 입증된 이론으로 엮어낸 이 책은 신앙에 기반을 둔 삶의 가장 좋은 교훈과 현대 심리학자들의 통찰을 매끄럽게 결합해, 자녀를 훌륭하게 키우고자 하는 부모들이 읽기 쉽고, 현실적이며, 가치 있는 가이드를 얻어갈 수 있다. •다이앤 쿠퍼_전 세인트 에드워드 스쿨 교장

크리스천을 위한 긍정의 훈육은 모든 부모들의 기도에 대한 해답이다! 성경적인 자녀 양육의 모델과 실생활의 사례로 가득 차 있으며, 부모들이 '그리스도의 장성한 분량이 충만'한 자녀로 자라게 하는 법을 탐구할 때 가치 있는 도구다. •브렌다 버드_목회자 사모, 자녀 양육 에듀케이터, 동기부여 강연자

부모는 자녀 한 명 한 명에게 특별한 축복과 승인 도장을 주시는 하나님이 보내신, 이 땅의 개인 대리인들이다. 이 책은 당신이 그것을 할 수 있는 힘을 준다. •팀 티몬스_뉴커뮤니티교회 목사

감수의 글

"너희 중에 죄 없는 자가 먼저 돌로 치라."

바리새인들과 서기관이 예수님을 찾아와 모세의 율법을 이야기하며 간음을 한 여인을 돌로 머리를 쳐야 한다며 예수님의 생각을 물어보자 예수님이 한 말이다.

학창 시절 교회에 다녔다면 누구나 기억하는 문장이다. 그런데 이 책을 통해 발견한 문장은 그다음이다.

"나도 너를 정죄하지 아니하노니 가서 다시는 죄를 범하지 말라."

2014년 학급긍정훈육법(PDC, Positive Discipline in the Classroom)이 대한민국에 소개되었다. 그 후 대한민국 생활교육의 입문서가 되었고, 친절하며 단호한 교육을 꿈꾸는 많은 교사에게 나침반이 되었다. 그 후 '긍정의 훈육' 시리즈의 다른 여러 책이 소개되며 친절하며 단호한 양육을 원하는 많은 부모님에게 도움을 주고 있다.

이 책을 쓴 메리는 조건 없는 사랑을 삶으로 보여주었다. 2015년 일 년 동안 학급긍정훈육법을 실천한 것에 대한 피드백을 격주 화요일마다 영상통화로 반년 동안 해주었다. 마치 '모리와 함께한 화요일'의 기억과 같다. 미국에 있는 멘토와 나의 수업과 실천을 나누며 긍정 훈육을 글이 아닌 실천으로 배울 수 있게 이끌어주신 분이다.

공동 저자인 제인은 2014년 원서를 읽고 보낸 나의 메일에 초대장을 보낸 분이다. 그 후 영국으로 달려가 제인의 연수를 들었고, 처음 만난 나에게 "Enjoy your journey for PD"라는 문장을 자신의 책에 사인하여 선물해주었다. 정말 그 문구처럼 지금도 긍정의 훈육을 즐기고 있다.

다시 여인의 이야기로 돌아가면, "너희 중에 죄 없는 자가 먼저 돌로 치라"는 인간에 대한 사랑이었다. 긍정 훈육에서는 이를 친절함으로 표현한다. 또 존재와 행위의 분리이다. 잘못된 행위는 미워하되, 사람은 사랑하라는 메시지이다.

하지만 예수님은 사랑으로만 대하지는 않았다.

"나도 너를 정죄하지 아니하노니 가서 다시는 죄를 범하지 말라."

대화의 마지막으로 단호함이었다. 다시 죄를 지으면 어떻게 하겠다는 위협이나 경고도, 착하게 살면 어떻게 하겠다는 보상도 포함하지 않는다. 그저 너의 양심으로 죄를 범하지 않아야 한다고 이야기를 마무리한다.

이 책은 사랑과 규범, 친절함과 단호함을 꿈꾸는 모든 사람에게 도움이 될 것이다. 특히 하나님의 말씀으로 살아가는 크리스천에게는 더 큰 감동을 선물한다. 이 책을 번역한 안미영 선생님은 긍정의 훈육을 실천하고 또 교회에서 봉사하며 사랑을 실천하고 있다. 3년의 세월 동안 고생한 결과물이 나오게 되어 더없이 기쁘고 축하하는 마음이다.

김성환

자녀 양육에 관한 아름다운 이야기가 누가복음 2장 41-52절 말씀에 담겨 있다. 우리에게 익숙한 이야기다. 요셉과 마리아가 12살 된 아들 예수를 데리고 유월절을 기리기 위해 예루살렘으로 향한다. 절기를 다 지내고 나서 요셉과 마리아는 집으로 돌아간다. 물론 소년 예수가 일행 가운데 있을 거라 생각하고. 하지만 만 하루를 꼬박 보내고 나서야 그가 함께 있지 않음을 알아차린다. 아들이 온 광야 어디에도 없다는 사실을 깨달았을 때 그들이 얼마나 당혹스럽고 두려웠을지 충분히 상상할 수 있다.

요셉과 마리아는 다시 예루살렘으로 향한다. 불안과 눈물의 시간을 보내며 소년 예수를 찾아 헤맨 지 사흘째. 마침내 예수를 찾았을 때 그는 서원에 앉아 장로들과 이야기를 나누고 있었다. 성경은 사흘간 찾아 헤맨 사연에 대해 세부적인 것까지 이야기하고 있진 않다. 하지만 "아들, 왜 너는 우리에게 이렇게 대했니? 네 아버지와 내가 얼마나 근심하며 너를 찾아 헤맨 줄 아니?"라며 묻는 마리아의 말에서 그녀의 정신적 고통이 충분히 느껴진다. 그런데 소년 예수는 그녀를 가만히 바라보며 묻는다. "왜 나를 찾으셨나요? 당신은 내가 있어야 할 곳을 모르셨나요?"

자, 이 순간을 한번 상상해보자. 당신은 가족 휴가를 마치고 집을 향해 가다가 당신의 아이 중 하나가 실종된 사실을 깨달았다. 차를 돌려 급히 돌아가 잃어버린 아이를 찾느라 사흘을 꼬박 정신없이 보냈다. 마침내 아이를 찾았는데, 그 아이는 당신에게 잠잠히 묻는다. "무엇이 그렇게 속상하신 거예요?" 대부분의 부모는 그 순간 폭발하지 않으려고 필사적으로 몸부림칠 것이다.

이 지점에서 성경이 우리에게 적절한 훈육의 장면을 보여준다고 추정할 수 있다. 사실 혹자는 이 아이가 고의로 불순종하였기에 사랑의 매를 맞아야 한다고 말할지 모르겠다. 하지만 이때 어떤 체벌도 가해지지 않았다. 그 대신 우리가 말해볼 수 있는 건 요셉과 마리아는 예수와 분하게 토론을 했다는 점이다. 그리고 부모와 함께 나사렛으로 돌아온 예수가 부모에게 순종했으며, '지혜와 키가 자라면서 하나님과 사람들에게 더욱 사랑스러워 갔다'(52절)는 이야기로 끝이 난다(이 성경 이야기의 해석에 대해 훌륭한 유년부 목사이자 긍정 훈육 교사이신 프리츠 멈에게 감사드린다).

대부분의 크리스천 부모는 요셉과 마리아가 원했던 것과 같이 자기 자녀가 참으로 순종하고 지혜 안에서 잘 자라며 하나님과 사람들의 총애를 받기를 원한다. 그런데 그런 일이 가능하기나 할까? 일반 서점이든 기독교 서점이든 자녀 양육서는 넘쳐나고, 걱정 가득한 부모는 정보를 찾아 헤맨다. 존중을 실천하며 책임감 있고 유능한 아이로 자라게 하는 가장 좋은 방법에 대해서 말이다.

저자 중 한 명인 메리 휴스가 남편과 함께 자신들에게 적합한 양육 방식을 찾았던 '가족 만들기' 여정을 공유하면서 전해준 이야기를 잠시 들어보자.

　　우리 아이들이 태어났을 때 기독교 신앙에 맞아떨어지는 지식도, 잘 형성된 좋은 상식도 나에게 없었다. 그렇지만 아동 발달 전문가인 나는 육아에 자신감을 드러내야만 했다. 어쨌든 나는 어떻게 아이를 발달시키는가를 배우기 위해 대학에 다녔다. 이런 내가? 우리의 두 번째 임신이 쌍둥이로 판명 났을 때 이 사실은 가족 사이에서 농담거리가 될 정도였다. 그때 큰딸은 고작 4살이었다. 나는 모든 상황에서 상당히 효과가 있다는 생활지도 기법을 배웠다. 대체로 그 기술들은 꽤 잘 작용했다. 적어도 다른 사람들의 아이들에게서는 말이다. 그러나 나는 그 문제의 핵심에 초점을 맞춘 책이나 이론을 여전히 찾지 못하고 있었다.

　　대학에서 공부한 그 어떤 것도 세 아이를 어떻게 통제할 수 있는지를 가르쳐주지 못했다. 루돌프 드라이커스의 『민주적인 부모가 된다는 것(Children: The Challenge)』을 읽고 제인 넬슨의 『긍정의 훈육』을 발견하여 도전받을 때까지 내 양육 방식은 가장 엄격한 군대 장군과 가장 감미로운 할머니 사이에서 늘 흔들렸다. 나는 한계에 달했을 때 통제와 응보적 결과, 좋은 행동을 위한 보상, 불일치 그리고 소리지르기 등을 다 써보았다. 그러나 이런 엄격하지만 일관성 없는 양육 방식이 내가 가르치는 아이뿐 아니라 내 자녀에게도 내가 원한 심리적 안정감이나 확고한 자신감을 길러줄 수 없다는 사실을 미처 깨닫지 못했다.

감사하게도, 세 아이와 남편은 롤러코스터의 세월 속에서 생존해주었다. 『긍정의 훈육』은 내가 고대하던 부모가 될 수 있도록 용기를 주었다. 이 원칙을 발견하면서 나는 게임 보드에서 보물 상자를 여는 것 같은 느낌을 받았다. 내가 직면한 어려움은 한 번에 한 단계씩 정말 일관되고, 차분하고, 용기 있는 단계로 나아갔다. 나는 더욱 자신 있고 창의적이며 사랑스러운 부모로 성장했다. 나는 결코 완벽하지 못하다. 하나님께서 남편과 내가 가정과 교회 안에서 나누도록 예비하신 이 사역은 완벽을 기반으로 하지 않는다. 그것은 은혜와 자비를 통해 우리에게 다른 길을 보여주시는 사랑의 하나님의 토대가 그 기반이 된다. 그리고 드라이커스가 말하는 '불완전할 용기'를 가지고, 남편과 나는 양육의 마음을 가질 수 있었다.

실수는 배울 기회가 되었다. 우리 양육 방식은 극단적인 방향으로 바뀌지 않고(적어도 자주는 아니다) 단호하면서 친절했다. 응보적 결과는 종종 가족 모임이나 공동 문제를 해결하는 세션에서 자녀의 의견을 반영하는 '해결책'이 되었다. 상호 존중은 기대하고 예상했던 것보다 훨씬 더 잘 이루어졌다. 책임과 권리는 어른에게 보상받는 것이라기보다 성장의 보증 마크가 되었다. 우리는 말씀이 적용된 긍정 훈육을 보았다.

성경을 연구할 때마다 우리는 "예수님이라면 어떻게 하셨을까?"라고 묻는다. 이 어구가 현재 시대에서 만들어지기 훨씬 전부터 말이다. 1970년대에 우리는 찰스 먼로 셸던의 저서 『예수님이라면 어떻게 하실까』를 읽던 성경 공부에 참여했다. 이 성경 공부는 우리 마음과 궁극적으로 우리 가족을 변화시켰고, 우리는 우리를 진정으로 돌보시는 하나님의 도우심을 구했다. 우리 아이들은 이미 다 컸고 이제 손자까지 있지만, 나와 개리는 지금도 교회에서 자녀 양육 강좌를 가르친다. 왜냐하면 하나님께서 이 지구상에 우리를 초대해 서로를 연결하신다는 지식 가운데 우리는 여전히 배우며 성장하고 있기 때문이다.

메리가 발견한 대로 어떤 부모도 완벽하지 않다. 자녀도 마찬가지다. 성경은 가족들이 그들의 여정에 함께할 수 있도록 인도하는 희망, 영감, 일상의 지혜를 담은 메시지로 가득 차 있다. 이 책은 당신에게 이 길을 따라 사용할 수 있는 구체적이고 실제적인 기술을 제공할 것이다.

이 책은 당신에게 '그' 답을 주기 위한 것이 결코 아니다. 그저 하나님이 당신에게 맡기신 자녀를 위한 그의 목적을 이루도록 당신을 돕기 위한 것이다. 매일의 위기 중재 정도가 아닌 장기적인 관점에서 양육을 생각하도록 격려하고자 고안되었다. 우리 저자들은 긍정 훈육의 원칙과 도구가 당신의 영적 신념에 '다리'를 놓아줄 것이라고 희망한다. 당신이 너무나 깊이 사랑하는 자녀에게 신앙, 존경, 지혜, 용기를 키워줄 실제 기술들로 말이다.

의심할 여지 없이, 당신이 발견한 대로 정말 자녀 양육은 쉬운 과업이 아니다. 그리고 많은 부모가 때때로 자신들이 과연 '옳은' 일을 하고 있는지 미심쩍어한다. 특히 크리스천 부모는 자녀의 행동을 인도하는 것뿐 아니라 그들의 신앙과 하나님에 대한 믿음을 굳게 세우고 견고하게 하고자 노력한다. 당신이 배워갈 때 실수는 배우는 과정의 일부분이다.

아이뿐 아니라 부모에게도 말이다. 우리는 모두 실수를 한다. 하나님은 속히 용서하시고, 구하는 이에게 힘과 격려를 주신다는 사실을 아는 것은 정말 대단한 일이 아닌가?

부모에게는 경이로운 특권과 굉장한 책임이 있다. 우리는 자녀를 너무나 깊이 사랑한다. 그러나 자녀를 잘 키워야 하는 과제는 때론 큰 부담이 된다. 긍정 훈육은 양육에 도움이 될 만한 아이디어와 기술을 제공할 수 있지만 신앙과 용기, 확고부동한 사랑은 당신의 몫이다.

에이브러햄 링컨은 이렇게 기술했다. "나는 어머니의 기도를 기억하며 그 기도는 나를 따랐다. 그 기도는 나와 내 모든 삶을 붙들었다." 우리 기도가 우리 자녀를 붙들어줄 것이라는 믿음으로 우리가 돌보는 동안 그들을 가르치고, 인도하고, 격려하고, 누릴 수 있을 만큼 충분히 사랑하길 바란다. 자, 이제 시작해보자!

Positive Discipline
in the
Christian Home

제1장
훈육이란 무엇인가?
—

전 세계 크리스천의 공통된 특성은 예수 그리스도를 향한 사랑이다. 예수님은 사랑의 복음 원리를 가르칠 때 친절하고도 단호하셨다. 가정 안에서, 공동체 가운데서 그리고 하나님 나라에서 자녀가 사랑스러운 구성원으로 성장할 수 있도록 이 책이 부모에게 가르치는 바는 이런 그리스도적 본질과 일치한다.

누군가 묻는다. "훈육이 긍정적일 수 있다고 말하는 건 모순 아닌가?" 그렇다면 당신은 훈육의 진정한 의미를 이해하지 못한 것이다. 훈육과 처벌은 많은 사람이 생각하는 것처럼 동의어가 아니다(discipline이 징계로 번역되는 경우가 많다). '훈육(discipline)'이라는 단어는 라틴어로 '학생 또는 학습자'를 의미하는 '디스키풀루스(discipulus)'와 '진리와 원칙의 추종자 또는 존경받는 지도자'를 의미하는 '디스키플리니(disciplini)'에서 유래했다. 우리는 자녀가 진리와 그리스도인의 원리를 배우고 따르는 자가 되기를 바란다. 그리고 그들의 존경받는, 리더 되시는 예수 그리스도를 온전히 바라보기를 원한다.

긍정 훈육은 사랑을 통해 가르치고 훈련하는 방법이다. 예수님께서 말씀하셨다. "새 계명을 너희에게 주노니 서로 사랑하라. 내가 너희를 사랑한 것같이 너희도 서로 사랑하라. 너희가 서로 사랑하면 이로써 모든 사람이 너희가 내 제자인 줄 알리라."(요 13:34-35) 서로 사랑하고 사랑 안에 거하라는 명령은 사실 새로운 것이 아니다. 구약의 율법에도 "네 이웃 사랑하기를 네 자신과 같이 사랑하라"(레 19:18, 34)라고 분명하게 가르치고 있다. 그렇다면 무엇이 새로운 것일까? 예수님께서는 제자들에게 "내가 너를 사랑한 것처럼" 다른 사람들을 사랑하라고 명하셨다. 예수님은 '부모이고 교사이며 아이와 같은' 우리에게 요청하신다. 서로 사랑하고 그를 따르는 우리 삶을 모델로 삼도록 말이다. 긍정 훈육은 예수님의 사랑, 그의 친절하고 확고한 사랑의 틀 내에서 작용한다. 이 책 전체를 통해 예수님과 그의 제자들이 진정한 훈육(즉 가르침, 훈련, 제자도)의 모범을 어떻게 보이셨는지 알 수 있을 것이다.

우리 아이들의 마음과 영혼을 만지는 것이 긍정 훈육의 목표이다. 성경에 "하나님이 우리에게 주신 것은 두려워하는 마음이 아니요 오직 능력과 사랑과 절제(self-discipline)하는 마음이니"(딤후 1:7)라고 말씀하고 있다. 처벌에 대한 두려움에서 오는 맹목적인 순종이 아니라 자기 훈육, 즉 자기 조절력을 키우는 것이 아이들에게 필요하다. 그들의 행동은 경건한 원칙에 따라 인도받아야 한다. 새로운 킹 제임스 번역에는 "하나님은 우리에게 두려움의 정신을 주지 않으셨다"라고 표현되어 있다. 또한 예수님의 제자 요한은 이렇게 기술했다. "사랑 안에 두려움이 없고

온전한 사랑이 두려움을 내쫓나니 두려움에는 형벌이 있음이라."(요일 4:18a)

믿음에 관한 한마디: 하나님이나 교회에 대해 믿어야 하는 것을 결정하는 일 또는 '올바른' 생활 방식 선택지를 구성하는 것을 결정하는 일은 저자로서 우리의 목적이 아니다. 이런 것들은 부모가 자기 스스로 그리고 자기 가족과 스스로 만들어가야 하는 결정이다. 우리는 당신의 자녀가 성인으로 자랄 때 그들이 소중히 여기길 원하는 메시지와 가치를 진지하게 생각해보도록 당신을 격려할 뿐이다. 우리가 이미 언급한 것과 같은 이러한 원칙은 당신과 자녀와의 모든 상호작용의 일부가 되어야 한다. 훌륭한 교회, 현명한 목회자 그리고 당신을 지지하는 신앙 공동체가 당신과 자녀가 삶의 매일매일을 믿음 안에서 살아가도록 함께 도울 것이다.

가르침의 훈육 연습하기

그리스도의 사랑을 가르치고 훈련하는 훈육은 다음 4가지 기준을 충족해야 한다.

1. 아이가 하나님을 사랑하고 귀중한 사회적, 영적, 인생 기술을 익히도록 가르치는가?
2. 아이와 부모 모두를 존중하는 방식인가?
3. 장기적인 관점에서 효과적인가?

4. 친절함과 단호함이 동시에 나타나는가?

가르치기 그리고 훈련하기

너희 자녀를 노엽게 하지 말고 오직 주의 교훈과 훈계로 양육하
라.(엡 6:4)
마땅히 행할 길을 아이에게 가르치라 그리하면 늙어도 그것을 떠나
지 아니하리라.(잠 22:6)

어느 무엇보다 먼저, 크리스천 부모는 자신의 삶과 훈육 방법이 자녀
가 하나님을 사랑하기를 배우고 그리스도를 닮는 삶의 모델이 되며, 자
녀에게 사회적, 영적, 인생 기술을 가르치는 데 도움이 되기를 원한다.
모든 크리스천이 마땅히 행할 길을 아이에게 가르치고 훈련해야 한다
고 믿지만, 이 말씀을 어떻게 실천하고 이루어나갈 수 있을지 의문이 많
다. 자녀가 책임 있고 능력 있는 성인이 되어 하나님을 사랑하고 그분을
자기 삶 속에서 온전히 따를 수 있도록 보장해주는 양육은 과연 어떤 방
식일까? 엄격한 양육법은 자녀가 가야 하는 길을 보장할까? 자녀를 너
무나 사랑하여 모든 소원을 다 들어주는 방식은 어떤가? 그 방법이 아
이가 가야 하는 길에서 돌아서지 않게 해주었다며 감사할 수 있을까?
그렇다면 강의식은 어떤가? 아이가 부모의 말을 열심히 듣고 부모가 제
공해야 할 환상적인 지혜라고 감탄하며 흡수하고 있는가?
우리는 그렇게 생각하지 않는다. 이 방법 중 어느 것도 '장기적인 결

과'를 고려하지 않기 때문에 도움이 되지 않는다. 또한 인생의 여정을 따라 아이가 각 단계에서 무엇을 결정했는지도 고려하지 않았다. 아이가(부모인 당신도) 실수에서 배우고 다음번에 더 정중하게 행동하기를 고려하기보다 지금 당장 아이의 행동을 멈추는 데 신경 쓴다면 처벌도 효과가 있다. 또한 보상은 적어도 잠깐 규정을 준수하는 데 동기를 부여하기도 한다. 그러나 당신의 아이가 미래에 대해 무엇을 결정하고 있을까? 아이에게 굴복하는 것은 아이가 짜증 부리는 상황을 일시적으로 모면할 수 있게 해주겠지만, 다시 묻겠다. 아이가 미래에 대해 무엇을 결정하고 있을까? 어떻게 사랑과 소속감을 찾을 수 있을지, 믿음에 대해, (그들의 성격을 형성하는) 관계에 대해 아이들은 그들이 돌아서지 않을 것들로부터 나름의 결정을 내리고 있다.

아이들은 항상 무언가를 결정한다

아이의 성격은 5세 무렵에 형성된다. 많은 사람이 어린 시절의 의사결정의 힘을 이해하지 못하기 때문에 이 점을 이해하는 데 실패한다. 의식적으로 그 사실을 인식하지 못할지라도 아이들은 항상 다음과 같은 의사결정을 한다.

- 그들이 누구인지 – 좋은지 나쁜지, 능력이 있는지 없는지, 가치가 있는지 없는지
- 다른 사람들은 어떤지 – 우호적인지 위협적인지, 지지하는지 지지하지 않는지, 사랑하는지 사랑하지 않는지

- 가족 안에서 무엇이 '작용'하는지 – 내가 어떻게 소속감과 존재감을 찾을 수 있는지

그리고 그들이 의식적으로 그것을 인식하지 못할지라도, 모든 아이는 다음과 같은 결정을 내린다.

- 나는 _____. 그러므로 생존하거나 잘 자라기 위해서는 반드시 _____ 해야만 해.

아이들은 이 빈칸을 어떤 식으로 채울까? 어떤 아이는 "나는 능력이 없어. 그래서 포기할 거고 내 인생은 미끄러질 거야"라고 결정할지 모른다. 또 다른 아이는 "나는 지금 능력이 없지만 언젠가는 할 수 있는 일을 모두 할 거야"라고 결정할 수도 있다. 어떤 아이는 "나는 선을 행할 능력은 없지만, 나쁘게 하는 것으로는 특별할 수 있어"라고 결정할지 모른다. 또 다른 아이는 "나는 능력이 없지만, 다른 사람을 조종해 나를 돌보게 할 수 있어"라고 결정 내릴 수 있다. 이런 식으로 계속해서 나열해볼 수 있다. 아이들의 수만큼이나 다양한 결정이 있다. 핵심은 자녀가 미래의 신념과 행동에 영향을 줄 결정을 계속하고 있다는 사실을 너무 많은 부모가 고려하지 않고 있다는 점이다.

당신은 무엇을 결정할 것인가?

행크는 아내 레티에게 명령조로 가혹하게 말했다. "당신 방으로 가서

당신이 한 일에 대해 생각해봐!"

수전은 남편 조지에게 말했다. "당신은 신발을 다시 정돈하는 걸 잊었어. 일주일 동안 TV를 볼 수 없을 줄 알아."

배우자가 당신을 이렇게 대하면 어떻게 대답할까? "고마워, 여보, 나는 그게 필요했어. 당신이 나를 모욕하고 이런 식으로 처벌할 때 나는 크게 동기유발이 되어 더 잘할 수 있겠다고 느껴"라고 말할 것인가? 아니면 "나는 그렇게 생각하지 않는데. 나한테 그런 식으로 말하는 당신 도대체 뭐야?"라고 말하겠는가? 아니면 당신이 느끼는 고통과 굴욕에 대항하여 자신을 보호하기 위해 벽을 쌓고 그냥 물러날지도 모른다.

가르침의 훈육은 아이와 부모 모두를 존중하는 방식이다

> 모든 사람을 존중하며.(벧전 2:17a, 새번역)
> 그러므로 너희는 무엇이든지, 남에게 대접을 받고자 하는 대로, 너희도 남을 대접하여라.(마 7:12a, 새번역)

다른 사람이 나에게 해주길 원하는 대로 다른 사람에게 행하라는 '황금률'을 모든 사람이 알고 있다. 아이들 역시 다른 이들과 마찬가지로 '다른 사람들'이다. 우리는 이 말씀이 아이에게도 적용될 수 있다는 것을 왜 깨닫지 못하는 걸까? 왜 우리는 처벌이 우리보다 아이에게 더 효과적일 것이라고 생각할까? 아이가 더 나은 '행동'을 하도록 하기 위해 먼저 아이의 '기분'을 더 나쁘게 해야 한다는 터무니없는 생각은 대체 어디서 왔을까?

어린 시절(또는 어른으로서 최근에) 누군가가 당신을 꾸짖거나, 실망시키거나, 모욕감을 주거나 해서 자신이 작고 쓸모없는 존재처럼 느껴졌던 때를 생각해보자. 그 사건을 마치 지금 당장 일어나고 있는 것처럼 재연해보라(이 재연에 쓴 시간이 매우 가치 있었음을 알 것이다). 당신은 무엇을 느낄 수 있는가? 자신에 대해, 다른 사람에 대해, 그리고 앞으로 무엇을 할 것인지에 대해 어떤 결심을 하게 되는가?

당신은 아마도 겁이 나고, 반항적이고, 나쁘고, 슬프고, 재미있어하고, 화나고, 분개하거나 하는 많은 감정을 느꼈을 것이다. 이러한 감정을 바탕으로 당신은 미래의 행동에 영향을 미칠 수 있는 어떤 것을 결정하고 있다.

당신이 결정하고 있는 무언가를 깨닫기 위해 더 깊이 연구해야 할 수도 있다. 하지만 당신은 이미 결정을 내렸을지 모른다. 당신은 스스로 쓸모없다거나 당신에게 이렇게 한 사람이 존경받을 가치가 없다고 결정했을 수 있다. 실패에 대한 두려움 때문에 위험을 감수하지 않으려 하거나 다음 기회를 잡는 것을 피하려고 결심했을 수 있다. 할 수 있는 한 빨리 이 사람을 얻으려고 결심하거나, 칭찬 중독자가 되려고 결심하거나, 이 사람이 당신을 사랑하도록 하기 위해 어떤 일이든 가리지 않고 하려 할 수도 있다.

다시 말해 이러한 결심은 대개 표현되지 않고 머무르며, 의식적으로 형성된 것은 아니지만 이것이 미래의 행동에 대한 강력한 동기부여가 된다는 점을 기억해야 한다.

아이가 자기 자신에 대해, 자신을 둘러싼 세상에 대해, 미래에 무엇을 할 것인가에 대해 결심하는 바를 고려하기 시작하면, 우리는 왜 처벌이 아이가 스스로 가야 할 길에서 벗어나지 않도록 영감을 주는 가장 좋은 동기가 될 수 없는지 금세 알 수 있다. 우리는(그리고 학술지에 묻혀 있는 다량의 연구 결과로) 장기적인 관점에서 처벌이 결코 효과적인 양육 도구가 아니라는 점을 알 수 있다. 처벌은 외부의 동기부여이며 '강요자'가 있는 경우에만 올바른 방법을 따르도록 가르친다. 아이가 자기 마음에서 그렇게 행동하는 게 옳다는 것을 알고 있어서가 아니기 때문이다. 자녀 양육에 관해 이야기할 때, 우리는 두려움과 존경이 전혀 같지 않다는 것을 깨달아야 한다.

가르침의 훈육은 장기적으로 효과적이어야 한다

> 마땅히 행할 길을 아이에게 가르치라 그리하면 늙어도 그것을 떠나지 아니하리라.(잠 22:6)

그 순간에 효과가 있는 듯이 보이는 것은 장기적으로는 거의 효과가 없다. 우리가 때때로 "무슨 효과가 있는지 주의하라"라고 말하는 이유이다. 비록 당신이 아이의 행동을 멈추게 할지라도, 자신에 대해 그리고 미래의 할 일에 대해 아이는 무엇을 결정하고 있는가? 아이가 당신에 대해서는 무엇을 결정하고 있는가? 우리는 대부분의 아이가 처벌의 4가지 R 중 하나를 채택하기로 결정한다는 것을 발견해왔다.

1. 반항(Rebellion) : "나는 그들이 나를 어떻게 할 수 없다는 것을 보여
   줄 거야."
2. 보복(Revenge) : "나는 그들을 다시 아프게 하고 말 거야."
3. 분개(Resentment) : "이건 불공평해… 난 어른들을 믿을 수 없어."
4. 후퇴(Retreat)
   a. 비겁함 : "다음에는 걸리지 말아야지."
   b. 낮은 자존감 : "나는 정말 나쁜 사람이야."

 부모는 자녀가 항상 어떤 결정을 내리고 있다는 점을 이해할 때, 그리
고 눈앞의 성공에 취하지 않고 장기적인 영향을 더 중요하게 여길 때 이
러한 처벌의 4가지 결과를 피할 수 있다.

 장기적인 효과에 대해 또 다른 중요한 점은 자녀가 책임에 대해 배우
고 있음을 깨닫는 것이다. 생각해보자. 부모가 처벌(그리고 보상)을 사용
할 때, 책임감을 배우는 사람은 부모다. 이 방법을 사용할 때 처벌을 내
리기 위해 '나쁜' 아이를 붙잡고, 보상을 주기 위해 아이를 '잘' 잡는 것
은 부모의 일이다. 그러나 부모가 주변에 없을 때는 어떻게 되는가?

 '해야 하는 일'을 하지 않으면 아이의 마음은 죄책감으로 가득 찰 수
있다. 그렇지만 아이의 마음에 자기가 가야 할 길을 가고자 하는 바람으
로 가득 차 있을 때 아이는 자기 자신과 다른 사람에게 '그 방법'의 가치
를 이해시킬 것이기에 이것이 훨씬 더 효과적이라고 생각한다. 그런 아
이는 두려움과 죄책감보다는 사랑과 논리에 따라 동기부여 될 것이다.

체벌

어떤 양육서는 성경적 경고를 실천한다는 이유로 체벌을 지지한다. "매(막대기)를 아끼는 자는 그의 자식을 미워함이라 자식을 사랑하는 자는 근실히 징계하느니라."(잠 13:24a) 그러나 성경을 보면 그들을 때리거나 치기 위해서가 아니라 양을 인도하고 올바른 길로 가도록 하기 위해 막대기를 사용했다. 시편에서는 "내가 사망의 음침한 골짜기로 다닐지라도 해를 두려워하지 않을 것은 주께서 나와 함께하심이라. 주의 지팡이와 막대기가 나를 안위하시나이다"(시 23:4)라고 했다. 잠언에서는 "여호와께서 그 사랑하시는 자를 징계하시기를 마치 아비가 그 기뻐하는 아들을 징계함같이 하시느니라"(잠 3:12)라고 나와 있다. 좋은 체벌로 인해 진심으로 즐거워하는 부모(아이조차도)는 거의 없다.

성경이 우리에게 '막대기'에 관해서 가르쳐주는 바는 우리가 실제적으로 가르침을 의미하는 생활지도와 훈육에서 사용되는 막대기로 이해하는 것과 매우 다르다. 잠언의 중점은 말로 하는 격려와 가르침에 있다. 성경은 전체적으로 아들을 향한 아버지의 말로 짜여 있고 '삶의 사실'을 가르친다. 그는 계속해서 애원한다. "아들아, 들어라." 어머니 역시 동일하게 중요한 영향력이 있다. "내 아들아, 네 아비의 훈계를 들으며 네 어미의 법을 떠나지 말라."(잠 1:8) 부모와 자녀 사이의 대화는 따뜻하다. 그리고 잠언 17장 6절에서는 성경 전체가 의미하는 것을 내포하고 있다. 즉, 부모와 자식은 서로 간에 적이 아니라 서로 자랑스러워하는 삶의 동맹으로 존재한다는 것이다.

교회의 음악 사역자였던 셰릴은 선한 의도가 있는 목사님께 3살짜리 아들을 훈육하기 위해 나무 숟가락으로 엉덩이를 때리라는 조언을 얻었다. 한 번의 엉덩이 때리기 이후 그녀는 침대에 앉은 아이가 "난 내가 싫어. 난 나빠"라고 말하면서 자기 머리를 때리는 모습을 보았다. 어린 아들이 자신에 대해 이런 결정을 내렸지만 이는 결코 그녀가 원하는 것이 아니었다. 그녀는 사랑스럽고 확고한 훈육을 제공하는 다른 방법을 찾다가 긍정 훈육이 자녀의 존중, 협력 및 자기 훈육을 배우도록 돕는 데 훨씬 더 효과적임을 발견했다. 그리고 그것이 율법뿐 아니라 은혜와 긍휼의 하나님에 대한 그녀의 믿음과 더 부합했다.

앞에서 보았듯이 예수님은 우리에게 서로 사랑하라고 명하셨다. "내가 너희를 사랑한 것같이."(요 13:34) 부모는 때때로 '자녀를 사랑'하기 때문에 어떤 결정을 내리지만 그것이 자녀의 장기적인 최선의 이익에 진실로 맞지 않을 때가 많다. 예를 들어 '자녀를 사랑'하기 때문에 아이가 하고 싶은 대로 하게 하거나, 자녀를 '사랑'하고 '더 잘하기'를 원하기 때문에 끊임없이 비판할 수도 있다. 예수님의 행동은 은혜와 연민으로 가득했고 처벌적이지 않았으며, 늘 가르치고 격려하는 사랑에 기반하고 있었다.

크리스천은 간음한 여인에 대한 예수님의 반응을 잘 안다(요 8:1-11). 그러나 이것이 예수님의 형벌 없는 사랑의 가르침의 또 다른 본보기라는 것을 잘 인식하지 못할 수 있다. 모세의 율법은 그녀가 자기 죄로 인해 돌을 맞아야 마땅하다고 이야기하지만, 예수님은 완전히 다른 방식으로 접근하셨다. 그는 여인을 비난하는 사람들이 자기 삶에서 죄를 깨닫고 더는 그녀를 해치지 않고 떠나가도록 했다. 예수님은 그녀를 정죄하지 않는다고 말씀하셨다. 그러고는 "가서 다시는 죄를 범하지 말라"(요 8:11)라고 하셨다.

우리가 처벌을 그만두어야 한다고 주장하면 많은 사람이 "자녀가 원하는 것은 무엇이든 하도록 내버려 두어야 한다는 말인가?"라고 묻는다. 절대 그렇진 않다. 자유방임(허용)은 그 순간 더 좋게 느껴질 수도 있지만 (부모와 자식 모두에게) 궁극적으로는 전혀 애정이 없는 양육의 접근 방식이다. 그것은 아이들이 통제의 내적 기준에서 나오는 자기 조절, 책임감, 협력 그리고 문제 해결 기술, 즉 부모가 지켜보고 있는지 여부에 상관없이 올바른 일을 하는 능력을 키우는 데 도움이 되지 않는다. 또한 부모가 자녀를 가르치고 훈련해야 한다는 성경의 명령에 순종하는 것도 아니다. 그렇다면 당신은 물을 것이다. 처벌도 아니고 자유방임도 아니라면 무엇인가?

가르침의 훈육은 친절함과 단호함이 함께 있다

예수님께서는 제자들에게 친절함과 단호함이 함께 있는 게 어떤 것인지를 보여주셨다. 간음한 여인과의 이야기에서 그분의 친절함은 돌에 맞아 죽게 될 여인을 지키는 것으로 분명히 나타난다. 그러나 예수님은 단호하기도 했다. 여인이 했던 일을 받아들여질 수 있는 것이라고 말하지 않았다. 그리고 그 범죄를 그냥 넘기지 않았다. 그는 여인에게 "가서 다시는 죄를 범하지 말라"라고 명령하셨다. 예수님은 벌을 주지도 않으셨으며, 방임을 하지도 않으셨다. 그에게는 친절함과 단호함이 함께 있었다.

이것이 이 책 전체를 통해 이 주제를 반복적으로 듣게 될 이유다. 친절함은 어린아이를 존중한다는 것을 보여주기 때문에 중요하다. 단호함은 가족의 질서와 구조를 위해 필요하다는 것을 존중하기 때문에 중요하다. 제인 넬슨이 쓴 『긍정적인 타임아웃(Positive Time-out)』은 아이들에게 "그들이 가야 할 길을 가라"라고 동기부여 하기 위해 전혀 효과적이지 않은 방법(그리고 효과적인 방법)의 예를 제공한다.

8살 제이크가 숙제를 하지 않았다. 아빠는 제이크의 자전거를 압수했고, 숙제를 다 할 때까지 외출 금지(부정적 타임아웃)라고 말했다. 그는 이것이 숙제를 하지 않으면 얻게 되는 논리적인 결과라고 생각했다. 너무 화가 난 제이크는 자기 방에 앉아서 어떻게 이 숙제를 거부할 수 있을지, 아빠에게 복수하기에 충분한 행동이 무엇일지 생각했다. 제이크는 분명 최선을 다하지 않을 것이다.

16살 엠마는 숙제를 하지 않았다. 아빠는 엠마에게 그것에 관해 이야기할 수 있는지 물었고 또 "네가 숙제를 끝내는 데 가장 적당한 시간대는 언제니? 6시 30분이니, 7시니?"라고 물었다(선택권을 주면 아이에게 권한이 생기고, 방어적인 반응 대신 협력을 이끌어낼 수 있다. 토론하다가 분노를 일으킬 때 종종 발생하는 공격과 방어 대신 평온함을 얻기 위해 토론 전에 잠시 기다리는 것은 어른과 아이 모두에게 타임아웃이 된다). 엠마는 앞으로 다가올 일이 무엇인지 알았고 숙제를 끝내기 위해 6시 30분을 선택했다.

6시 30분에 아빠가 "내가 너를 사랑하는 만큼 너도 너 자신을 사랑하고 있는지 궁금해"라고 묻자 엠마는 놀랐다.

엠마는 웃으며 말했다. "무슨 말씀 하시는 거예요, 아빠?" 그는 말했다. "음, 아빠가 너를 얼마나 사랑하는지 알려주고 싶었어. 그래서 또한 너에게 가장 이익이 되는 것을 마음에 두고 있지. 아빠는 네가 너 자신을 얼마나 사랑하는지, 그리고 너에게 가장 이익이 되는 것을 얼마나 생각하는지 궁금해."

엠마는 수상하게 여겼다. "이게 나를 속여서 숙제를 하게 하려는 아빠의 방법이에요?"

아빠가 대답했다. "숙제가 네게 도움이 된다고 생각하지 않는다면 내가 왜 너에게 숙제를 하라고 강요하려 하겠니? 우린 네가 하고 싶지 않은 일을 하게 할 수 없다는 걸 잘 알고 있어. 그렇지만 아빠는 기꺼이 너자신을 위해 무엇이 좋은지 탐험할 수 있게 도와주고 싶고, 네가 최선을다해 성취할 수 있는 계획을 세우도록 도울 거야."

엠마는 "좋아요, 아빠. 앞으로 숙제를 할게요"라고 말했다.

아빠는 먼저 무조건적인 사랑과 용납을 제안했으며(주님께서 우리와 같이하시는 것처럼) 그 문제를 의논하기 위해 엠마를 초대했다. 잔소리와 처벌(딸을 저항하고, 분개하고, 반항하게 하는) 대신에. 엠마는 숙제를 하는 게 자신에게 가장 이익이 될 거라는 것을 빨리 알아차렸다. 만약 아빠가 잔소리의 덫에 계속 빠져들어 그녀에게 가장 이익이 되는 것이 무엇인지 생각해보자고 이야기했다면 엠마는 아마도 "아빠는 뭐가 제일 좋은지 몰라!"라고 단정 지어버렸을 것이다.

아빠는 대답했다. "예쁜 딸, 아빠가 항상 너를 상기시켜줘야 하는 건효과가 없어. 그건 우리 사이에 갈등을 일으킬 뿐이야. 나는 그런 식으로 우리 시간을 보내고 싶지 않아. 만약 네가 그것이 너한테 가장 이익이 된다는 걸 알지 못한다면 넌 숙제를 하는 데 동의하지 않겠지. 어떻게 하면 한 걸음 더 나아갈 수 있을까? 숙제를 하기에 가장 좋은 시간을 포함한 규칙적인 저녁 시간표를 만드는 게 도움이 될 것 같아. 숙제를 할 수 있는 시간이 필요해. 내일 저녁에 네가 어떻게 구상했는지 보여주겠니? 어떤 계획이 최선의 효과가 있을지 네가 알 거라고 아빠는 믿어."

엠마는 동의했다. 이튿날 저녁 엠마는 아빠에게 저녁 공부를 위한 다음 계획을 보여주었다.

> 3:30~4:00 학교에서 힘든 하루를 보낸 뒤 휴식하기
> 4:00~4:30 친구와 통화하기
> 4:30~5:30 숙제
> 5:30~6:00 저녁 식사 전 잠깐 쉬기(그리고 조금 도와드리기)
> 6:00~6:30 저녁 식사
> 6:30~7:00 마치지 못한 경우 숙제 끝내기
> 7:00~8:00 좋아하는 TV 프로그램 보기

아빠가 말했다. "좋은 계획 같은데. 이제 일과표가 아빠를 대신해 보스 역할을 해줄 수 있어. 이렇게 조직적으로 일정을 정리하는 것이 네 인생 내내 정말 유용할 거야."

아이들은 왜 협력하지 않을까

많은 부모는 자기 아이가 엠마만큼 협조적이라고 믿지 않는다. 만약 이런 부모가 유용한 방법으로 자신의 힘을 사용하도록 아이를 인도하는 대신에 힘겨루기의 패턴을 설정한다면, 아이는 아마도 협조하지 않을 것이다. 부모가 생각하는 일반적으로 협력해주는 것의 의미는 '내가 너에게 하라고 말한 것을 해'이다. 이러한 정의는 협력을 이끌어내지 못한

다. 오히려 반항을 불러일으킬 뿐이다.

아이가 협조하고 싶어 하지 않는다면, 부모와 교사가 그러한 환경을 조성하지 않아서일 수 있다. 아이가 진정으로 계획을 세우고 가이드라인을 짜고 해결책을 브레인스토밍하는 데 참여할 수 있는 협력적인 환경을 조성하지 않은 것이다. 많은 아이가 자기 통제와 협력보다 통제에 대한 저항과 반항으로 '자아감(sense of self)'을 지켜내려고 더 애쓴다.

엠마는 자기 행동에 대한 책임을 자신에게 넘겨주는 부모의 방식에 익숙했다. 엠마의 가족은 문제 해결을 위해 브레인스토밍을 하는 정기 가족회의를 오랫동안 해왔다. 엠마는 두 살 때부터 일과표(취침, 기상, 식사)를 작성하는 일에 참여했다. 부모님은 인생의 초기에 이 과정을 수립했다. 8장에서 다른 긍정 훈육 도구와 함께 이 일과에 대해 논의할 것이다.

아동 발달, 연령 적합성과 기질

성장과 변화는 인간 존재의 일부다. 부모는 이 사실을 본능적으로 인식한다. 대부분의 부모는 자녀가 유아일 때 '정상적으로' 발달하고 있는지 확인하기 위해 육아서의 차트와 표를 모은다. 성경에서도 각 사람의 능력과 지각은 시간이 지남에 따라 발달한다고 말한다. "내가 어렸을 때는 말하는 것이 어린아이와 같고 깨닫는 것이 어린아이와 같고 생각하는 것이 어린아이와 같다가 장성한 사람이 되어서는 어린아이의 일을 버렸노라."(고전 13:11)

육아서는 종종 아동 발달, 연령 적합성 그리고 기질에 대한 정보가 충분하지 못하다. 5장에서 자녀의 발달, 즉 정서적·육체적·인지적인 발달을 이해하는 일이 중요한 이유와 그것이 양육 결정 방식에 어떤 영향을 미치는지 알아볼 것이다.

이 책은 당신을 위한 것인가?

> 하나님이 우리를 사랑하시는 사랑을 우리가 알고 믿었노니…. 사랑 안에 두려움이 없고 온전한 사랑이 두려움을 내쫓나니 두려움에는 형벌이 있음이라 두려워하는 자는 사랑 안에서 온전히 이루지 못하였느니라. … 하나님을 사랑하는 자는 또한 그 형제를 사랑할지니라.(요일 4:16-21)

만약 당신이 하나님의 권위를 존중하고 그분의 위엄에 경외심을 표하고 그분의 리더십을 존중한다면 이 책은 당신을 위한 것이다. 이 책은 하나님과 그의 계명에 대한 경외심과 존경을 바탕으로 한다. 우리는 이 책 속에서 부모와 자식 간의 관계를 특징짓는 각종 난기류와 시험을 견디고 자녀와 좋은 관계를 맺을 수 있는 수백 가지 방법을 찾을 것이라고 확신한다. 이 관계를 통해 당신은 가족으로서 사랑과 가르침과 격려에 바탕을 둔 하나님과(그리고 서로와) 관계를 맺어가는 법을 함께 배울 것이다. "마땅히 행할 길을 아이에게 가르치라."

긍정 훈육이란

1. 상호 존중의 철학에 바탕을 둔 태도. 주님을 존중하고, 자녀를 존중하며, 부모를 존중하고, 다른 사람을 존중한다.

2. 친절함과 단호함을 동시에 요구하는 사랑의 태도. 친절함은 어린아이에 대한 존중을 나타내며, 단호함은 성인에 대한 존중과 적절한 사회적 행동의 기준을 나타낸다. 예수님은 친절함과 단호함을 함께 행하는 완벽한 모범이 되셨다. 이것은 이 책 전반에 걸쳐 친절함과 단호함을 동시에 실천하는 데 더 많은 시간을 할애할 수 있도록 하는 중요한 개념이다(대부분의 부모가 성취하기에 너무 어려워 보이는 것이다). 그리고 우리는 실제 적용에서 그것이 어떻게 나타나는지 다양한 예를 제공할 것이다.

3. 아동 발달에 대한 이해와 장기적으로 긍정적인 결과를 낳는 것. 순간적으로 오작동을 멈추게 할 수 있는 단기간의 처벌적 방법은 순간적으로 잘못된 행동을 멈추게 할 수는 있지만, 장기적으로 부정적인 결과를 초래한다(나중에 자세히 설명할 것이다).

4. 가치 있는 영적 개념과 인생 기술(예: 다른 사람에 대한 관심, 자기 훈육, 문제 해결 기술)을 가르쳐주는 많은 훈련 도구가 담긴 양육 도구 상자.

5. 예수의 모범과 리더십을 따르기를 소망하는 크리스천 가정에서 사랑과 만족과 기쁨을 키우는 방법.

Positive Discipline
in the
Christian Home

제2장

크리스천 양육의 어려움

—

하나님이 그 지으신 모든 것을 보시니

보시기에 심히 좋았더라.(창 1:31)

스콧과 제인 로버슨은 확고한 성경적 기반 위에서 두 아이를 키우는 데 열중하고 있는 젊은 크리스천 부부이다. 또한 그들은 자녀 양육에 대한 건전한 상식으로 자녀를 기르고 싶어 한다. 그들은 성경적 기반과 자녀 양육에 대한 건전한 상식, 이 둘 사이의 갈등을 보지 못했다. 하지만 종종 서로 모순되는 메시지에 둘러싸인 자신들을 발견하게 되면서 마침내 성경을 찾았고, "매를 아끼면 자식을 망친다"라는 이미지부터 사랑 많은 아버지가 방탕한 아들을 부드럽게 껴안아주는 이미지까지 발견하게 된다. 그들은 양육에 관해 조언해주는 수많은 세속적인 목소리를 들었고 과도한 엄격함부터 다른 한편으로는 관용에 이르기까지 다양한 의견에 직면해 있다. 어떻게 하면 최고의 부모가 될 수 있을까? 어떻게 하면 어린 자녀를 바라보며 느끼는 엄청난 책임감을 완수해갈 수 있을까? 어떻게 하면 경쟁적인 말들로 둘러싸인 가운데서 지혜를 구별할 수 있을까? 그리고 성경은 우리를 도울 수 있을까?

부모는 항상 자녀를 기르는 '가장 좋은' 방법을 궁금해한다. 어떤 것들은 결코 변하지 않는 것 같다. 아이는 버릇없이 굴고 부모의 의견에 이의를 제기하며, 부모는 적절한 경계를 설정하고 지혜와 권위로 사랑의 균형을 맞추려고 한다. 하지만 어떻게 하면 자애로운 부모가 도덕적이고, 책임감 있고, 정중한 젊은이를 기를 수 있는지에 대한 의문은 결코 변함이 없고, 크리스천 공동체라고 예외는 아니다. 폭력이 학교를 침범해버렸고, 대중매체와 대중문화는 크리스천 부모가 끔찍하게 생각하는 가치와 행동을 대중화시켰다. 무엇보다 훈육에 대한 필요가 커졌다. 하지만 '검증되었던' 체벌과 같은 오래된 접근법은 많은 양심적인 부모를 걱정시킬 뿐 아니라 정신보건 기관과 아동보호 단체의 불만과 회의론을 맞닥뜨리게 되었다. 헌신적이고 자애로운 부모는 스스로 의문을 품는다. "우리가 자신 있게 할 수 있는 '일'이 있는 걸까? 우리 자신과 아이 그리고 하나님 말씀을 존중하며 아이를 훈육할 수 있을까?"

긍정 훈육은 앞 장에서 살펴본 것처럼 기독교의 원리와 일치할 뿐 아니라 부모가 존중감 있고 사랑스러운 가정을 만들어냄으로써 가족의 화합과 기쁨을 이끌어낼 수 있다. 우리는 성경의 지혜 그리고 긍정 훈육의 원리와 실제를 바탕으로 자녀와 관계를 맺은 부모가 그들의 삶에서 기쁨을 경험할 테고, 더 행복하고 건강하게 자녀를 양육할 것이라고 믿는다. 아주 처음부터 성경의 저자들은 이 세계를 긍정적인 관점으로 보게 하는 모델을 제시했다. 하나님께서 창조 과정의 각 단계를 마친 뒤에 피조물을 바라볼 때 "그가 보시기에 좋았더라" 하고 말씀하셨다. 우리가 교사이든 부모이든 둘 다이든 간에 이 말씀은 우리가 돌보는 아이들을 어떻게 보아야 하는지에 대한 모델이 된다. 부모는 자녀와 대항하며 일하는 대신 자녀와 함께 일할 때 세상이 얼마나 좋아지는가 하는 단순한 진실을 참 자주 잊는다.

오랜 세대를 거쳐 부모는 선한 어떤 것을 아이에게 주입해야 한다고 (불행한 경우 아이를 때려서라도) 믿었다. 대부분의 사람은 부모의 역할이 자기가 보살피는 아이를 처벌하고 징벌하고 노려보는(또는 더 못되게) 것이라고 믿었다. 자녀를 성장시키겠다는 명목으로 자녀 양육 코드에 따라 세속적인 면과 성경적인 면을 근거로 이런 것을 모두 정당화했다. 많은 아이가 벌과 보상으로 '훈육받아' 왔다. 반면 어떤 부모는 정반대의 길, 즉 자녀가 항상 부모를 사랑할 것이라는 희망을 품고 자녀를 허용적인 환경에서 기르기도 한다. 놀라울 것도 없이, 이 접근법은 효과가 없다. 이런 부모는 자녀 양육에 적용할 수 있는 성경 속 지혜의 풍부함을 깨닫지 못한다.

우리가 사는 이 세상은 아이들이 쾌활하고 순종하고, 배우자가 항상 곁에 있으며, 삶이 더 단순했던 〈비버에게 맡겨둬(Leave It to Beaver) (1950~1960년대 미국 시트콤-옮긴이) 시절 이후 다소 극적으로 변하고 있다. 세상은 우리가 가끔 생각하고 싶은 대로 단순하지는 않지만, 좋든 나쁘든 간에 확실히 변했다. 비버의 부모 같은 분들은 이제 별로 없고, 그 자리에 수많은 다른 종류의 가족이 들어왔다. 아이를 기를 수 있는 가장 좋은 방법을 찾고 있는 미혼모와 재혼 가정, 문화적 · 종교적 · 민족적 배경이 다른 수많은 가정이 있다. 엄마와 아빠가 종종 집 밖에서 일하는 동안, 아이들은 지역 아동센터나 방과 후 프로그램에서 시간을 보낸다. 과학기술은 어른들의 특권에 대해 부모가 같은 나이였을 때보다 훨씬 더 정교하고 세련된 세대의 아이들로 만들었다.

크리스천들이 삶 속에서 쌓은 영적 진리와 원칙은 변치 않으며 우리 공동체, 학교 그리고 아이들은 이를 스스로 지니고 있다. 성경의 가르침과 선한 상식의 양육법에 따라 아이를 기르기 원하는 가족은 과거 그들의 부모가 직면한 것과는 상당히 다른 어려움에 직면해 있으며 조부모의 도움은 꿈에도 생각지 못한다. 성경은 수천 년 전과 마찬가지로 오늘날에도 유효하게 지혜와 격려 그리고 길잡이를 제공하지만, 우리가 살아가는 이 어려운 세상의 실정에 맞게 적용하는 기술을 개발해야만 한다. 현 시대에서 성경을 따라 건강하고 성공적이고 책임감 있는 아이로 키울 수 있는가? 대답은 '당연하다'이다.

논평가와 전문가들은 오늘날의 독특한 어려움에 대해 여러 설명을 늘어놓는다. 이러한 이혼이나 범죄, 마약, 성의 만연함과 같은 증상은 어디에서나 있다. 대부분의 사람은 쉽게 원인도 지적할 수 있다(예: 과도한 TV 시청, 인터넷 중독, 사회에서 종교의 역할 혼란). 때때로 증상과 원인이 뒤섞이고, 부모는 무엇이 먼저였는지 모른다. 성 혁명으로 인해 조직적인 종교의 위상이 하락한 것인가, 아니면 조직적인 종교의 쇠퇴에서 성 혁명이 비롯된 것인가? 어쨌든 모든 부모는 우려할 만한 이유가 있다는 데 동의한다.

책임과 협력

긍정 훈육은 상호 존중과 존엄, 협력과 자신감 그리고 책임의 원칙 가운데 세워졌다. 그러나 오늘날의 사회에서 우리 아이들은 한두 세대 전보다 이러한 태도와 능력을 배울 기회가 줄어들었다. 가족은 더 이상 자녀를 경제적 생존에 '필요'한 중요한 기여자로 여기지 않는다. 몇 세대 전, 아이들은 농장이나 가족 사업 그리고 가정에서 가족경제에 적극적으로 기여했다. 그들은 아버지의 견습생으로 일하고 일상생활의 필수 요소인 단순 집안일을 도왔다. 요즘은 가족과 공동체에 기여하게 하려고 자녀를 키우지 않는다. 그 대신 부모가 해주는 많은 것을 받는 수혜자로 키운다. 예전에는 자녀를 방으로 보내는 것을 처벌이라고 여겼지만, 요즘 아이들의 방은 인형과 장난감 트럭에서 텔레비전과 컴퓨터에 이르기까지 온갖 것이 갖춰진 커다란 장난감 상자다. 이 모든 것이 사랑이라는 이름으로 주어지지만, 아이 자신의 노력으로 얻은 것은 아무것도 없다. 오늘날 자녀가 처벌받기를 원한다면(당신도 배웠다시피 처벌은 진짜 훈육만큼 효과적이지는 않다) 자기 방에서 내보내는 것이 더 효과적일지도 모른다!

아이는 공헌할 기회를 부여받음으로써 책임감을 느끼고 기여하는 법을 배운다. 빠르고 분주하며 풍족한 세상에서 우리는 이전 세대에서 당연하게 여겼던 간단한 집안일과 책무를 아이에게 부여하며 키우는 것을 간과한다. 성인뿐 아니라 아이도 평생에 걸쳐 배워가야 한다. "마음으로 하나님의 뜻을 행하고 기쁜 마음으로 섬기기를 주께 하듯 하고 사람들에게 하듯 하지 말라."(엡 6:6-7) 아이는 간단한 집안일과 책무를 하는 데 부모보다 오래 걸리고, 결국 부모가 하는 만큼 해내지 못한다. 훈련하는 것과 단지 '함께 있는 것'도 시간이 필요하다. 부모는 바쁘기 때문에 그냥 '부모 자신이 하는 편'이 더 쉽고 편해 보인다.

많은 가정에서 아이는 우주의 중심이 되었다. 부모는 자녀를 너무나 사랑하기 때문에 자녀의 운전사가 되어 축구 연습에서 발레 연습으로, 교회 청소년 그룹, 피아노 수업 등으로 실어 나른다. 모두의 삶이 필요 이상으로 스트레스가 많다. 자녀 부분에 지나치게 노력이나 인풋을 하느라 어떤 여지나 시간이 없다. 부모는 자녀가 독립적인 생각과 나름의 선한 판단을 할 필요가 없도록 생활양식과 오락거리, 조언을 제공한다. 과연 이런 사랑이 현명할까?

예수님은 "어린아이들을 내게 오게 하라"라고 말씀하셨다. 우리는 이 말씀이 아이를 가치 있게 여기고 아이가 간절히 필요로 하는 소속감을 경험할 수 있도록 돕는 것이 얼마나 중요한지를 말해준다고 믿는다(4장과 7장에서 첫 번째 목표에 관해 더 자세히 다룬다). 아이는 가족에게 의미 있는 공헌을 할 수 있도록 초대되어야 한다. 이러한 공헌은 실제 삶의 기술뿐 아니라 소속감과 존재감을 느끼도록 해준다.

선한 의도를 가진 부모라도 때때로 자녀를 옴짝달싹할 수 없게 하기도 한다. 그들은 가끔 자녀가 의미 있는 책임감과 공헌을 통해 자신의 삶에 소속되고 의미 있는 존재가 되는 경험을 할 수 있다는 점을 부정한다. 그리고는 자녀가 기여하지 않거나 협력하지 않거나 책임감을 보이지 않는 것에 대해서는 비판한다. 부모는 자녀에 대한 신뢰를 보이는 데는 실패한 채, 왜 자녀가 부모에게나 혹은 그들이 가르친 가치에 대해 믿음이 부족한지를 의아해한다.

아이는 부모와 교사가 지나치게 통제하거나 관대하면 책임감을 배우지 못한다(모든 허용은 과도하다는 데 주의하라!). 아이는 친절하고 단호하며 존엄하고 존중하는 분위기 속에서 책임지는 경험을 할 기회를 얻을 때 비로소 책임감을 배운다. 책임감을 가르치는 효과적인 이미지는 예수님께서 아이들 사이에 앉아 사랑으로 부드럽게 가르치시는 모습이다. 이것이야말로 긍정적인 접근 방식이다.

7가지 열쇠

부모는 자녀가 책임감과 협동심을 지니고 행동할 수 있는지 종종 의문을 품는다. "내가 끊임없이 상기시키지 않으면 애들은 아무것도 하지 않을 거라고요"라고 볼멘소리를 한다. 어린 나이에 가족의 양 떼를 돌보는 일을 책임졌던 다윗에 대한 성경 이야기를 잠깐 생각해보자. 아, 물론 시대는 다르다. 하지만 의심할 여지 없이 어린 다윗은 자신의 안전 그리고 가족의 부와 생계를 대표하는 양 떼의 안전을 유지하는 데 필요한 기술을 배울 때까지 가족과 함께 일했다. 그는 일하는 과정에서 하나님을 아는 것을 배울 기회와 하나님과 자신에 대한 확신을 얻을 기회를 발견했다. 당신의 자녀에게도 마찬가지일 수 있다.

제인 넬슨과 스티븐 글렌은 『독립심이 강한 아이로 키우는 부모의 지혜』에서 유능한 젊은이로 성장시키는 데 필요한 '유의미한 7가지 인식과 기술'을 정의 내렸다. 아이는 부모와 나란히 일할 수 있고 가족에게 의미 있는 공헌을 하면서 실무적인 훈련을 받을 때 자연스럽게 이러한 기술을 키워간다. 유능한 젊은이로 성장시키는 7가지 핵심 요소는 다음과 같다.

- 능력에 대한 인식: "나는 문제와 어려움에 직면했을 때 헤쳐 나갈 능력이 있고, 경험에서 힘과 지혜를 얻을 수 있어."
- 개인적인 존재 의미에 대한 인식: "내 인생은 의미와 목적이 있어. 내가 누구인지, 내가 처한 상황에서 제공하는 것이 가치가 있는지!"
- 인생에 미치는 개인적 영향력에 대한 인식: "내 행동과 선택은 내 삶에 일어나는 일에 영향을 미치고, 나는 내가 어떻게 살아가는지에 대한 책임이 있어."
- 개인 내적 기술: 감정에 효과적으로 반응하는 도구―자기평가, 자기 통제, 자기 훈육
- 대인관계 기술: 사람을 대할 때 의사소통하고 협력하고 협상하고 공유하고 공감하고 갈등을 해결하고 효과적으로 잘 들을 수 있는 도구
- 체계적인 기술: 우리가 살아가는 세상에서 환경과 가족, 사회적 · 법적 그리고 여러 다른 시스템을 다룰 때 필요한 책임감과 적응력과 유연성의 도구
- 판단 기술: 도덕적 · 윤리적 원칙, 지혜와 경험을 바탕으로 목표를 설정하고 결정이나 판단 그리고 선택을 할 수 있는 도구

미래로 가서 어른이 된 자녀의 모습을 볼 수 있다고 상상해보라. 만약

자녀가 이 모든 기술과 자질을 갖추었다면, 당신이 부모로서 훌륭한 일을 해냈다고 확신할 수 있을 것이다. 이러한 7가지 인식과 기술로 얼마나 효과적으로 자녀를 키우고 있는지를 체크할 수 있다. 자녀가 자기 삶에서 소속감과 존재감을 느끼고 유능한 젊은이로 자기 자신을 바라보는지, 그리고 자신의 신념과 행동, 태도에 대해 자녀가 한 선택에서 그런 인식이 중요했는지, 당신이 그들에게 자기 훈육, 효과적인 의사소통, 책임감, 판단력 등의 인생 기술을 키울 기회를 제공했는지 말이다.

지난 세월 동안 아이러니하게도 아이들은 집안일이나 집, 가게 또는 농장에서 실무적인 훈련 등을 하면서 이러한 인식과 기술을 개발할 실제 삶의 기회를 얻었다. 그들은 책임을 짐으로써, 아니면 실수를 함으로써 책임감을 배웠다. 당신이 곧 배우겠지만, 실수는 때로 배움의 멋진 기회다. 그러나 아이들은 이전 세대에게서 이런 인식과 기술을 배울 기회가 있음에도 대개 성인이 될 때까지 자신들이 배운 것을 충분히 연습해보지 못한다. 그 대신 아이들은 "내가 하는 일은 놔두고, 내가 말하는 거나 제대로 해"라는 말을 들으며 눈에 거슬리지 않아야 한다고 기억하게 된다.

오늘날 많은 아이가 이러한 인식과 기술에 대한 경험이 없는 환경에서 자란다. 가이드라인을 거의 제시하지 않는 허용적인 자녀 양육, 또는 스스로 의사결정을 하지 못하게 하는 권위적인 자녀 양육 환경에서 사회적 지원이 줄어들고, 무책임한 미디어까지 가세했다. 이러한 환경은 세상 방식에 대해서는 꽤 정교할지 모르지만, 성공적이고 효과적인 삶으로 이끄는 능력은 매우 미숙한 아이들로 자라게 한다. 긍정 훈육은 유능함과 미덕을 갖춘 남자와 여자로 성장하는 데 필요한 인식과 기술을 가진 아이로 훈련하고자 하는 부모를 도울 수 있다. 성경은 그 미덕이 무엇인지 알려준다.

유의미한 7가지

1. 능력에 대한 인식
2. 개인적인 존재 의미에 대한 인식
3. 인생에 미치는 개인적 영향력에 대한 인식
4. 개인 내적 기술
5. 대인관계 기술
6. 체계적인 기술
7. 판단 기술

양육 스타일

자녀 양육 스타일에는 3가지 접근 방식이 있다. 우리 중 대부분은 독재자 스타일에 익숙하다. 이는 "내가 말하는 대로 그냥 해!"식의 육아 방식이다. 통제하고, 엄격하거나 때로는 지나치게 가혹하기도 한 이 방식은 부모와 조부모 세대가 흔히 하던 접근이었다. 안타깝게도, 많은 애정 어린 부모가 존중감 있고 경건한 자녀로 키우고 싶다면 이것이 유일한 선택임을 의미한다고 성경을 해석한다. 이런 권위주의적 접근은 저항이나 반항 또는 기만을 불러일으킬 수 있고, 그것은 자기 훈육과 지혜를 연습할 능력을 키워주지 않는다(권위적인 인물이 주변에 없을 때 아이들은 어떻게 행동할 것 같은가?).

허용적인 스타일 또는 태만하거나 내버려 두는 식의 양육 스타일은 요즘 미국에서 널리 퍼져 있는 방식이다. 허용적인 부모는 제한을 두는 데 스트레스를 받고 관철하는 데 어려움을 겪는다. 아이의 요구에 굴복하고 장난감과 다른 물질적인 것으로 아이를 만족시킴으로써 사랑을 보여주는 것이 대개 더 쉽고 즐겁다(적어도 그 순간만큼은). 불행히도, 응석받이로 자란 아이는 연민, 타인의 필요와 감정에 대한 존중 또는 진정한 자존감을 거의 배우지 못한다. 많은 부모는 자신의 양육 방식에 자신감이 없고 과도한 통제와 관용 사이에서 왔다 갔다 한다. 자신이 마음에 들지 않을 때까지 권위적으로 했다가 자녀가 마음에 들지 않을 때까지 관대했다가. 긍정 훈육은 이 두 가지 자유방임과 과도한 엄격함을 피한다. 부모가 존엄성과 상호 존중을 바탕으로 단호함을 연습하도록 한다. 또한 명확하고 존중감 있는 제한, 협력 그리고 책임감을 활용해 자녀에게 독립심을 가르치도록 한다.

'효과적인' 것에 대한 주의

우리는 종종 "그것이 효과가 있기" 때문에 단호함을 믿는다는 말을 듣곤 한다. 그리고 그게 단기적으로 그렇다는 데 동의할 것이다. 처벌은 그 순간 그 행동을 확실히 멈추게 할 것이다. 그 문제에 대해서는 허용의 방식도 마찬가지다. 그냥 포기하고 자녀가 원하는 대로 하게 하면,

그들은 매우 행복해 보인다. 단기적으로는. 그러나 장기적으로는 어떻게 될까?

많은 부모와 교사는 처벌이 '효과가 있다'고 확고하게 믿는다. 결국 엉덩이를 때리거나, 물러서게 하거나, 수치스럽게 하거나, 어떤 식으로든 굴욕감을 느끼게 한다면 아이는 대부분 자기가 하던 일을 멈출 것이다. 그러나 아이는 소속감과 존재감을 찾는 방법과 무엇이 의미 있고, 어떻게 가족 속에서 살아남고 버텨낼 수 있는지에 대해 끊임없이 어떤 결정을 내리게 된다. 그리고 장기적으로 처벌은 대개 '처벌의 4가지 R' 중 하나를 만들어낸다.

1. 분개: "이건 불공평해… 난 어른들을 믿을 수 없어."
2. 보복: "지금은 어른들이 이겼을지 몰라도 나는 그들에게 복수하고 말 거야!"
3. 반항: "그들 방식대로 할 수 없다는 것을 증명하기 위해 나는 정반대로 행동할 거야."
4. 후퇴: "다음에는 걸리지 말아야지."(비겁함) 또는 "나는 정말 나쁜 사람이야."(낮은 자존감)

아이는 처벌받는 것에 대한 반응으로 만들어낸 자신의 결정을 거의 알아차리지 못한다. 이러한 결정은 무의식적인 차원에서 이루어지고 있으며, 미래의 행동은 이런 뿌리 깊은 의사결정에 근거를 둔다. 부모는 단기적 결과에 속아서는 안 되고 자기 행동의 장기적인 효과를 알아차려야 한다.

양육 스타일 요약

과도한 통제
- 자유 없는 명령
- 선택지 없음
- "내가 하라면 무조건 하는 거야."

  ("그렇게 하는 것이 옳기 때문"보다는)

지나친 허용
- 명령 없는 자유
- 선택의 제한 없음
- "원하는 것은 무엇이든 할 수 있다."(응석받이 허용)
- "네가 뭘 하든 신경 쓰지 않아."(방치하는 허용)

긍정 훈육
- 책임 있는 자유
- 권위가 있는
- 민주적인
- 제한된 선택
- "모든 사람을 존중하는 범위 내에서 선택할 수 있어."

과도한 통제와 처벌을 하는 부모는 자녀를 제대로 배우게 하려면 처벌의 굴욕감이 약간은 필요하다는 믿음으로 종종 자기 행동을 정당화한다. 하지만 비난받고 처벌받은 뒤에 누가 과연 자신에 대해 더 낫게 느낄까? 당신이 비난받거나 모욕당한 마지막 순간을 한번 기억해보라. 그 비난과 모욕감이 당신에게 "아, 고마워요. 난 그게 필요했어요. 지금 기분이 훨씬 더 좋아졌어요. 기꺼이 협조하고 내가 들은 대로 할게요"라고 하게 하는가? 우리는 그렇게 생각하지 않는다.

아이는 기분이 좋을 때 더 잘 행동할 수 있다. 아이를 더 잘 행동하게 하기 위해 아이의 기분을 더 나쁘게 해야 한다는 터무니없는 생각이 대체 어디에서 왔을까? 생각해보자. 우리가 보다시피, 이 황금률은 어른뿐 아니라 아이에게도 적용된다.

긍정 훈육의 접근

많은 부모가 과도한 통제나 지나친 허용을 내켜 하지 않지만 대안을 모른다. 그들은 자녀가 잘못된 선택을 하거나 믿음, 긍휼, 도덕성 등의 원칙을 포기하는 선택을 할까 봐 걱정한다. 하지만 아이들은 지적, 잔소리 그리고 처벌에 지쳤다. 근심 가득한 크리스천 부모를 위한 선택지는 무엇일까? 많은 사람이 단순히 자신의 양육 과정에서 경험한 일(아마도 과도한 통제)을 한다. 그러고 나서 이전에 자녀에게 한 일(절대 그렇게 하지 않겠다는 맹세를 한 뒤에)에 죄책감을 느낀다. 어떤 사람은 극단적으로 반대로 하기도 한다(지나친 허용). 그러나 아이에게는 과도한 통제가 주는 무례함이든 지나친 허용이 주는 무례함이든 장기적인 관점에서 보면 효과적으로 작용하지 않기 때문에 부모는 결국 시작했던 곳을 찾아 돌아오게 된다.

그러나 3번째 방법이 있다. 이 방법은 긍정 훈육이라고 부른다. 긍정 훈육은 '디스키풀루스(discipulus)', 즉 진리와 원칙 또는 존경받는 지도자를 따르는 제자(disciple)를 의미하는 훈육(discipline)이라는 말을 진지하게 받아들인다. 예수님의 제자들은 예수님을 따랐다. 예수님은 그들을 벌하거나 위협하지 않고 사랑으로 초대하며 그들의 존재보다 더 귀하게 부르셨기 때문이다. 예수님은 그들이 될 수 있는 남자 그리고 여자의 모습에 대한 확신을 가지고 그들에게 믿음을 불어넣어 주셨다. 예수님은 그들에게 책임을 부여하고 실수나 잘못된 선택을 할 수 있음도 용납하셨다(예수님을 3번이나 부인한 베드로를 기억하는가? 주님을 배반한 유다도?). 그리고 예수님의 온 생애와 가르침 속에서 우리는 크리스천의 양육이 어떠해야 하는지, 모든 면에서 완전하게 묘사된 그림을 갖게 된다.

긍정 훈육은 우리 자녀가 사회 구성원으로 기여하고 하나님의 진리에 따라 삶을 살기 위해 필요한 가치, 성품과 생활 기술을 배우는 것이 중요하다고 가르친다. 긍정 훈육은 지나치게 엄격하지도 허용적이지도 않다. 그것은 자기 훈육, 책임, 협력과 문제 해결 능력을 가르치며, 관련된 모든 것을 향해 존엄성과 존중을 가지고 이루어진다.

성경적인 모델

우리가 이 장의 시작 부분에서 소개한 젊은 부부 스콧과 제인은 자녀를 양육하면서 긍정 훈육의 접근에 대해 열의를 보이지만, 예수님이 우리에게 가르쳐주신 훈육 모델에 이것이 잘 맞는지 궁금해한다. 사실 스콧과 제인처럼 기독교 신앙과 긍정 훈육식 양육을 결합하려는 열망을 표명한 많은 다른 부모와 교사를 위해 우리는 이 책을 썼다. 긍정적인 훈육 접근법을 2000여 년 전에 예수님께서 우리에게 남긴 복음의 메시지와 어떻게 일치시킬 수 있을까?

자녀가 자기 삶에서 예수님의 말씀을 따르는 효과적이고 유능한 시민이 되도록 가르치고 돕기 위해 우리가 그들에게 무엇을 그려줄 수 있는지 보려면 반드시 성경 말씀과 예수님의 교훈을 살펴보아야 한다. 우리는 훈육을 다루는 성경의 모든 부분을 탐구할 것이고, 결국은 각 부모가 이 중요한 문제에 접근하는 방법을 스스로 결정해야 한다.

예수님은 서로 사랑하라는, 참으로 우리에게 새로운 계명을 주셨다. 그는 "네가 원하는 것은 무엇이든 하라"라고 말하는 자유방임의 예수님이 아니시다. 바리새인들이 가장 큰 계명이 무엇인지 물었을 때, 예수님은 두 가지가 있다고 대답하셨다. 가장 중요한 것은 이것이다. "네 마음을 다하고 목숨을 다하고 뜻을 다하고 힘을 다하여 주 너의 하나님을 사랑하라." 둘째는 이것이다. "네 이웃을 네 자신과 같이 사랑하라."(막 12:29-31) 이것은 강력한 진술이며, 엄격하거나 허용적인 토론을 초월한다. 사랑은 통제하는 것이 아니며 계명은 허용적이지 않다. 우리는 사랑하라는 명을 받았다.

우리가 사랑해야 하는 이 '이웃'은 누구일까? 누군가는 우리가 우리 아이를 사랑하는 것보다 이웃을 더 사랑해야 한다고 믿는 것일까? 다음 질문은 이렇다. "자녀에게 삶을 인도하고 가르치는 건강한 사랑을 어떻게 보여주어야 하나요?"

양육의 많은 실수는 사랑이라는 이름으로 만들어진다. 어떤 부모는 자녀를 사랑하기 때문에 벌한다고 한다. 또 다른 부모는 자녀를 사랑하기 때문에 허용해준다고 한다. 앞서 언급했듯, 많은 부모가 징벌적이거나 허용적이라고 확신한다. 왜냐하면 그들은 '가야 할 길에서 아이를 훈련하기 위해' 무엇을 해야 할지를 모르기 때문이다.

성경을 살펴다 보면, 배고픈 자를 먹이고 눈먼 자를 고치며 죄인을 용서하고 방탕한 아들을 맞아주었던 자비와 긍휼이 가득하신 예수님을 본다. 또한 우리는 어린 자녀를 환대하고 자신에게 나아오라고 격려하며 막지 말라고 하시는 예수님을 본다. 그는 위압적이지도 허용적이지도 않으셨다. 그의 유일한 비판은 다른 사람을 판단하면서 그들의 삶을 낭비하는 위선자를 겨냥하신 것뿐이었다. 그리고 죄를 용서할 때 그 죄인에게 더는 죄를 짓지 말라고 상기시키셨다. 우리는 양육과 가르침에서 예수님만큼 위대한 모델은 찾을 수 없다고 믿는다. 긍정 훈육의 도구와 원칙은 오늘날 그러한 모델을 만드는 데 효과적인 프로그램이다.

자녀에게 무엇을 원하는가?

만약 당신이 어디로 가는지 알지 못한다면 아마도 거기에서 끝날 것이다. 크리스천 양육의 어려움을 딛고 성공하려면 목적지를 염두에 두어야 함이 분명하다. 잠깐 눈을 감고 당신 집에서 살고 있는 아이에 대해 생각해보라. 30년이 지나고 아이가 이제 성인이 되었다고 상상해보라. 당신은 그가 어떤 사람이길 원하는가? 그가 어떤 자질과 기술, 태도를 가지고 있기를 원하는가?

우리는 서로 다른 배경과 신앙을 가진 온 나라의 부모에게 이 질문을 던졌다. 그들이 시간을 내서 숙고했을 때, 그 대답은 놀랍게도 거의 비슷했다. 그들은 자녀가 도덕적이고 행복하며 책임감 있고 자신감을 가지길 원한다. 그들은 자녀가 성실하고 건강한 관계를 맺고 유머 감각이 있기를 바란다. 그들은 자녀가 자비롭고 현명하고 자기 신앙에서 확고하기를 바란다. 그렇다면 만약 이것이 크리스천 부모로서 당신의 목표라면, 자녀에게 어떻게 이러한 자질을 만들어낼 수 있을까?

이에 대한 답은 각자의 양육 선택, 각자의 결정, 각자의 훈육 행동 그리고 의사소통의 순간이 당신의 리스트에 있는 자질들의 방향으로 자녀를 움직이게 할 것이라는 점이다. 당신의 리스트는 우연히도 다른 사람의 것과 같을 필요는 없지만, 자녀가 당신의 보살핌을 받는 시간 내내 당신의 목표를 잘 알고 신중하게, 또 의도적으로 추구해야 한다. 이 책 속 도구들은 자녀가 되어야 할 비전이 무엇인지 말해주려는 게 아니라 당신이 그것을 성취하도록 돕기 위한 것이다.

인생 교훈: "그가 보시기에 좋았더라."

자녀와 함께 일할 때, 또 성경의 원리에 따라 자녀를 양육하려 할 때 자녀의 긍정적인 면보다 부정적인 면을 훨씬 더 자주 보는 자신을 발견하는가? 죄와 잘못을 호시탐탐 찾아내서 고치는 사람이 좋은 부모라는 잘못된 믿음에 따라 비판거리를 찾는 자신을 보게 되지는 않는가? 아니면 자녀의 재능과 능력, 성공에 감사하고 격려할 기회를 찾는가?

저자 중 한 명인 마이크는 오랫동안 부모들과 자녀에 대해 상담하는 시간을 보낸 학교 교장이었다(지금은 치료사로 일한다). 그는 부모가 자녀를 올바른 길로 인도하고 더 효과적인 행동으로 나아갈 수 있도록 돕는다. 하지만 때때로 그는 부모의 마음속에만 존재하는 것처럼 보이는 문제를 가진 아이의 부모와 만나곤 한다.

마르니는 몇 년 전 아들인 빌에 관한 이야기를 하려고 마이크를 찾아왔다. 빌이 학교를 진지하게 다니지 않고 자기 자신을 탓하기보다는 엄마에게 불평만 늘어놓는다는 것이다. 아들에게 매우 실망한 마르니는 어떻게 하면 좋을지 알고 싶어 했다.

마이크는 마르니의 말을 열심히 경청했지만, 그녀가 묘사하는 빌이 자신이 알고 있던 빌이 맞는지 궁금하지 않을 수 없었다. 빌은 공손하고 조용한 소년이었고 선생님과 친구들 모두 빌을 좋아했다. 마이크가 학업 성적을 보지 않고도 기억할 수 있을 만큼 빌은 평균 'B' 정도로 잘하는 학생이었다. 그래서 마이크는 마르니에게 말했다. "음, 빌에 대해 말해주세요. 그 애는 집에서 무엇을 좋아하나요?"

마르니가 대답했다. "아, 빌은 훌륭한 아이예요. 다른 사람을 기쁘게 해주고 당신을 위해서도 뭐든지 할 거예요. 사람을 편안하게 해주고 형이랑 여동생과도 잘 지내요. 정말 이렇게 좋은 아이가 없죠. 학교에서도 평균 'B'학점을 받고 선생님도 빌을 예뻐하시고 친구도 많아요. 모든 일을 잘 해내고 있는 것 같아요." 그러고 나서 그녀는 눈물을 흘리기 시작했고 이렇게 말했다. "왜 내가 항상 빌의 위에 있어야 한다고 생각하는지 모르겠어요."

마르니는 항상 빌의 '위(on)'에 있을 필요가 없다. 단지 그녀가 그렇게 해야 한다고 생각하는 것뿐이다. 그녀는 좋은 부모라면 빌의 잘못을 찾아서 고쳐주어야 한다고 생각했던 것이다. 사실 이것도 양육의 일부이기는 하지만 아이가 잘하는 것, 아이가 좋아진 것을 알아차리고 축하해 주는 게 더 중요하다.

하나님은 창조물이 선한 것을 보셨다. 사도 바울은 "무엇에든지 참되며 무엇에든지 경건하며 무엇에든지 옳으며 무엇에든지 정결하며 무엇에든지 사랑받을 만하며 무엇에든지 칭찬받을 만하며 무슨 덕이 있든지 무슨 기림이 있든지 이것들을 생각하라. 너희는 내게 배우고 받고 듣고 본 바를 행하라 그리하면 평강의 하나님이 너희와 함께 계시리라"(빌 4:8-9)라고 말했다. 아마도 좋고 훌륭한 것에 초점을 맞춘다는 말은 아이에게 있는 선한 것에 감사하는 걸 포함할 것이다. 하나님의 도우심으로 우리는 우리 자녀(그리고 우리 자신도) 안에 있는 선을 보는 것을 배울 수 있다. 우리의 개인적인 가치에서 흘러나오는 행동을 모델링할 수 있으며, 필요하다면 자녀가 벗어났을 때 이를 바로잡을 수 있다. 하지만 하나님께서 그것이 보시기에 좋았다는 점을 기억하고, 그 좋은 것에 집중한다면 종종 우리는 우리의 자녀에게서 선함을 볼 것이다. 그리고 그 덕분에 하나님께 감사할 것이다.

제3장

가족의 분위기

—

 갈등, 폭력, 형제간의 다툼, 일반적인 무례함으로 가득 찬 가족 분위기를 꿈꾸는가? 아니면 사랑, 협력, 존경, 영적 성장으로 가득 찬 가족 분위기를 꿈꾸는가? 이는 어리석은 질문처럼 들리며 그 대답은 명백하다는 것을 우린 안다. 하지만 이런 질문을 하는 이유는 누구나 사랑이 가득한 가족 분위기를 원하면서도 종종 원하는 것과 정반대의 행동(의도는 좋더라도)을 취하는 경우가 많기 때문이다.

 저자인 우리도 자녀 양육을 되돌아보면, 여러 번 억울함을 느낀다. 우리 역시 자녀와 갈등과 힘겨루기를 경험했다. 물론 그것이 우리 경험의 대부분은 아니지만(긍정 훈육의 태도와 기술에 감사할 따름이다) 후회를 만들기에 충분했다. 우리는 "그게 뭐죠? 힘겨루기와 불행의 순간을 피할 방법이 있나요?"라고 궁금해한다. 우리는 자녀를 사랑하고, 그들도 우리를 사랑한다. 그런데 왜 우리는 힘겨루기를 할까? 이제 우리는 안다. 우리가 얻은 통찰력 중 일부를 나눔으로써 우리가 저지른 것과 같은 실수를 하지 않도록 당신을 도울 것이다. 먼저 가족의 분위기를 창조하는 요소들을 살펴보자.

1. 사랑의 메시지가 명확하게 전달되는지 확인하라

···그중의 제일은 사랑이라.(고전 13:13)

우리는 당신이 자녀를 사랑한다는 것을 알고, 당신도 자신이 자녀를 사랑한다는 것을 안다. 그러나 당신의 자녀는 그것을 알고 있는가? 당신은 당연히 그렇다고 생각할지 모른다. 하지만 당신이 의도하는 메시지가 얼마나 자주 전달되지 않는지를 알면 놀랄 수도 있다.

한 엄마가 3살인 아이에게 "아가, 엄마가 너를 정말로 사랑하는지 아니?" 하고 물었다.

아이는 순진무구하게 대답했다. "네, 내가 착하게 굴면 날 사랑해주시잖아요."

10대 아이도 똑같은 질문에 이렇게 대답했다. "그럼요. 제가 좋은 점수를 받는다면 사랑해주시죠."

이 아이들이 조건부 사랑의 메시지를 듣고 있다는 것은 명백하다. 그러나 성경은 사랑에 관해 우리에게 무엇을 가르치는가? 고린도전서 13장은 말한다. "사랑은 오래 참고 사랑은 온유하며··· 모든 것을 참으며 모든 것을 믿으며 모든 것을 바라며 모든 것을 견디느니라. 사랑은 언제까지나 떨어지지 아니하되…." 만약 하나님이 우리를 사랑하신 것같이 우리가 서로 사랑한다면(요 13:34), 우리는 자녀를 사랑해야 하며, 우리가 그들을 사랑한다는 것을 확신시켜야 한다. 비록 그들이 잘못을 하고 실수를 하고 기대에 부응하지 못한다 할지라도, 부모의 사랑은 하나님이 하신 것처럼 무조건적이어야 한다.

심지어 최고의 부모조차도 때때로 자녀 양육의 '핵심'인, 자녀를 향한 사랑을 잊어버리곤 한다. 그 대신 자신들의 두려움에 집중한다. 자녀와의 힘겨루기를 자세히 해부해보면, 숨어 있는 몇 가지 두려움을 찾아낼 수 있다. 아이의 안전과 잘 사는 것에 대한 두려움, 좋은 부모가 되지 못할 것 같은 두려움, 통제가 필요한 일과 관련된 두려움, 아이가 뭔가에 빠져들 것 같은 두려움, 이 세상에 있는 많은 위험 요인과 위협에 희생될 것 같은 두려움 등 말이다.

그렇다. 통제와 관련한 문제는 언제나 있을 것이다(이는 결국 자녀가 아니라 부모가 가정의 리더임을 의미한다). 하지만 사랑의 메시지가 확립될 때 자녀가 느끼는 감정이 얼마나 달라질 수 있을지 생각해보라. 그렇다. 당신은 부모다. 안내하고 이끌어주면서 자녀가 어떤 행동으로 '빠져들지' 못하도록 하는 것이 당신의 일이다. 다시 말해, 당신의 지도와 리더십은 견고한 사랑의 바탕 위에 세워질 때 완전히 달라진다.

부모의 사랑은 때때로 나쁜 혐의를 받는다. 사랑이란 뭔가 미적지근하고 허용적인 것처럼 여겨진다. 그리고 어떨 때는 정말 그렇다. 부모는 때때로 사랑이라는 이름으로 건강하지 못하고 장기적으로 전혀 효과 없는 선택을 하곤 한다.

그러나 문제를 일으키는 것은 진짜 사랑이 아니라 사랑이라는 이름으로 행해지는 것들이다. 사랑의 이름으로 만들어진 실수는 종종 부모에게뿐 아니라 자녀의 장기적인 유익에도, 상황의 필요에 대해서도 결코 존중하는 방식이 아니다. 다시 말해, 상황의 필요에 따라 아이는 자기 행동의 결과를 경험해볼 수 있어야 한다(나중에 이에 관해 더 자세히 알아볼 것이다).

허용적인 태도를 취하는 부모는 중대한 실수를 저지르게 된다. 자녀를 애지중지하거나, 자녀가 서툰 선택의 결과를 경험해보는 것을 막는다. 이는 미래에 대한 배움이 거의 이루어지지 않는다는 뜻이다. 때때로 부모들은 다른 극단으로 가서 사랑 대신 징벌적이고 수치심을 주는 결과로 만들어버리기도 한다. 긍정 훈육의 용어로서, 사랑의 훈육은 친절함과 단호함이 동시에 이루어져야 한다는 것을 의미한다.

2. 친절함과 단호함을 동시에 보이라

사랑스럽고 긍정적인 가족 분위기를 조성하려면 친절함과 단호함이 동시에 있어야 한다. 친절함과 단호함을 동시에 지니는 것은 이 책 전반에 걸친 기본 원칙이다. 예수님은 자신의 가르침 속에서 본을 보이셨고 또한 행함 가운데 조건 없는 사랑의 열매를 보이셨다. 사실 친절함과 단호함을 동시에 보인다는 것은 아이에 대한 우리의 사랑이 통제력을 잃어버리는, 즉 사랑이라는 이름으로 아이를 통제하거나 허용하는 것으로부터 지켜내기 위해 균형을 잡는 것을 의미한다. 친절함은 우리가 너무 엄격하거나 권위적으로 되는 것을 막아주며, 단호함은 우리가 어리석고 허용적인 존재가 되는 것을 막아준다.

친절함과 단호함을 동시에 이루는 것은 상호 간에 존중함을 보이는 것이다. 가족 분위기가 존중감으로 가득하길 원치 않는 사람이 있을까? 여기서는 친절함과 단호함에 대해 간단히 언급하지만, 다음 장에서 더욱 자세히 설명할 것이다. 우리가 가르치는 많은 개념과 마찬가지로, 친절함과 단호함을 동시에 유지하는 것을 배우는 일은 종종 패러다임의 전환을 요구한다. 이는 단순히 그것을 서술하는 데 사용하는 어휘를 바꾸는 정도가 아니라 어떤 이유에 관해 인식하고 생각하는 방식을 바꿔야 한다는 것을 의미한다.

3. 당신의 어휘를 바꾸라

야고보의 말을 살펴보자. "이와 같이 혀도 작은 지체로되 큰 것을 자랑하도다 보라 얼마나 작은 불이 얼마나 많은 나무를 태우는가."(약 3:5) 말의 힘은 강력하다. 한 단어 속에는 특정 행동을 요하는 전체 철학이 담겨 있다. 단어를 바꾸면 철학과 행동도 바뀐다. 예를 들어, 중요한 단어 '훈육'을 살펴보자. 이 단어가 실천에 필요한 모든 철학을 완벽하게 전달하지 않는가? 많은 사람이 그 행동에는 처벌이 포함되어 있다고 가정하지만, 앞에서 말했듯이 훈육(discipline)과 처벌(punishment)은 동의어가 아니다. 대부분의 사람이 이 둘을 동의어라고 믿기 때문에, 우리는 훈육이 '진리와 원칙을 따르는 자' 또는 '가르치는 것'을 의미한다고 계속해서 반복할 것이다.

처벌은 실제로 협력이 아닌 반항을 불러일으키며, 위협과 공포의 환경 속에서 가르치는 것은 효과적이지 않다. 이러한 논리를 받아들인다면 당신의 어휘에서 '처벌'이라는 단어를 삭제할 수 있다. 그리고 처벌로 만들어지는 두려움 또는 반항의 분위기 대신, 협력을 촉진하는 훈육(진리와 원칙을 따르는 자)을 기반으로 할 때 당신의 가족 분위기가 어떻게 바뀔지 상상해볼 수 있다.

'결과(consequence)'라는 단어는 처벌 또는 배움을 내포할 수 있다(어떤 사람은 처벌이 배움에 영감을 준다고 믿지만, 우리는 위협적인 환경에서 아이가 긍정적인 태도를 배울 것이라고 믿지 않는다). 긍정적인 가족 분위기에서 아이는 자기 선택의 결과를 탐구하고 그것에서 배운다. 결과에 관한 부모의 말과 태도 중 일부를 바꾸기만 한다면 말이다. 부모는 종종 "아이가 자기 행동의 결과로 인한 고통을 당해봐야 한다"라고 말하곤 한다. 고통당하는 것이 정말 배움을 위한 최선의 방법일까? '고통당함'이라는 단어를 '경험함'으로 대체하면 어떨까? 이렇게 해보자. "나는 내 아이가 자신의 선택의 결과를 경험하는 과정에서 배운다는 것을 안다." 이러면 완전히 다른 그림이 전달되지 않을까?

걱정 많은 부모는 자녀에게 고통을 주는 결과(처벌)를 부여할 것이다. 만약 이러한 결과가 아이를 고통스럽거나 속상하게 하는 것이라면 부모 마음이 괴로울 수 있다. 왜냐하면 어떤 사람은 부모가 할 수 있는 최고의 사랑은 고통과 상처에서 자녀를 보호하는 것이라고 생각하기 때문이다. 그러나 고통스러울지라도 아이에게 자기 선택의 결과를 경험하도록 허락하는 것은 훌륭한 배움이 될 수 있다. 애정 어린 부모는 공감과 격려의 분위기 속에서 자녀가 자기 선택의 결과를 경험하도록 허락할 것이다.

애정 어린 부모는 사랑 가득한 분위기에서 자녀를 초대하는 온화한 호기심 질문법(8장 참고)으로 자녀가 자신이 선택한 것의 결과를 탐색하도록 도울 수 있다. 걱정 많은 부모와 애정 어린 부모 둘 다 좋은 의미다. 두 부모 모두 자녀가 의로운 삶을 배우도록 도우려는 의도가 있다. 그러나 하나는 효과적이고 다른 하나는 그렇지 않다. 사랑이 담긴 훈육은 처벌보다 장기적으로 훨씬 효과적이다. 사랑의 원칙은 해결책에 초점을 맞춘다.

4. 당신이 찾는 것은 비난거리인가, 해결책인가?

예수님이 우리를 사랑하신 것처럼, 우리는 사랑할 때 하나님의 은혜를 나타낼 기회를 얻는다. 예수님은 과거에 주목하지 않고 다만 자기 주위에 있는 사람들의 변화와 성장을 끊임없이 격려하셨다. 예수님은 "레위라 하는 세리가 세관에 앉아 있는 것을 보시고 나를 따르라"(눅 5:27)라고 말씀하셨다. 세금 징수원이 자신들이 만든 징수금의 최대액을 걷어 주머니를 가득 채운다는 사실이 잘 알려져 있었는데도, 예수님은 레위의 과거 실수에 주목하지 않으셨다. 그는 레위에게 손을 내밀었고, 과거의 삶의 방식에서 벗어나 새로운 삶으로 한 걸음 나아갈 수 있게 도와주셨다.

마찬가지로, 예수님의 모범을 따라 당신이 비난 대신 해결책에 집중한다면 가족의 분위기는 훨씬 더 사랑스러워질 것이다. 많은 부모가

"우리가 이 문제를 어떻게 해결할 수 있을까?"에 집중하는 대신 "이 문제는 누구 책임이야?"를 밝혀내는 데 엄청난 에너지와 시간을 쓴다. 처벌은 비난을 함축하고 있는 단어다. 그것은 과거에, 그리고 자녀가 실수에 대한 대가를 치르는 일에 초점이 맞추어져 있다.

훈육은 해결책에 초점을 맞추고 아이가 실수에서 배울 수 있도록 돕는다. 훈육은 미래를 바라보며, 실수와 잘못된 행동을 예방하는 기술과 태도를 지향한다. 다시 말해 훈육은 사랑이고, 상처를 주는 것이 아니며, 부모가 서로 사랑스러운 관계를 나누면서 철학과 실천이 하나로 연합될 때 가장 효과적이다. 이는 우리가 때때로 '연합전선'이라고 부르는 것이다.

5. 관계가 우선이다

그리스도인이 맺는 주된 관계는 하나님과의 관계다. 주님께서 우리에게 이렇게 말씀하셨다. "내 안에 거하라 나도 너희 안에 거하리라. 가지가 포도나무에 붙어 있지 아니하면 스스로 열매를 맺을 수 없음같이 너희도 내 안에 있지 아니하면 그러하리라. 나는 포도나무요 너희는 가지라. 그가 내 안에, 내가 그 안에 거하면 사람이 열매를 많이 맺나니 나를 떠나서는 너희가 아무것도 할 수 없음이라."(요 15:4-5) 당신이 하나님과 신뢰와 믿음의 관계를 맺고 있다면, 그다음은 무엇일까?

대부분의 가정에서 아이는 우주의 중심이다. 부모는 자녀를 행복하게 하고 잘 키우는 데 엄청난 시간과 열정, 돈을 투자한다. 그래서 많은 부모가 부부의 관계를 자녀보다 우선해야 한다는 말을 듣고 질겁한다. 때때로 한 부모인 경우 자녀 앞에 자신을 두는 것에 죄책감을 느낀다. 그러나 자녀보다 당신의 결혼 또는 당신 자신을 우선하는 것이 사랑스러운 가족 분위기를 만드는 최고의 방법 가운데 하나다. 물론 아이를 아주 가까운 두 번째로 두어 누구 또는 무엇이 우선인지 알아차리지 못하게 해야 하지만, 이러한 약간의 차이는 강력하다. 아이는 부모가 먼저 서로의 관계를 존중한다는 것을 알 때 안전하다고 느낀다. 사실 아이는 부모와 하나님의 관계, 부모의 결혼 관계, 또 부모가 서로 대하며 만들어내는 태도의 사례를 보면서 존경, 사랑, 신뢰, 남성, 여성에 대한 많은 것을 배운다. "…세 겹 줄은 쉽게 끊어지지 아니하느니라."(전 4:12b)

아이를 우선에 두면 아이는 때때로 그것을 이용하는 법을 배운다. 아이는 가족 구성원에게 공헌하거나 협력하는 것을 배우는 대신, 자기 방식을 고수하려고 개인적인 힘을 사용할지도 모른다. 그리고 종종 엄마나 아빠 한쪽을 다른 한쪽에 대항하게 하도록 교묘하게 조종하는 기술을 갈고 닦는다. 다시 말해, 그 아이는 조종당한 부모처럼 비참해질 수 있다. 우리에게 성공적으로 조종에 능한 아이를 보여달라. 그러면 우리는 당신에게 매우 불행한 아이를 보여줄 것이다. 반면에 친절함과 단호함을 동시에 지니고서 사랑스럽게 대접받은 아이는 행복하고 만족스럽다. 이 아이는 세상(가족)이 자신을 중심으로 돌아가진 않지만, 매우 사랑스러운 세상에서 자신이 중요한 부분이라는 것을 배운다.

6. 형제간의 싸움과 경쟁 분위기를 피하라

사랑하는 가족 분위기에 부정적인 영향을 미치는 것 가운데 하나는 형제간에 언쟁하고 싸우는 일이다. 왜 이런 일이 일어나고, 부모는 변화를 위해 무엇을 할 수 있을까? 당신 자신을 보면서 시작할 수 있다. 무심코 당신은 싸우는 분위기를 조성하고 있을지도 모른다.

부모 사이에 경쟁이 적을수록 형제 사이에 싸움도 적다. 부모는 가족을 위해 분위기를 조성한다. 만약 부모가 싸우면 아이들도 싸울 것이다. 부모가 해결책에 초점을 두면, 아이들은 자기들이 동의하지 않았을지라도(부모의 지도로) 똑같이 하는 법을 배울 것이다. 그러나 아이들은 부모가 말한 것보다 훨씬 더 많이 부모의 사는 모습을(본보기 삼아) 배운다.

비록 당신이 경쟁과 싸움으로 가족 분위기를 이끌려고 하지는 않았겠지만, 정반대가 마음을 끈다는 것을 이해할 때까지 그리고 그것이 부모에게 의미하는 바가 무엇인지 정확히 알기 전까지 이런 일은 무심결에 일어날 수 있다.

부부가 결혼해서 아이가 생기기 전까지는 나타나지 않는 의견과 스타일의 중대한 차이점이 있다. 한 사람은 보통 너무 엄격하다(항상 남자가 그런 것은 아니다). 다른 한 사람은 너무 허용적이다(항상 여자가 그런 것은 아니다). 그러나 허용적인 사람은 곧 자신의 태도를 더욱 발전시킨다. "음, 내 아이의 인색하고 고리타분하고 엄격한 부모를 보완하려면 나는 더 관대해야 해." 그리고 엄격한 사람은 이렇게 생각한다. "음, 물렁하고 나약한 부모를 보완하려면 내가 더 엄격해야 해." 그들은 실제로 둘 다 틀렸을 때 더욱 멀리 떨어진다(그리고 누가 더 옳고 그른지 논쟁을 벌인다). 그들은 유치해지면서 둘 다 무능해진다. 아이들은 그런 극단적인 상황에 처했을 때 사회에 기여하는 구성원으로서 행복해지기 위해 필요한 태도와 기술을 배우지 못한다.

당신은 반복해서 듣는 것처럼 "실수는 배움의 멋진 기회다." 사도 바울은 가르쳤다. "주께서 너희를 용서하신 것같이 너희도 그리하고."(골 3:13b) 그는 다른 사람을 용서할 필요가 있을 뿐 아니라 우리 자신도 용서할 필요가 있음을 이야기했다. 그러나 부모의 임무는 용서에서 멈추지 않는다. 우리는 부모로서 기술을 배우고 성장시키는 것과 하나님과 동행하는 이 모든 여정 가운데 실수가 기회로서 가치 있다는 점을 배울 수 있다. 당신 자신을 다그치고 혼낼 때가 아니다. 적어도 당신이 실수를 했다는 것을 알게 되었다는 것과 긍정 훈육의 방법으로 되돌아가서 고칠 수 있다는 것을 알게 되었다는 사실에 흥분할 수 있다.

아이가 실수했을 때 어리석고, 나쁘고, 무능하고, 부적절하다는 믿음으로 인해 짐을 질 필요가 없음을 가르쳐주는 것은 큰 선물이 된다. 실수는 치명적인 결함이나 용서받을 수 없는 죄가 아니다. 아이는 부모와 함께 용서를 구하기 위해 하나님께 돌아가는 것과 자기 자신을 용서하는 것, 타인을 용서하는 것을 배울 수 있다. 그래서 "와, 내가 실수했네. 이것에서 무엇을 배울지 궁금해"라고 말할 수 있다. 이는 격려하고 힘을 실어주는 긍정 훈육의 방식이다.

7. 실수는 배움의 기회임을 기억하라

실수를 배움의 기회로 바라보는 것은 아이가 잘 자랄 수 있는 가족 분위기로 만들어가는 데 필수적이다. 아이는 비난이나 수치심, 고통을 두려워하지 않고 부모가 실수에서 배우는 데 도움이 되는 분위기(그리고 기술들)를 제공하고 있음을 알 것이다. 자신의 실수에 대해 그리고 왜 그런 실수를 하는지를 이해하면 자신을 용서하는 데 도움이 된다. 당신은 자기 자신의 '버튼'에 대한 알아차림이 높아짐에 따라 실수를 더 빨리 인식하고, 아이가 언제 실수를 밀어내고 있는지, 실수에 대해 웃을지(그리고 그게 사라질 것인지) 또는 단순히 그로부터 배울지 알 수 있다.

8. 자기 이해의 분위기를 유지하라

우리 모두는 버튼을 가지고 있다. 아이들은 그게 무엇인지, 그걸 어떻게 누르는지 알고 있다. 버튼이 눌러졌을 때 연구자들이 말하는 이른바 '싸움 또는 도망' 메커니즘에 해당하는 뇌의 일부로 되돌아가기 쉽다. 부모가 고려할 수 있는 선택지가 싸움이나 도망뿐이라면 아이는 그런 상황 속에서 문제를 인식할 것이다. 누가 먼저 거기에 왔는지는 중요하지 않다. 아무도 합리적으로 판단하고, 경청하고, 해결책을 찾을 시간이 없을 것이다. 긍정 훈육에서 배우는 것과 관계없이 당신은 여전히 그저 인간이다. 그리고 당신은 때로는 '잃을' 것이다. 당신의 아이도 마찬가지다. 긍정 훈육의 경이로움은 당신과 자녀가 왜 잃게 되는지, 그리고 그에 대해 무엇을 해야 할지 이해하는 데 도움이 될 수 있다는 것이다.

이는 형제간의 싸움과 어떤 관련이 있는가? 한 아이가 다른 아이를 때릴 때 대부분의 어른에게 있는 '뜨거운 버튼'이 무엇인지 알아차렸는가? 그리고 어른들이 종종 그것을 처리하는 비효율적인 방법을 발견했는가? 부모는 보통 아이에게 이렇게 소리친다. "어떻게 그런 일을 할 수 있니? 네가 그렇게 못되게 굴다니 믿을 수 없구나. 한 대 맞는 게 어떤 느낌인지 알고 싶니?" 이때 아이가 꾸지람을 듣는 바로 그 일을 부모 자신들이 하고 있다는 것을 알 수 없을까? 이런 생각을 멈출 때, 대부분의 부모는 아이를 때리는 어른을 보면서 "사람을 때리지 않도록 가르쳐줄게!"라고 말하는 것이 얼마나 터무니없는 일인지 깨닫게 된다.

일반적으로 성인의 비이성적 행동은 그렇게까지 뻔뻔스럽지 않다. 당신에게는 '정의 버튼'이 있을지도 모른다. 모든 것을 공정하게 만들려고 매우 열심히 노력한다. 당신의 아이는 어떻게 당신의 버튼을 누르는가? 그들 모두가 말하고자 하는 건 "공평하지 않아요!"라는 것이다. 그러면 당신은 그들에게 케이크 조각이 같다고 설명하거나, 생일 선물이 곧 올 것이라고 확신을 주거나, 동생을 더 좋아하는 것이 아니라고 설득하려 노력하기 시작한다.

한 아빠는 불평하는 아이에게 "나는 공평하지 않아"라고 선언함으로써 '공평'의 딜레마를 다루었다. 또 다른 아빠는 아이에게 공평의 버튼은 없다는 것을 이렇게 알렸다. "인생에서 오로지 공평한 것은 모든 사람에게 불공평하다는 것뿐이야."

이 아빠들이 눈을 반짝거리고 미소를 지으며 이러한 진술을 했다는 사실을 기억하는 것이 중요하다. 이러한 예에서 그들은 유머의 중요성을 가르치고 있다. 유머는 수많은 훈계의 긴장된 순간에 부모와 자녀 모두를 지탱해줄 수 있다. 긍정 훈육은 버튼에 반응하는 것을 피하고 좀 더 사려 깊게 행동하는 방법을 알려준다. 항상 그렇듯이 문제가 발생했을 때 우리는 문제를 해결하는 기술을 배울 수 있다. 그리고 자녀의 버튼 누르기를 피하는 법도 배울 수 있다. "아비들아, 너희 자녀를 노엽게 하지 말지니 낙심할까 함이라."(골 3:21) 당신이 앞으로 배울 많은 기술 가운데 하나는 당신과 자녀에게 이성적인 두뇌에 다시 접근할 수 있는 시간을 허락하는 긍정적인 타임아웃의 가치다.

물론 갑자기 성자가 될 수 없기에 당신은 또 실수할 것이다(완벽함이 그 렇게 쉽게 도달되는 거라면 얼마나 좋을까). 실수는 당신과 자녀를 위한 배움의 멋진 기회임을 배울 것이다. 그러니 버튼에 걸려드는 대신 버튼을 가지고 놀길 바란다. 긍정 훈육은 당신에게 방법을 보여줄 것이다.

9. 유머 감각을 유지하라

어느 누가 시무룩하고, 마음 상하고, 너무 심각한 가족 분위기를 원하는가? 웃음이 신성모독인 것처럼 행동하는 사람도 있다. 우리가 가장 좋아하는 예수님의 그림 중 하나는 즐거운 웃음을 짓는 모습을 묘사한다. 어떤 이는 웃고 있는 예수님을 상상할 수 없으며, 예수님은 항상 심각한 사람이라 생각한다고 말한다. 그러나 우리는 예수님이 물을 포도주로 바꾸어놓으신 결혼식에 참석하셨다는 것을 알고 있다. '즐거운 소음'이라는 말은 성경 전체에 걸쳐 여러 번 나타난다. 그리고 우리는 하나님이 우리에게 주신 것들을 말해주는 아름다운 성경을 우리의 본보기로 삼고 있다. "…슬퍼하는 자에게 화관을 주어 그 재를 대신하며 기쁨의 기름으로 그 슬픔을 대신하며 찬송의 옷으로 그 근심을 대신하시고…."(사 61:3)

우리는 두려워할 때 유머 감각을 잃어버리고 일을 너무 심각하게 받아들인다. 부모는 심지어 가장 열심히 노력해야 할 순간에도 "마음의 즐거움은 양약이라도 심령의 근심은 뼈를 마르게 하느니라"(잠 17:22)라는 말씀을 기억해야 한다. 부모와 자녀가 함께 웃을 수 있을 때, 따뜻하고 기쁜 가족 분위기를 만들어갈 수 있다.

10. 감사하는 태도를 기르라

이 책의 마지막 부분을 작업하는 동안 테러리스트들이 4대의 비행기를 납치해 뉴욕시의 세계무역센터, 워싱턴의 펜타곤, 펜실베이니아의 시골로 추락시켰다. 그날 죽은 수천 명 가운데 얼마나 많은 이가 사랑하는 사람에게 집안일을 게을리했다거나 숙제를 하지 않았다거나 매일의 실패에 대해 불평을 남겼을까? 우리 대부분은 우리가 사랑하는 사람을 포함해 우리가 가졌던 축복에 감사한다. 그 사람들은 자기 아이들을 포옹할 기회가 다시는 없다. 하지만 우리는 있다.

에베소서 4장 26절 말씀은 우리에게 경고한다. "분을 내어도 죄를 짓지 말며 해가 지도록 분을 품지 말고." 또한 우리는 매일 가족, 공동체 그리고 일상의 축복 속에 있는 위대한 선물에 감사해야 하고, 사랑과 감사의 메시지가 항상 우리가 사랑하는 사람에게 확실히 전달되어야 한다는 점을 기억해야 한다. 성경은 우리에게 이렇게 격려한다. "항상 기뻐하라. 쉬지 말고 기도하라. 범사에 감사하라. 이것이 그리스도 예수 안에서 너희를 향하신 하나님의 뜻이니라."(살전 5:16-18) 감사와 찬양의 가족 분위기를 순간순간 만들어가는 것은 사랑하는 사람에게 줄 수 있는 가장 큰 선물 가운데 하나다.

11. 하나님에 대한, 당신 자신에 대한, 자녀에 대한 믿음을 키우라

당신이 아이에게 믿음을 보여줄 때 아이는 자기 자신에 대한 믿음을 키워간다. 문제를 해결할 기회조차 얻기 전에 부모가 아이를 구출해버린다면 아이는 자기 신념의 건강한 방안을 발전시킬 수 없다. 또한 부모가 자기 문제를 다루는 아이의 방식에 관심을 보이지 않을 때도 아이는 내면의 성취감을 느끼지 못할 수 있다. 아이가 실망이라는 감정을 처리할 수 있다고 믿지 않는다면, 아이는 자신이 해야 할 일을 하기 위해 필요한 용기와 신념을 어떻게 키울 수 있을까? 그렇기 때문에 하나님, 자기 자신 그리고 자녀에게 믿음의 가족 분위기를 조성하는 것은 꼭 필요하다.

대부분의 크리스천 부모는 하나님을 믿는 분위기를 만들어가기 위해 열심히 노력한다. 우리는 아이에게 하나님의 선하심과 인자하심에 대해 가르친다. 또한 하나님께 기도하고 그 기도에 하나님이 응답하실 거라는 믿음을 갖도록 가르친다. 여기서 핵심은 아이가 화나거나 실망스러울 때 이러한 가르침을 적용하도록 늘어놓거나 구제하는 대신 아이와 부모 자신을 격려하는 것이다.

11장에서 자세히 다룰 가족회의는 우리가 함께 기도하고 하나님으로부터 문제 해결 과정에 대한 답을 얻는 좋은 시간이다. 이것은 아이가 자신의 믿음의 경험을 세상에 실제적으로 적용하는 데 도움을 준다. 세상의 존재가 되지 않으면서 세상 속에서 살아가는 이 얼마나 멋진 방법인가? "너는 마음을 다하여 여호와를 신뢰하고 네 명철을 의지하지 말라 너는 범사에 그를 인정하라 그리하면 네 길을 지도하시리라."(잠 3:5-6) 때로는 어려울 수도 있지만, 자기 자신과 자신의 양육에 대한 믿음을 가져라. 할 수 있는 모든 것을 배운 다음, 하나님과 함께 매일 기도하는 가운데 받을 자신의 상식과 지혜를 사용하라.

긍정 훈육은 실제로 사용할 때 효과가 있음을 배웠다. 그리고 사용하지 않을 때 우리는 엉망진창이 된다. 또한 크리스천 가정에서 신앙은 부모 사역의 필수적인 기초임을 배웠다. 좋은 소식은 당신이 아무리 자주 그것을 '날려'버리더라도, 언제나 당신이 만든 혼란을 청소해줄 하나님의 확실한 용서와 긍정 훈육 개념으로 돌아올 수 있다는 것이다. 더 좋은 가족 분위기를 만들어갈 기회는 처음 하나님께로 배운 것을 본받을 때 가능하다. 실수는 배움의 진정한 멋진 기회다. 하나님의 은혜와 긍정 훈육 교육으로 당신은 앞으로 사랑스러운 가족 분위기를 조성할 수 있을 것이다.

Positive Discipline
in the
Christian Home

제4장
긍정 훈육의 성경적 기저
—

육아서를 읽는 대부분의 부모는 구체적인 질문에 대한 구체적인 대답을 찾고 있다. 어떻게 하면 아이가 행동하게 할 수 있을까? 자라면서 아이가 끔찍한 선택을 하지 않도록 지키려면 어떻게 해야 할까? 결국 세상은 마약, 술, 섹스로 가득 차 있다. 아이가 자기 신앙을 붙잡고 성실하게 살아가도록 어떻게 격려할 수 있을까? 어떻게 하면 가족으로서 집안일이나 일상생활의 일에 조금이나마 도움을 얻을 수 있을까?

아이를 키우는 일은 우리가 원하는 걸 아이가 하도록 하는 것 이상이다. 긍정 훈육은 구체적인 대답으로 가득 차 있다. 당신이 사용할 수 있는 도구와 기법은 모두에게 가정의 삶을 더 쉽고 즐겁게 한다. 하지만 관계는 항상 기법보다 우선이다. 긍정 훈육은 당신의 자녀가 되어가고 있는, 아주 멋지고 고유한 인간을 이해하고 연결하도록 해주는 원칙에 기초한다. 이러한 사랑, 상호 존중, 즐거움의 관계에서 기법이 나올 것이다. 그리고 관계가 향상되면 '기법'에 대한 필요성은 감소한다는 것을 알 수 있다. 존 러스킨이 말했다. "사랑과 기술이 함께할 때 기적을 기대하라."

긍정 훈육은 가족관계와 행동 분야의 개척자인 알프레트 아들러와 루돌프 드라이커스의 가르침을 바탕으로 한다. 인간 행동을 이해하는 아들러의 접근법은 효과적이고 존중감 있고 성경적으로 건전한 기본 개념 세트를 제공한다. 그리고 자녀와 우리 자신을 모두 이해하는 데 도움이 되는 풍부한 지식을 준다. 그러나 긍정 훈육은 단순히 훈계 이론과 '기술' 이상의 것이다. 이 장에서는 긍정 훈육의 핵심인 아들러 심리학의 기본 개념을 간단히 살펴보고자 한다. 당신은 아이와 가족을 위해 원하는 것을 결정할 수 있는 유일한 사람이다. 우리는 당신이 자신의 개인적 가치, 신념, 교파가 무엇이든 간에 효과적인 기독교 양육을 위한 견고한 토대를 발견할 수 있을 거라 확신한다.

왜 아들러를 이해해야 하는가?

긍정 훈육은 아들러의 개념에 기반을 두고 있으며 이러한 개념이 성경과 어떻게 호환되는지 이해하는 것이 중요하다. 긍정 훈육의 핵심 원칙, 다시 말해 존경과 사랑, 신뢰, 협력, 책임 그리고 가르침은 성경과 예수님의 가르침과 아름답게 딱 들어맞는다. 그들은 실제로 그 '반석 위'에 세워졌다(눅 6:48). 어리석은 부모는 현재 대중적인 접근이 무엇이든 간에 모래 위에 집을 짓는다. 지혜로운 부모는 성장기의 시험을 견

딜, 유능하고 능력 있고 행복한 어른을 만들어내는 원칙에 따라 가정을 꾸린다. 성경은 "마땅히 행할 길을 아이에게 가르치라"라고 했다.

이 장에서 설명하는 개념은(다음 장에서 실제 적용을 위한 많은 제안과 함께 따라오는) 어른과 아이가 인간의 행동을 더 잘 이해할 수 있게 도와줄 것이므로 어른과 아이의 관계를 만족시키고 충족할 가능성이 커진다. 당신은 아이가 왜 어긋난 행동을 하는지 배울 것이다. 그뿐 아니라 아이가 행복해지는 데 필요한, 가족과 공동체 구성원에게 기여하는 삶의 기술과 태도를 배우도록 돕는 긍정 훈육 도구의 사용법을 배울 것이다. 또한 어른이 어떻게 자신의 권위를 유지할 수 있는지 살펴볼 것이다. 예수님께서 제자들에게 진리를 가르칠 때 양육의 돌봄과 연민 어린 면을 소홀히 하지 않으셨던 것처럼 말이다. 긍정 훈육은 어른과 아이 관계만을 위한 것이 아니다. 그것은 결혼, 직장, 우정, 각 기관 그리고 교회 생활 등 모든 유형의 면대면 관계에 전하는 메시지다.

평등과 상호 존중

긍정 훈육의 기초는 상호 존중이며, 이는 성경에 필수적인 원칙이다. 베드로전서 2장 17절 말씀을 보면 "뭇 사람을 공경하며 형제를 사랑하며 하나님을 두려워하며 왕을 존대하라(강조)"라고 한다. 오늘날 대부분의 사람은 상호 존중과 평등의 개념에 아무런 문제가 없다. 그것이 아이에게 적용되기 전까지는 말이다. 그러고는 수많은 '빨간 깃발'이 올라온다. 사람들은 "아이들이 똑같은 경험, 지식 또는 책임을 갖지 않을 때 어떻게 평등하다고 할 수 있나요?"라고 묻는다. 어린아이에게 '평등하다'는 건 '정확히 똑같은'이 아니라 '하나님 보시기에 똑같이 귀한'을 의미한다는 것을 기억하면 도움이 된다. 우리가 여기서 말하는 평등은 나이나 경험 또는 신체적 특징에 근거하지 않는다.

누가복음 18장 16절에서 예수님은 "…어린아이들이 내게 오는 것을 용납하고 금하지 말라 하나님의 나라가 이런 자의 것이니라"라고 말씀하셨다. 더 나아가 예수님은 17절에서 이와 같이 말씀하신다. "내가 진실로 너희에게 이르노니 누구든지 하나님의 나라를 어린아이와 같이 받아들이지 않는 자는 결단코 거기 들어가지 못하리라 하시니라." 이 구절에서 예수님은 어른이 아이를 중요하지 않게 여길지라도, 자신은 아이를 그런 식으로 보지 않는다고 말씀하신다. 어른은 성인이 되면서 세상에서 성공을 추구하고 중요한 일을 찾기 시작함에 따라 아이 같은 진실성과 개방성을 종종 잃어버린다. 하나님은 우리에게 따르고 존중할만한 모범으로 어린아이와 같은 마음을 제시하신다.

아이는 어른과 똑같은 특권과 책임을 가지고 있지 않으며 물론 그래서도 안 된다. 하지만 어른과 동일하게 하나님 앞에 충분히 가치 있고 소중한 존재다. 알프레트 아들러와 루돌프 드라이커스는 긍정 훈육의 근간을 이루는 현대 이론가이지만, 성경은 이보다 훨씬 오래전부터 기초를 세웠다. 아들러와 드라이커스는 모든 민족과 종족, 남자, 여자 그리고 어린아이의 평등을 주창했다. 성경의 갈라디아서 3장 28절에 있는 말씀과 같은 익숙한 개념이다. "너희는 유대인이나 헬라인이나 종이나 자유인이나 남자나 여자나 다 그리스도 예수 안에서 하나이니라." 아들러가 제안하는 평등은 동일성의 차원이 아니다. 다만 모든 사람은 사랑과 가치, 존엄성에 대한 인간적 필요에서 평등한 것이다. 개인은 저마다 유일무이하고 각각의 유일성 때문에 진정 귀중하다. 그리고 나이와 상관없이 동등한 가치가 있다. 또한 아이를 포함해 사람마다 사랑, 소속감, 연결됨과 같은 기본적인 욕구가 있다.

부모 교육 클래스에서 자주 하는 간단한 활동을 생각해보자. 모두에게 지갑에서 1달러를 찾도록 요청한다. 돈을 찾는 동안 잠깐 기다린 다음에 "여러분 가운데 몇 분이나 지갑의 지폐 쪽을 바로 확인하셨나요?"라고 묻는다. 대부분의 사람은 1달러짜리 지폐를 찾는다. 가끔 10개의 센트나 4개의 쿼터, 아니면 다른 동전 조합을 찾은 사람도 있다. 어떤 이는 "저는 1달러가 없어요"라고 말하기도 한다. 그런 다음 우리는 1달러씩 똑같은 금액의 돈을 만들어내는 데 얼마나 많은 다른 방법이 있는지에 주목한다.

그러고는 다시 묻는다. "어떤 면에서 아이는 부모와 동등한가요?"(사람들은 가치, 사랑의 필요, 영양과 양육의 필요 등과 같은 해답을 제시한다.) "어떤 면에서 아이는 어른과 다른가요?"(다시, 일반적인 대답은 크기, 책임, 경험, 지식 등이다.) 아들러와 성경 둘 속에서 끌어낸 평등이라는 개념은 상호 존중을 바탕으로 세워진 가족관계를 수립하는 근간이다.

부모는 자녀가 자신들을 존중하길 기대하지만, 때때로 자신이 먼저 자녀를 존중해야 한다는 생각에는 저항감을 느낀다. 그들은 "여호와를 경외함이 지혜의 근본"(시 111:10)이라는 말을 종종 하며 생각한다. '내 아이가 나를 두려워하는 것에 만족하겠다.' 그러나 우리가 이미 본 것처럼, 두려움과 존경은 같지 않다. 사실 두려움은 자기 훈육과 진실함을 배우지 못하게 할 수 있다.

과거 세대에서 아이는 그들을 키운 어른보다 열등하다고 여겨졌다. 민주주의사회에서 몇십 년 동안, 산업혁명의 시대에서 현재에 이르는 동안 아이들은 모든 책임을 면제받거나, 해가 감에 따라 책임을 부여받았다. 어른들이 민주주의의 본질을 제대로 이해하지 못했거나 아이들에게는 적용된다고 믿지 않았기 때문에 아이들은 모든 권리를 가지거나 아예 없었다.

민주주의(그리고 민주적 육아)의 정신을 반영하는 간단한 아들러의 공식이 있다. '책임(Responsibility)은 선택(Choice) 더하기 결과(Consequence)와 같음'을 의미하는 'R = C + C'이다. 부모는 때로 (의도적으로 최선을 다하여) 책임을 가르칠 때 허용적이거나 지나치게 엄격하여 잘못을 저지르곤 한다. 잘못된 선택이 이루어질 때 부모는 아이(또는 그들 자신)에게 선택에 대한 책임을 묻지 않거나, 또는 심한 굴욕과 처벌(흔히 결과로 가장된)을 준다. 민주주의가 작용할 때 우리는 선택을 하고 그 결과를 경험한다. 그 선택의 성격에 따라 긍정적이든 부정적이든.

당신은 아이를 이겨먹는가, 아니면 이겨내는가?

때때로 평등과 존경이라는 이름으로 어른은 아이를 이겨내기보다 이겨먹기 위해 평등의 개념을 잘못 사용해왔다. 아이에게 이기는 것은 아이를 '패자'로 만든다. 처벌이나 굴욕으로 아이의 잘못된 행동을 멈추도록 강요하면 어른이 이겼다고 느낄 수 있다. 그러나 장기적인 관점에서 보면 처벌하는 부모는 많은 것을 잃어버리게 된다. 아이가 반항적이거나 교활해질 수 있으며 자기 규율, 책임, 협력, 문제 해결 기술 그리고 그 밖에도 자신에게 필요한 삶의 기술을 배우지 못한다.

부모의 변덕과 분위기에 맞추어 아이를 이겨먹는 것은 더는 효과적이지 않다. 이러한 일방적 지시 태도를 취하는 것은 어린아이를 교묘하게, 반항적으로 또는 맹목적으로 복종하게 하는 원인이 된다. 부모가 가족 전체를 위해 효과적으로 장기적인 결과를 만들어내는 방식으로 자녀를 양육하는 대신 단기간에 '작용'하는 방식을 택한다면 유능하고 자신감 있는 성인으로 자라도록 돕지 못하게 된다.

만약 자녀 양육이 단기간에 불과하다면 다음 말씀이 크리스천으로서 삶을 묘사했더라도 이 말씀은 성경에서 필요하지 않았을지도 모른다. 크리스천으로서의 양육을 염두에 두고 읽어보면 좋겠다.

> …우리 앞에 당한 경주를 하며 믿음의 주요 또 온전하게 하시는 이인 예수를 바라보자 그는 그 앞에 있는 기쁨을 위하여 십자가를 참으사 부끄러움을 개의치 아니하시더니… 너희가 피곤하여 낙심하지 않기 위하여 죄인들이 이같이 자기에게 거역한 일을 참으신 이를 생각하라.(히 12:1-3)

아이를 이겨내는 것은 책임감, 자제력, 문제 해결 능력, 사회적 관심을 가르치면서 아이의 협력을 얻어내는 것을 의미한다. 어른은 아이의 능력을 믿고 필수적인 생활 기술에 대한 훈련을 위해 시간을 내어 아이를 이긴다. 균형을 잡으려는 시소에 두 인물 그림을 그려보라. 당신은 상호 존중의 아들러식 개념에 대한 시각적 은유를 가지는 것이다.

기본적인 인간의 욕구: 소속감과 존재감

예수님께서 언젠가 가르치셨던 것처럼, 부모(결국 자녀를 위해 항상 최선을 다하는 사람)들은 예수님이 만져주시기를 바라며 아이들을 데려오곤 했다. 제자들은 스승을 보호하려고 이런 부모를 꾸짖으며 아이와 함께 내쫓으려 했다. 예수님은 자신이 어떻게 느끼는지 의심하지 않으셨다. 그는 "노했다"라고 말씀하셨다. "어린아이들이 내게 오는 것을 용납하고 금하지 말라"라고 말씀하면서 그 어린아이들을 안고, 그들 위에 안수하고(손을 얹어서) 축복하셨다(막 10:13-16). 예수님은 아이들이 "보여도 들리지 않아야 한다"라는 말을 믿지 않으신 것이다. 예수님께서는 아이가 자기 부모와 마찬가지로 소속감(belonging)과 존재감(significance)이 필요하다는 것을 알았으며, 결코 그것을 경험하도록 돕는 데 그렇게 바쁘시지도 않았다.

아들러와 드라이커스는 인간 행동의 목적은 소속감과 존재감을 성취하는 것이라고 믿었다. 어긋난 행동, 우리가 7장에서 배울 이것은 소속감과 존재감을 성취하는 방법에 대한 어긋난 신념에 근거한다. 성경은 하나님이 우리와 맺기 원하시는 관계에 대한 분명한 그림을 보여준다. 하나님은 우리가 그분의 교훈을 따르길 원하신다. 왜냐하면 우리가 그분의 길을 택했기 때문이다. 다른 말로 하면, 그는 우리에게서 받고자 하는 동일한 존경심을 가지고 기꺼이 우리를 대하신다.

하나님께서 우리에게 원하시는 건 우리가 확신하는 바대로 양육받고, 자유로운 바대로 형성되는 가족관계를 경험하는 것이다. 예수님이 제자들과 함께 세우신 관계는 우리가 서로 관계를 유지하도록 창조되었다는 점을 명확히 보여준다. 우리는 주님과만이 아니라 서로 연결되도록 지음 받았다. 그리고 예수님은 오늘날 우리를 위해 모범이 되는 삶을 사심으로써 우리에게 길을 보여주셨다.

아이의 행동이 아이의 소속감과 존재감(7장에서 더 자세하게 설명할 것이다)에 달려 있다는 것을 이해할 때, 부모는 어긋난 행동을 하는 아이가 목표를 더 긍정적인 방법으로 달성하도록 도울 수 있다. 어긋난 행동의 이면에는 그저 소속되기를 원하고 그 목표를 어떻게 달성해야 할지 혼란스러워하는 아이가 있다는 것을 기억할 때, 당신은 어긋난 행동에 대해 다르게 느낄 것이다.

격려

사람들이 가끔 "아이들이 요구하는 것은 좀 구식 훈육이야!"라고 말하는 것을 들어봤는가? 대부분의 사람에게 '구식 훈육'은 실제로 처벌을 의미한다. 그러나 믿거나 말거나, 어긋난 행동을 한 아이는 사실 좌절한 아이다. 잘못된 행동은 좌절한 마음에서 비롯된 것이기에 처벌은 그 좌절감을 더할 뿐이다. 그리고 대개는 잘못된 행동을 더 많이 하게 된다. 오직 더 잘 느끼고 생각하는 아이만이 더 잘 행동할 수 있다.

긍정 훈육 도구에 포함된 어떤 도구라도 격려, 이해, 무조건적 사랑 그리고 존경이 밑바탕 되지 않고는 아무런 가치가 없다. 부모로서 우리 모델은 예수님임을 기억하자. 고린도전서 13장에서 우리는 다른 사람과 관계 맺기에서 '가장 좋은 길'은 사랑이라고 배운다. 교묘하게 조종하는 식의 사랑이 아닌, 단호함과 관철하기를 잃지 않은 친절하고 온화한 사랑 말이다. 사랑은 단순한 느낌 그 이상이다. 그것은 각 양육의 선택과 각각의 행동 그리고 우리 가정의 많은 분위기의 일부가 될 것이다. 정말로 "사랑이 없으면 소리 나는 구리와 울리는 꽹과리가…"(고전 13:1) 될 뿐이다. 한 아이가 했던 말이 있다. "부모는 피부가 있는 예수님이다!" 행동에 담긴 사랑과 격려는 너무나 중요한 개념이기에 우리는 당신이 그것을 이해하고 적용하도록 돕고자 한 장을 다 할애했다(9장).

행동 이면에는 항상 신념이 있다

인간의 행동은 목표나 목적이 무엇인지를 의식적으로 이해하지 못하더라도, 항상 목표나 목적이 있다. 우리의 목적과 신념은 주변 사람들과의 관계 속에서 살아난다. 아이들의 경우, 보통 가족과 교실 속 관계를 의미한다.

기본적인 인간의 욕구인 소속감과 존재감은 말로 표현하거나 의식적으로 인식할 수 있는 것이 아님을 아이(또는 그 문제에 대한 나머지 우리)가 깨닫는 게 중요하다. 때때로 아이는 자기가 원하는 것을 성취하는 방법을 잘못 생각하고, 목적과 정반대 방식으로 행동하곤 한다. 평균적인 사춘기 남자 중학생의 한순간을 떠올려보자. 몇몇은 턱수염이 보이고, 또 몇몇은 목소리가 깊어진다. 반면 다른 몇몇은 여전히 초등학교에서 온 난민처럼 보인다. 우리의 13세 영웅은 또래에게 호감을 얻고 인기도 누리고 싶지만, 이 목표를 어떻게 달성해야 하는지 잘 모른다. 그래서 그는 '멋진' 척하려고 실제로 가지고 있지 않은 기술과 소유물을 자랑하며, 자기 자신이라고 상상하는 챠밍 왕자 대신 〈슬리피 할로우〉의 이카보드 크레인(우스꽝스러운 형사-옮긴이)처럼 행동한다.

이것은 종종 악순환을 일으킨다. 아이의 행동이 싫어하는 것을 유발하고 부정적인 관심(선생님의 설교, 또래의 배척, 부모의 잔소리)을 통해 강화될수록 아이는 더욱 불쾌하게 행동할 수 있다. 아이는 호감을 얻고 싶지만 그 목표를 어떻게 달성할지 몰라 혼란스러운 상태로, 탁월한 행동을 위한 비법 대신 좌절감을 느끼기 시작할 것이다. 드라이커스는 "아이들은 좋은 인지자(good perceivers)이지만, 서툰 해석가(poor interpreters)다"라고 말하면서 이를 설명했다. 우리 중학생 친구는 일종의 소속감을 느낄 수도 있지만, 결국 그는 확실히 많은 관심을 받고 있다. 이상하게 보일지 모르지만, 많은 아이에게 부정적인 관심은 아무런 관심을 받지 못하는 것보다 훨씬 낫다.

7장에서는 소속감과 존재감을 추구하려 하는 아이가 어떻게 이러한 어긋난 목표(부모가 흔히 '어긋난 행동'이라고 부르는)를 선택하는지 자세히 이야기할 것이다. 우리는 단지 행동이나 어긋난 행동보다는 아이의 신념에 반응하는 법을 배울 수 있다. 그때가 바로 행동이 진정으로 바뀌기 시작하는 때다.

사회적 관심

알프레트 아들러가 만든 아름다운 독일어 단어 '게마인샤프트게퓔

(Gemeinschaftsgefühl)'이 있다. 영어로 정확하게 번역하기 어려웠지만, 아들러는 결국 '사회적 관심'이라는 말을 선택했다. 사회적 관심이란 자기 동료를 걱정하고 사회에 공헌하고자 하는 진지한 열망을 의미한다. 그것은 가족과 공동체 그리고 세계를 향한 기독교적 사랑과 봉사의 삶의 전형이다.

미국 국민은 뉴욕시와 워싱턴 D.C.에서 발생한 테러 납치 사건의 여파로 사회적 관심을 강력하게 표출하며 단결했다. 구조 노력에 자원과 수백만 달러를 기부했으며 부상을 입거나 죽은 사람의 가족을 도왔다. 사람들은 헌혈하기 위해 몇 시간 동안 줄을 섰고, 도움을 줄 수 있는 방법을 찾기 바라면서 전국에서 몰려왔다. 아이들도 레모네이드를 팔거나 빨간색과 흰색, 파란색 리본을 판 돈을 적십자사에 기부했다. 이는 실천에 대한 사회적 관심이며, 세계에 절실히 필요한 자질이다. 놀랄 것도 없이 그것은 집에서 시작된다.

아이에게 사회적 관심을 가르치는 일은 매우 중요하다. 젊은이가 사회에 기여하는 구성원이 되는 법을 배우지 않으면 학문적 성취(또는 가정에서 탁월한 행동을 할지라도)가 무슨 의미가 있을까? 가정은 아이가 빌립보서 2장 3-5절의 메시지를 배우기에 가장 좋은 장소다.

아무 일에든지 다툼이나 허영으로 하지 말고 오직 겸손한 마음으로 각각 자기보다 남을 낮게 여기고 각각 자기 일을 돌볼뿐더러 또한 각각 다른 사람들의 일을 돌보아 나의 기쁨을 충만하게 하라 너희 안에 이 마음을 품으라 곧 그리스도 예수의 마음이니.

다시 말해, 아이 또한 자신과 다른 사람의 필요 둘 다를 존중하는 법을 배울 수 있다.

루돌프 드라이커스는 종종 "아이를 위해, 아이가 자기 스스로 할 수 있는 어떤 것도 해주지 말라"라고 말했다. 부모가 끊임없이 아이를 섬기는 것은 그 아이에게서 '자존감'의 진정한 의미인 '나는 능력이 있다'는 믿음을 발전시킬 기회를 빼앗는 것이다. 사회적 관심을 가르치는 첫 번째 단계는 자립을 가르치는 것이다. 아이가 자신감과 기술을 습득할 때 다른 사람을 도울 준비가 되며, 상호 의존적인 관계에 들어설 때 유능함과 자신감을 느낄 수 있다. 우리가 배우게 될 테지만, 자녀를 진정으로 사랑하는 것은 자녀에게 기술과 태도를 가르치는 것이고, 그 기술을 연습하는 동안 사랑을 가지고 내버려 두는 것을 의미할지도 모른다. 슈퍼 엄마와 슈퍼 교사의 시대에 우리 아이들은 때때로 세상에 봉사하기보다 세상이 그들을 섬겨주길 기대하며 살고 있다.

개인적인 목록을 작성해보자.

- 자녀가 할 수 있는 일을 직접 하도록 하는 일은 몇 가지나 되는가?
- 가족의 시간과 에너지의 어느 정도가 그 상황에 쓰이고, 얼마만큼 공동체에 헌신하는가?
- 자녀가 관용, 연민, 감사에 대해 무엇을 배우고 있는가?

예수님은 제자들의 발을 씻기면서 종의 마음을 보이셨다. 그는 본을 보이기 위해 허리를 굽혀 천한 일을 하셨다. "내가 너희에게 행한 것같이 너희도 행하게 하려 하여 본을 보였노라. 내가 진실로 진실로 너희에게 이르노니 종이 주인보다 크지 못하고 보냄을 받은 자가 보낸 자보다 크지 못하나니 너희가 이것을 알고 행하면 복이 있으리라."(요 13:15-17) 만약 부모가 모든 봉사를 다 해준다면 2장에서 배운 유능한 젊은이의 인식과 기술을 발전시킬 기회를 자녀에게서 빼앗는 것이다.

사회적 관심을 격려하는 한 가지 방법은 가정에서 해야 하는 일에 대한 브레인스토밍(그리고 하는 것!)에 자녀를 참여시키는 것이다. 부모들은 브레인스토밍에 참여할 수는 있지만, 아이들이 그렇게 초대받으면 얼마나 많이 공헌할 수 있게 되는지 놀라울 것이다. 사랑하는 사람들에게 기여할 일이 많아질수록 아이는 자신이 중요하다는 것을 더 잘 알 수 있다. 누군가에게 중요하다는 것은 살아 있음의 전부다. 우리는 가족회의를 다룬 11장에서 공헌을 통해 사회적 관심을 발전시키는 것에 대해 더 많이 배울 것이다.

실수는 배움의 멋진 기회

실수가 실제로 배움 과정의 일부일 때, 실수는 때때로 '죄' 또는 '결함'으로 여겨지기도 한다. 부모는 종종 실수를 활용하며, 가르침의 기회로서 인생 교훈으로 삼는 것을 배울 때 최선을 다하게 된다. 부모는 자녀를 처벌하는 대신 은혜의 보좌 앞으로 인도하는 영예와 특권이 있다. 부모로서 당신은 아이에게 길을 보여주고, 용서와 배움의 기회를 제공하고, 그 과정에서 실수와 어긋난 행동을 바로잡음으로써 용서하시는 하나님을 필요로 하는 자신을 발견하도록 도울 수 있다.

눈을 감고 당신이 아이였을 때 실수에 대해 부모와 교사에게서 받은 메시지를 기억해보라. 어떤 메시지인가? 이 연습을 더 효과적으로 하려면 그것을 적어보자. 실수했을 때 당신은 어리석고, 부적절하고, 나쁘고, 실망스럽고, 얼뜨기라는 메시지를 받았는가? 다시 눈을 감고 작은 실수로 비난받았던 특정한 시간을 기억해보라. 자기 자신에 대해, 그리고 미래에 무엇을 할 것인가에 대해 당신은 무엇을 결정했는가?

기억하라. 당신은 그 당시에 어떤 결정을 내리고 있다는 사실을 알아차리지 못했지만, 되돌아보면 어떤 결정을 내렸던 것은 분명하다. 어떤 사람은 자신이 나쁘거나 부적절하다고 결정한다. 또 어떤 사람은 자신의 노력이 완벽에 미치지 못하면 굴욕에 대한 두려움으로 위험을 감수하지 않으려고 결심한다. 너무 많은 사람이 자존감에 큰 비용을 지불하면서 '찬성 중독자'가 되기로 결심하고, 다른 사람을 기쁘게 하려고 한다. 또 어떤 사람은 자신의 실수에 대해 비열하게 행동하고, 붙잡히지 않기 위해 할 수 있는 모든 것을 하겠다고 결심한다.

이러한 메시지와 결정들이 건강하고 행복한 사람을 만들어낼까? 당연히 아니다. 아이에게 실수에 대한 부정적인 메시지를 전하는 부모와 교사는 보통 좋은 의미를 가지고 있다. 그들은 아이에게 더 잘하도록 동기를 부여하려고 노력하는 것이다. 아마도 그들은 자신들의 방법에 대해 장기적인 결과를 충분히 생각해보지 않았을 것이다. 너무 많은 양육과 가르침이 세속적인 두려움에 바탕을 둔다. 부모는 자녀를 더 잘하게 하지 않으면 자신들이 잘못 키운 게 될까 봐 두려워하기도 한다. 많은 사람이 자녀가 배우는 내용보다 이웃이나 교회 사람이 어떻게 생각할지를 더 걱정하고 두려워한다. 또 어떤 이들은 아이에게 두려움과 굴욕감을 심어주지 않으면 결코 더 잘하는 것을 배우지 못할 거라고 두려워하기도 한다. 대부분의 사람은 무엇을 해야 할지 모르기 때문에 두려워하고, 비난과 수치심, 고통을 가하지 않으면 아이가 방임적으로 행동할 것이라고 두려워한다. 종종 부모들은 더 통제적으로 행동함으로써 자신의 두려움과 혼란을 숨긴다.

우리가 이미 발견했다시피, 다른 길이 있다. 이 책의 많은 이야기가 우리 아이들과 함께했던 실수에 관한 것이다. 우리가 그랬듯 아이들은 살아남았다. 종종 실수는 친밀감과 이해 그리고 성장의 기회가 되었다.

우리가 훈련과 격려에 오랜 시간을 보내지 않았기에 아이들이 많은 실수를 한다. 우리는 종종 개선에 영감을 불어넣는 대신 반항에 불을 지핀다. 성장의 과정을 따라가는 한 걸음으로, 불완전함을 받아들이는 용기의 본을 보이라. 그리고 당신의 태도와 행동이 아이들에게 최고의 스승임을 기억하라.

크리스천 싱어송라이터인 댈러스 홈의 말처럼, 자녀에게 "예수님께 나아오라"를 기꺼이 가르치라.

예수님께 나아오라. 오늘 너의 삶을 주께 드려라. 오, 나는 네가 주께서 용서할 수 없다고 생각하는 너의 삶의 형편을 안다. 그러나 그는 용서하고 잊으실 것이다. 친구여, 주께서 너에게 살아가는 법을 보이실 것이다.(The Benson Company, ⓒ by Dimension Music, words and music by Dallas Holm)

당신의 실수를 주님께 가져오면 같은 일에서 당신의 자녀가 분별함을 보게 될 것이다. 죄책감에 매달리지 말고 그것을 내려놓고 그대로 두라. 과거에 매달리는 것은 현재를 살아내는 것을 막고 미래를 만날 수 없게 하는 짐을 키우는 것이다.

사랑의 메시지가 전달되는지 확인하기

훈육의 목적은 '가르치는 것'이고 자녀에게 자기 자신과 부모를 존중하는 법을 가르치는 것이다. 훈육은 그것이 가르치는 교훈 자체가 힘들 수 있지만, 결코 가르침에서 사랑을 빼는 것만큼 힘들면 안 된다. 이 장에서 설명한 아들러의 개념과 이 책 전반을 통해서 찾게 될 긍정 훈육 도구는 행동을 이해하고 태도를 발전시키는 데 필요한 기초와 아이들이 세상으로 나아갈 때 필요한 인생 기술을 계발하는 데 도움을 줄 수 있는 필수적인 방법을 제공할 것이다.

잠깐 생각해보자. 집에서 살고 교회에 다니는 동안 아이가 실수를 하고 그것을 배움의 도구로 사용하는 것이 사랑의 도피처가 아닌 곳에 있으면서 더 큰 값의 실수를 하는 것보다 낫지 않을까? 우리 중 어느 누구도 예상하지 못했던 날이 곧 올 것이다. 아이들이 세상 속으로 자신의 길을 만들어갈 그때, 어른의 삶 속에서 겪게 될 어려움을 만날 것에 대비하여 당신은 그들이 완전 무장하기를 원할 것이다.

에베소서 6장 10-17절 말씀은 그리스도인들이 주 안에 굳게 서서 그의 전능하신 힘 가운데서 하나님의 전신 갑주를 입을 것을 격려한다. 크리스천으로서 당신은 의의 호심경을 붙이고 허리에는 진리의 허리띠를

매고 견고히 서야 한다. 그리고 발의 자세는 평화의 복음을 전할 준비가 되어 있어야 한다. 우리는 믿음의 방패, 구원의 투구 그리고 '하나님의 말씀인 성령의 검'을 들고 있어야 한다.

긍정 훈육의 핵심 원칙

- 상호 존중과 평등
- 소속감과 존재감
- 아이를 이겨먹는 대신 이겨내기
- 격려
- 행동 이면에는 항상 신념이 있다.
- 사회적 관심
- 실수는 배움의 기회다.
- 사랑의 메시지가 전달되는지 확인하기

반석 위에 세우기

내게 나아와 내 말을 듣고 행하는 자마다 누구와 같은 것을 너희에게 보이리라 집을 짓되 깊이 파고 주추를 반석 위에 놓은 사람과 같으니 큰 물이 나서 탁류가 그 집에 부딪치되 잘 지었기 때문에 능히 요동하지 못하게 하였거니와.(눅 6:47-48)

아마도 이 말씀은 모든 크리스천 부모가 하는 마음의 기도일 것이다. 자녀가 자라서 연민과 자신감 있는 사람으로 성장하고, 부모 자신의 삶과 자녀의 삶을 단단한 기초 위에 세우는 것 말이다. 성경과 긍정 훈육은 아이를 위한 비전을 매일의 일상 가운데 효과적인 행동으로 옮기는 데 도움을 줄 수 있다. 다음 장에서는 그 방법을 보여주겠다.

Positive Discipline
in the
Christian Home

제5장

아이의 세계로 들어가기

_

나 여호와는 중심을 보느니라.

(삼 16:7)

크리스천 부모는 자녀를 사랑할 뿐 아니라 이 말씀도 알고 있다. "보라 자식들은 여호와의 기업이요 태의 열매는 그의 상급이로다."(시 127:3) 우리는 '그들로 가득 찬 전율'을 가진 사람이 행복하다는 말을 듣는다. 여전히 가족 때문에 바쁜 삶이어도 평화로움과 즐거움이 있다. 아이와 부모 모두 해야 할 일이 너무 많고, 스트레스와 불안을 느끼며 때로는 정말 아무도 자신을 이해하지 못한다고 느끼기도 한다. 사랑하는 사람들과의 연결로 느끼는 소속감과 존재감이 행복하고 건강하게 살아가는 데 필수적이라면(우리는 그렇다고 믿는다), 아마도 가장 중요한 양육 도구는 때때로 부모가 간과한 것들 가운데 있을 것이다.

아이들은 그들의 행동 이상의 존재다. 그들의 인격은 '본성'(nature, 그들이 부모에게 물려받은 자질과 특성)과 '양육'(nurture, 그들이 자라나는 환경) 이상의 것으로 형성된다. 각각의 아이는 하나님이 주신 영혼을 가지고 있다.

비록 자기를 낳아준 부모를 닮았을지라도("너는 네 아버지와 똑같다"라고 우리는 애정과 분노가 뒤섞인 채로 말한다) 아이들은 가차 없이 유일무이한 존재가 된다. 그들은 그들 자신이 된다. 그리고 그 과정은 당신이 생각하는 것보다 훨씬 빨리 시작된다.

사무엘상 16장 7절에서 말씀하신다. "내가 보는 것은 사람과 같지 아니하니 사람은 외모를 보거니와 나 여호와는 중심을 보느니라 하시더라." 현명한 부모는 하나님 아버지처럼 각 아이의 마음을 들여다볼 수 있어야 한다는 것을 알게 된다. 아이의 세계로 들어간다는 것, 다시 말해, 아이의 발달이나 생각과 꿈, 강점과 약점을 이해하는 것은 아이와의 관계를 단단하게 할 뿐만 아니라 심지어 많은 '훈육'을 필요 없게 할 수도 있다.

대부분의 부모는 아이가 성장하고 점점 독립적으로 되어가면서 하게 되는 선택, 그리고 아이가 필연적으로 직면하게 될 위험과 도전에 대해 걱정한다. 부모들은 결국 아이들이 즉각적인 통제를 넘어서서 자신들의 삶을 여행할 때 자기 판단에 의존할 것이라는 점을 인정하게 된다. 우리는 아이가 항상 결정을 내리고 있다는 것을 알고 있고, 아이 자신과 부모, 그리고 삶 자체에 대한 결정이 자신을 어떤 사람으로 빚어내는지에 중대한 영향을 미친다는 것도 안다. 사랑하는 부모들은 그 결정이 무엇인지 어떻게 이해할 수 있을까? 당신의 자녀가 되어가고 있는 그 사람을 어떻게 알 수 있을까? 현명한 부모는 아이의 마음을 들여다보기 위해 어떤 도구를 사용할 수 있을까?

발달과 발달의 적합성 이해하기

성경은 각 사람의 능력과 지각이 시간이 지남에 따라 발달함을 인정한다.

> 내가 어렸을 때는 말하는 것이 어린아이와 같고 깨닫는 것이 어린아이와 같고 생각하는 것이 어린아이와 같다가 장성한 사람이 되어서는 어린아이의 일을 버렸노라.(고전 13:11)

때때로 부모는 자녀가 삶의 각 단계에서 할 수 있어야 하는 것에 대해 매우 비현실적인 기대를 한다. 어쨌든 첫 아기를 갖기 전까지는 부모가 아동의 발달에 관해 배울 기회가 거의 없다. 그러나 아이가 어떻게 자라는지, 뇌와 몸이 어떻게 발달하는지, 그리고 아이가 진정으로 이해하고 할 수 있는 것이 무엇인지 안다면 부모는 짜증 나고 좌절하는 순간이라도 아이의 드러난 잘못된 행동과 그 나이에 적절한 행동의 차이점을 알 수 있다.

부모가 발달에 대해 이해하면 아이의 어긋난 행동이 그다지 '개인적'이지 않다는 것을 알 수 있다. 부모는 감정적으로 '묶인 것을 풀어낼 수' 있으며 어린아이의 행동에 대한 어려움에도 사려 깊고 친절하고 단호한 방식으로 반응할 수 있다. 또한 처벌보다는 가르침의 훈육을 사용하는 것이 늘 더 효과적인 이유를 충분히 이해할 수 있다.

연령과 발달단계

　아이의 신체적 · 정서적 · 인지적 발달 방식에 대해 포괄적으로 살펴보는 것은 이 책의 범위를 벗어나지만, 여러 연령대를 여행하면서 다양한 발달단계의 아이에게 나타나는 공통적인 특징과 과제를 탐험해보자.

출생 후 첫 3년

　아기가 태어났을 때 완성된 뇌의 유일한 부분은 뇌간(심장박동과 호흡 같은 불수의적 기능을 제어하는 부분)임을 알고 있는가? 아이 뇌의 나머지 부분은 생후 3년 동안 두개골 안에서 신체적으로 확장되면서 계속 성장한다. 그렇기 때문에 인생의 처음 몇 년은 아이의 옳고 그름에 대한 감각, 자아존중감, 소속감과 존재감을 형성하는 데 매우 중요하다.

　에릭 에릭슨은 아이의 성장 방식을 이해하는 데 진정한 선구자로서, 인생의 첫해에 도전할 가장 큰 과제는 신뢰감을 얻는 것이라고 믿었다. 아이는 부모와 결속되어 있다(또는 결속되지 못한다). 아이는 울거나, 배고프거나, 젖거나, 안정감이 필요할 때 누군가가 자신을 도와주러 온다는 것을 배운다. 이러한 신뢰는 부모와 자녀 사이에 평생의 사랑과 존경을 위한 기초가 된다. 만약 아이가 딸꾹질할 때마다 당신이 눕히거나 데리러 가지 않는다면 아이를 망칠 수도 있지만, 인생의 첫 몇 달 동안은 훈육이 거의 필요하지 않다.

　이 단계에서 부모는 필요(needs)와 바람(wants)의 차이를 이해하는 것이 중요하다. 영아에게 필요한 것은 접촉과 따뜻함, 웃음과 부모의 목소리,

자신의 요구에 대한 자신감 있는 반응, 속상했을 때의 안위 등이다. 그러나 마지막 필요(안위)는 까다로운 것이다. 용기를 주는 안위와 낙담시키는 안위 사이에는 적절한 선이 있다. 예를 들어, 영아가 잠자기 위해 자신을 달래는 소리가 부모에겐 화난 것처럼 들릴 수 있다(그렇다. 울기는 자기-달램 메커니즘일 수 있다). 그러나 스스로 잠들기(자연스러운 신체 기능)는 영아가 자신에 대한 확신을 느끼도록 독려한다. 아이가 잠들도록 도와주어야 한다고 생각하는 부모는 아이 스스로 자신감을 키우지 못하게 할 수도 있기에 실제로는 아이를 낙담시키고 있는 것이다. 그 대신 아이는 '혼자서는 잠들 수 없다'는 신념을 발전시킨다. 이것은 몇 달 안에 많은 문제(화난 아이, 어찌할 바를 모르는 부모)를 일으킬 수 있는 버릇으로 발전될 것이다.

이 처음 몇 개월은 종종 부모 편에서 더 많은 자기 훈육이 요구된다. 아이가 성장함에 따라 훈육(이것의 의미는 간단하게 '가르침'으로 기억해둘 수 있다)은 아이의 인생에서 중요한 부분이 될 것이다. 특히 아이가 두 번째 해로 접어들면서.

에릭슨은 이 두 번째 해를 자율성의 해로 불렀다. 아이는 기진맥진해진 엄마 아빠와 자신이 별개의 사람이라는 사실을 파악하기 시작하는데, 그것이 바로 '아니요'라는 말을 정말 매력적으로 만들어준다! 믿거나 말거나, 두 살짜리 아이는 '끔찍'하지 않다. 그들은 단순히 주위 세계를 탐구하고, 자신의 작은 몸에서 편안함을 느끼며, 언어와 사회적 기술 그리고 우리 생각보다 훨씬 더 복잡한 '가족 규칙'에 대한 지식을 발전시킨다. 이 모든 근본적인 탐구는 한계 테스트하기를 의미하는 개인의 힘(자율성)에 대해 배우는 것이다. 두 살의 유아에게는 말 대신 인내심,

반복 그리고 행동(이것은 거리에 있을 때처럼, 그들이 해야 할 일을 조용히 유도하는 것을 의미할지도 모른다)이 필요하다. 사실 아이에게 필요한 것은 친절하고 단호한 가르침의 훈육이며 이는 평생토록 필요하다.

3번째 해는 주도성의 해다. 3살 아이는 원인과 결과를 연결하기 시작하며(타임아웃이나 결과와 같은 양육 도구는 어른이 생각하는 방식으로, 사실 이 나이 이전의 아이에게는 거의 의미가 없다), 계획을 세우고 수행할 수 있다. 어른은 '내가 원하는 것'을 가로막고 좌절감을 주는 사람이 된다. 3살짜리 자녀를 둔 부모는 오로지 무르팍으로 파고드는 누군가와 논쟁해서 지는 것이 어떤 기분인지 잘 알고 있다. 다시 말해, 친절함과 단호함은 효과적인 훈육을 위한 기초일 수밖에 없다(영유아 발달과 양육에 관한 더 자세한 정보는 제인 넬슨·셰릴 어윈·로즐린 앤 더피가 쓴 『긍정의 훈육: 0~3세 편』을 참고하라).

유치원 시기

아이가 학령기를 향해 성장함에 따라 그들의 세계가 넓어진다. 아이는 언어 능력이 더 발달하고 자신만의 독특한 개성이 빛을 발한다. 우정을 형성할 수 있고, 가족 밖에서 세상을 탐험하기 시작한다. 대개 유치원에 다닐 테고, 가족회의와 문제 해결에서 부모와 협력하기 시작한다. 그러나 그들은 '작은 어른'이 아니며 여전히 어른처럼 생각하고 추론할 수는 없다. 이 사실을 이해하는 건 큰 좌절에서 우릴 구해준다. 당신의 아이는 여전히 발달에 적합한 많은 인내의 가르침과 격려가 필요하다. 모든 연령대의 아이가 삶의 기술을 개발할 기회가 필요하겠지만, 미취학 아동을 위한 삶의 기술은 건강한 자신감과 자존감의 기초가 되므로 특히 중요하다.

유아는 부모가 생각하는 것보다 훨씬 많은 것을 해낼 능력이 있고, 귀중한 도우미이자 문제 해결자일 수 있다. 협력으로 초대하는 것은 유아를 둔 가족을 자주 괴롭히는 일상적인 루틴에 대한 힘겨루기를 완화할 수 있다(만 3~6세 유아의 발달과 양육에 관한 더 자세한 정보는 제인 넬슨 · 셰릴 어윈 · 로즐린 앤 더피가 쓴 『긍정의 훈육: 4~7세 편』을 참고하라).

초등학교 시기

대부분의 부모는 자녀가 처음 학교에 가는 3월 아침, 축하를 할 것이라고 주장한다. 그리고 사랑하는 아이가 정말로 더 큰 세상으로 옮겨가고 있음을 깨닫는 순간 눈가가 촉촉이 젖은 자신을 발견한다. 당신이 아이를 어떻게 교육하기로 선택했는지와 관계없이(12장에서 자세히 다룰 주제) 학창 시절은 바쁘다. 친구, 스포츠, 여러 활동, 배움 그리고 하나님에 대한 지식과 그를 섬기는 의미를 발전시키는 것으로 가득하다.

자녀의 성장 과정에서 평범한 부분이라면 친구가 점점 더 중요한 역할을 할 거라는 점이다. 또래 친구는 강력한 영향을 미친다. 위험하기보다는 은연중에 좋은 영향을 준다. 소속되고 중요한 존재임을 느끼고픈 아이의 욕구는 교실과 교회로, 그리고 아마 운동장으로 움직이게 할 것이다. 현명한 부모는 아이의 독특한 은사(그리고 그의 약점)를 배우고, 아이가 세상에서 자신의 특별한 위치를 찾을 수 있도록 도와준다.

초기 청소년기

우리는 9세에서 12세 사이를 "이른 사춘기"라고 부른다. 그리고 이 시기의 아이는 종종 부모의 허를 찌른다. 대부분의 부모는 사춘기로 보는 13세 이상의 10대가 있다고 가정하는데, 이들은 뜻밖의 놀라움을 경험한다.

우리가 총체적으로 이해하지 못하는 여러 이유로 사춘기는 과거에 비해 몇 년 더 일찍 시작된다. 여자아이는 빠르면 9살에 생리를 시작할 수 있다. 남자아이와 여자아이 모두 여전히 초등학생이지만 '호르몬'의 기분 좋은 영향을 경험할 수 있다. 중학교 때까지 이 과정은 최고조로 진행되며, 관련된 모든 사람(아이를 포함해)을 경악하게 한다.

많은 부모는 아이가 자라면 양육이 덜 필요할 거라고 믿는다. 그러나 진실은 그렇지 않다. 단지 형태가 다를 뿐 더 많은 양육이 필요하다. 아이에게는 여전히 친절하고 단호한 가르침과 대화 나눌 시간, 들어줄 시간 그리고 소속감과 존재감이 필요하다. 아이를 더 많이 포함시켜 소속감과 존재감을 더 많이 느끼게 하면, 좀 더 효과적인 훈육이 이루어질 것이다. 아이를 훈육 과정에 포함시킬 때 협력할 동기가 생기는 것을 알기에, 우리는 이 책 전체에 걸쳐 아이가 문제 해결에 참여하고, 루틴을 만들고, 가족회의에 참여하는 방법의 사례를 제공한다.

물론 크리스천 부모는 교회의 관여를 통해 많은 도움을 받는다. 또한 다행스럽게도 정기적으로 교회에 다니고 8학년 때 교회 프로그램에 적극적으로 참여한 아이가 자존감이 높고 위험한 행동에 거의 빠지지 않는다는 연구 결과도 있다. 이 시기는 아이와 연결되고 친밀함을 유지하는 것이 중요한 때다.

청소년기

모든 부모가 알고 있는 잠언 22장 6절 말씀이다.

마땅히 행할 길을 아이에게 가르치라 그리하면 늙어도 그것을 떠나지 아니하리라.

'늙어도'라는 구절에 주목해보자. 교육을 잘 받은 아이, 즉 잘 훈육된 아이는 마음속 깊이 자리 잡은 단단한 가치들이 있다. 여전히 청소년기(그들이 '늙기' 전)는 많은 양심적이고 사랑스러운 젊은이가 개성과 정체성을 찾기 위해 자신이 배운 것을 질문하는 때다. 또한 그들은 뇌의 전두엽 피질이 충분히 발달하지 않았기 때문에(청소년 사망의 주요 원인이 사고와 위험한 행동인 이유이기도 하다) 성인처럼 판단력을 발휘하고, 우선순위를 정하고, 위험을 따져볼 능력이 아직 부족하다. 이것은 결국 청소년기의 발달 과제이다. 당신의 아이는 독립적이고 자신감 있고 책임감 있는 성인이 되어야 한다. 이 과정은 부모와 자녀 모두에게 복잡하고 종종 혼란스럽다.

우리는 단순히 사춘기가 반항과 불복종으로 가득 차 있을 거라고 믿지 않는다. 10대는 경이롭고 이상적이고 열정적이고 밝다. 사실 디모데가 글에 언급한 것처럼, 젊은이는 나이 많은 사람에게 모범이 될 수 있다. "누구든지 네 연소함을 업신여기지 못하게 하고 오직 말과 행실과 사랑과 믿음과 정절에 있어서 믿는 자에게 본이 되어."(딤전 4:12) 불행히도 많은 부모가 이 시기에 발달에 관해 충분히 이해하지 못해 10대 자녀와 잘 어울리는 방법을 알지 못한다. 때로는 최악의 상황을 두려워하여

10대를 '보호'하려고 과도하게 통제하기도 한다. 10대 자녀는 멀어짐으로써 반응한다. 당신의 아이(성인이 되어가고 있는)를 아는 것은 당신이 신뢰의 유대를 유지하고, 얼마나 많은 특권을 부여해야 하는지를 알고, 10대 청소년과 적절한 한계선을 설정하는 데 도움이 된다(10대 자녀 양육에 관한 더 자세한 정보는 제인 넬슨·린 로트가 쓴 『긍정의 훈육: 청소년 편』을 참고하라).

아이의 발달을 이해하는 것은 나이가 어떻든 간에 그 아이가 인생의 모든 단계에서 자신이 누구인지를 알고, 관계를 맺을 수 있도록 행동을 지도하는 효과적인 방법을 발견하는 데 결정적인 도움이 된다.

'특별한 시간' 보내기

시간과 돈은 대부분의 어른이 넉넉하지 않다고 말하는 두 가지다. 둘 중 더 중요한 것은 확실히 시간이다. 잠시 시간을 내어 종이 한 장과 연필을 준비하라. 그리고 조용히 생각할 곳을 찾아 가장 중요한 우선순위 목록을 작성해보자. 당신의 삶에서 가장 중요한 사항이다. 대부분의 부모는 하나님, 배우자 그리고 자녀와의 관계를 목록의 맨 위쪽 가까이에 (처음이 아니라면) 나열한다.

이제 두 번째 목록을 작성해보자. 이 목록에는 일주일 동안 매일 실제로 시간을 쓰는 일을 모두 적는다. 대부분의 어른은 직장에서 일하고, 운전하고, 심부름을 하고, 집안일을 하고, 교회 또는 학교의 의무를 이행하고, TV를 보고, 집안 살림을 꾸리느라 수천 가지 일을 처리하는 데 시간을 들인다. 목록을 적고 나면 많은 사람이 자신의 최우선 과제인 첫 번째 우선순위에 얼마나 적은 시간을 쓰고 있는지 깨닫고 충격을 받는다. 실제로 1970년대에 잘 알려진 한 연구에서 아빠가 한 살짜리 아이와 보내는 시간을 측정했다. 이 아빠들은 하루에 15분에서 20분 정도 아이들과 시간을 보낸다고 주장했다. 그러나 연구자들이 상호작용의 양을 테이프로 찍어보니 아빠들이 아이들과 함께 있으며 대화하는 실제 시간은 하루에 37초라는 것을 발견했다(알 잰슨이 엮은 『약속지킴이의 7가지 약속[Seven Promises of a Promise Keeper]』을 참고하라).

가장 사랑스럽고 헌신적인 가정일지라도, 쳇바퀴 돌리는 매일의 삶은 지속되고 있다. 부모는 일을 하고, 집안일을 끝내야만 한다. 교회와 봉사 활동도 있다. 아이가 춤이나 체조, 스포츠 활동을 할 수도 있다. 숙제와 학교에도 역시 시간이 든다. 부모가 어떻게 하루 37초 안에 듣고, 말하고, 진정으로 이해하려고 노력하는 자신을 발견할 수 있는지 보는 것은 어렵지 않다. 그리고 그것은 그리 충분하지 않다. 앤서니 위텀 박사가 말했듯이, 아이들은 '사랑'을 ㅅ-ㅣ-ㄱ-ㅏ-ㄴ이라는 철자로 쓴다.

7장에서 배우겠지만, 아이가 때때로 어긋나게 행동하는 이유는 관심을 소속감이나 존재감과 동일시하기 때문이다(아이의 관점에서 볼 때 상당히 논리적인 의견이다). 부모는 특별한 시간을 우선으로 선택함으로써 수많은 어긋난 행동을 방지하고 자녀와의 확고한 관계를 만들어가는 두 가지를 다 이룰 수 있다.

특별한 시간은 일대일로 자녀와 함께 보내는 시간이다. 몇 시간일 필요는 없다. 사실 정기적으로 10분에서 15분이면 충분하다. 정교한 활동이나 엔터테인먼트에 돈을 쓸 필요도 없다. 함께 일하고, 함께 읽고, 함께 놀고, 함께 들으며 그냥 '시간을 보내는 것'이 특별한 시간이다. 당신의 시간 선물은 항상 자녀에게 "너는 내게 중요해. 그리고 넌 소속되어 있단다"라고 말해주는 가장 좋은 방법이다.

특별한 시간을 계획하는 데는 여러 방법이 있다. 엄마 아빠와 함께하는 이 소중한 순간을 한 주 동안 쌓을 수 있도록 도와주는 '특별한 시간 달력'을 만들고 싶을지도 모른다(기억하라. 시간과 돈은 정말 비슷하다. 현명하게 예산을 세우지 않으면 사라진다). 엄마나 아빠 중 한 명은 아이를 번갈아 데리고 볼일을 보거나 쇼핑을 하러 가고, 또 다른 한 명은 매주 한 아이와 함께 '금요일 점심 데이트'를 계획한다. 어떻게 하든, 각각의 아이와 특별한 시간을 만들어가는 것은 가족 모두가 느끼는 방식에 큰 변화를 가져올 것이다.

또한 결혼 생활과 건강, 정서적 행복이 당신의 시간과 에너지에 대해 투자가치가 크다는 것을 기억하라. 이는 당신과 자녀의 관계의 기초가 된다. 특히 부모가 독신이라면, 스스로 격려하고 생기를 얻게 하는 방법으로 자신을 보살필 시간을 가지라. 당신이 결혼한 상태라면, 그 관계를 돈독하게 유지하라. 자녀가 삶과 사랑, 소속감을 배우는 데 이것은 큰 영향을 미친다.

판단보다 호기심 택하기

17살 애비게일이 방으로 뛰어들었을 때 킴과 마크는 비디오를 보려고 자리를 잡고 있었다. "엄마, 아빠! 완전 신나요!" 딸은 들떠 있었다. "잠깐만요. 내 얘기 좀 들어보세요!"

마크는 웃으며 말했다. "우와 애비, 침착해. 그리고 무슨 일인지 말해 보렴."

애비게일은 심호흡을 해야 했다. "청소년연맹에서 이번 여름에 과테말라에 간대요! 나도 갈 거예요! 비용은 1,000달러 정도인데, 먼저 내가 저축한 돈으로 여행을 다녀온 다음 일해서 갚도록 노력할게요. 세라와 크리스티도 갈 거예요. 그리고 라이언과 맷도요. 와, 완전 대박! 우리는 교회 세우는 일과 아이들 가르치는 일을 도와줄 거예요! 성경에 있는 '가서 모든 민족을 제자로 삼으라'는 말이 어떤 뜻인지 알고 있으시죠? 음, 나는 그걸 할 거예요!"

킴은 조용히 앉아 있었는데, 애비게일의 말을 들을수록 얼굴이 점점 굳어졌다. 킴과 마크 그리고 애비게일은 항상 감리교회에 조용히 참석했다. 하지만 몇 달 전 애비게일이 친구들과 함께 청소년 대회에 갔다 온 뒤로 그녀는 '다시 태어났다.' 그동안 이랬던 적이 없었다. 킴과 마크는 딸에게 친구들이 다니는 더 활동적인 교회에 참석하도록 허락했다. 애비는 업비트의 음악과 활기 넘치는 청소년 프로그램을 즐겼다. 킴과 마크도 청년 목사님과 이야기를 나누었고 다른 몇 가족과도 만났다. 그러나 이번 일은 킴에게 너무 크게, 빨리 다가왔다.

"글쎄, 널 남미나 그런 어딘가로 날아가게 할 수는 없어!" 애비가 성경 구절을 읊는 동안 아마 처음으로 딸의 말을 잘라냈다는 사실을 깨달으면서 킴은 불쾌하게 말했다. "우리는 이 사람들을 잘 몰라. 그리고 저축한 돈을 이런 식으로 쓰면 안 되지. 게다가." 그녀는 변변찮게 말을 마쳤다. "예방주사도 안 맞았잖아. 그리고 스페인어도 할 줄 모르고."

딸은 방에 들어온 뒤 처음으로 열정적인 모습이 사라지고 시무룩하게 말했다. "과테말라는 중앙아메리카에 있다고요." 그러고는 울음을 터뜨렸다. "엄마가 이렇게 할 줄 알았어! 엄만 절대 내가 뭘 하는 걸 바라지 않잖아!" 애비게일은 엄마의 뒤로 문을 힘차게 쾅 닫고 자기 방으로 달려갔다.

킴과 마크는 서로 바라보았다. 킴은 한숨지으며 말했다. "내가 그다지 잘 처리한 것 같지 않아. 하지만 난 그저 이 일이 편치 않을 뿐이야! 그건 내 스타일도 아니고, 우린 그 사람들을 아무도 잘 모른다고. 애가 제대로 지도받을 거라는 걸 어떻게 알 수 있지? 무슨 병이라도 걸려오면 어떡하고?"

마크가 잠깐 생각에 잠겼다가 말했다. "글쎄, 우리는 항상 애비가 강력한 가치를 가지고 믿음 위에 서도록 길러왔어. 나는 애비의 말을 끝까지 들어줘야 한다고 생각해."

다음 날 모두가 진정되었을 때 마크와 킴, 애비게일이 가족회의를 열고 함께 앉았다. 킴과 마크는 비판과 판단보다는 진정한 호기심으로 애비에게 접근하기로 결정했다. 마크가 시작했다, "애비, 어젯밤 너는 과테말라 여행으로 우리를 좀 허탈하게 했어. 그건 우리 모두에게 꽤 새로운 일이고, 네가 안전하다는 걸 확실히 하는 것이 우리 일이란다." 그러자 애비가 호들갑스럽게 눈을 굴렸는데, 이는 마크가 무시하기로 한 제스처였다. 그는 계속했다. "우리는 이 여행으로 네게 무슨 일이 생길지 정말로 이해하고 싶어. 왜 이것이 네게 그렇게 중요한지 알려주면, 너를 비판하지 않고 경청하겠다고 약속할게."

애비는 약간 미심쩍어하는 듯했지만 조용히 말하기 시작했다(그 전에 어젯밤 성질부린 일에 대해 먼저 사과한 뒤). 애비의 새로운 교회는 매년 여름마다 이 여행을 추진해왔으며 친구들 가운데 둘도 작년에 갔다 왔다는 것이다. 또한 이것이 그녀가 공유하고 싶었던 놀라운 경험이었다. 애비는 잠시 부모님을 바라보다가 한숨을 쉬며 말했다.

"두 분이 나에 대해 걱정하시는 건 알아요. 하지만 난 정말로 괜찮아요. 나는 생각하고 있었어요. 어젯밤에 내가 막 화낸 뒤에 두 분이 그 여행에 대해 더 좋게 느끼도록 하는 방법을요. 다른 부모님에게 전화를 걸어볼 수도 있고, 여행을 함께하는 목사님과 통화해보실 수도 있어요. 아마 과테말라에 있는 교회에도 전화해볼 수 있고요. 그리고 난 저축한 돈을 꼭 갚을 거예요. 대학을 위해 그 돈을 아껴두어야 한다는 것도 알아요. 약속을 꼭 지킬게요."

킴은 천천히 웃으며 말했다. "네가 여러 생각을 했구나. 왜 우리가 때때로 걱정하는지 이해해줘서 고마워. 하지만 딸, 무엇 때문에 이 여행이 네게 그렇게 중요한 거야?"

애비는 대답하기 전에 잠깐 조용히 앉아 있었다. 애비가 고개를 들었을 때, 그녀의 눈에 비친 빛은 부모의 눈에서 눈물을 자아냈다. "엄마 아빠는 언제나 나를 하나님을 사랑하도록 길렀고 그분의 사랑을 다른 이들과 나누기를 원하시잖아요. 이제 나는 주일에 헌금함에 지폐를 넣는 것 이상으로 실제적인 일을 할 기회를 얻었어요. 나는 세상에 뭔가 변화를 일으키고 싶어요. 또 다른 사람들을 돕고 싶어요. 난 아주 많이 가졌으니까요."

킴은 아무 말도 하지 않고 손을 뻗어 딸을 껴안았다. 앞으로 몇 달 동안은 해야 할 일이 많을 것이다. 킴과 마크는 많은 전화를 했다. 그러고는 애비를 멀리 날려 보내는 것은 어려운 일이지만, 그녀는 보살핌을 잘 받을 테고, 배우고 성장할 소중한 기회를 얻을 것이라는 결론을 내렸다. 그들은 딸과 함께 여행 비용을 분담하기로 결정했다. 또한 호기심과 진심으로 듣고자 하는 마음이 딸의 마음을 열어준다는 것을 발견했다. 반면 판단과 비판은 그것을 꽉 닫게 한다는 것도.

진정한 호기심을 보이는 것이 아이의 소원대로 다 해주거나, 아이가 생각하거나 느끼거나 원하는 모든 것에 동의하는 걸 의미하진 않는다. 그것은 아이가 자신의 가장 내밀한 꿈과 희망을 가지고 당신을 신뢰하는 법을 배울 수 있음을 의미한다. 그리고 이러한 접근은 필요할 경우, 한계를 설정하는 데 도움이 된다. 이 한계는 당면한 문제에 대한 충분한 이해를 기반으로 하기 때문에 당신과 아이 모두에게 효과적이다. 호기심과 자녀가 어떤 사람이 되고 있는지에 대한 진심 어린 관심은 아이의 세계에 들어가서 아이를 이해하는 가장 확실한 방법 가운데 하나다.

과학기술과 문화의 영향에 주의하기

당신의 아이는 크리스천 학교에 다닐 수도 있고 집에서 배울 수도 있다. 당신은 교회 봉사에 정기적으로 참석하며 자녀의 친구들과 활동을 모니터링 할지도 모른다. 그래도 우리의 대중매체와 문화가 지금처럼 만연한 적이 없다. 가족과의 연결과 소속감의 부족이 공허함을 만들어 낼 때 미디어, 광고, TV, 영화 그리고 음악이 우리 사회에 널리 퍼지면서 그것을 채우려고 밀려들 것이다. 슬픈 얘기지만, 크리스천 가정이 면역력이 있는 게 아니다.

출애굽기 23장 2절은 "다수를 따라 악을 행하지 말며…"라고 말한다. 현명한 말이다. 그러나 현명한 부모는 군중이 얼마나 큰지, 그것이 어디로 가고 있는지를 인식하고 있어야 한다. 과학기술은 가족의 삶에서 매일의 일부가 되었다. 우리는 TV, PC, 인터넷, 스마트폰, 패드 등으로 둘러싸여 있다. 일부 학교는 학생이 노트북을 소유하고 사용하도록 요구하기도 한다. 과학기술 자체는 위험하지 않다. 그것은 굉장한 이점을 가져다줄 수 있다. 하지만 위험도 있다. 많은 어린아이와 10대는 방에서 혼자 '서핑'을 하며 시간을 보내는 반면 가족회의나 대화 시간은 드물다. 그리고 중독은 아이에게만 해당되는 게 아니다. 많은 부모도 컴퓨터 앞에서 시간을 보내고, 아이와 배우자와 연결하는 데 사용될 수 있는 시간을 소비한다.

특히 TV는 아이에게 위험을 초래한다. 자녀에게 폭력적이고, 무례하고, 성적 부도덕을 조장하는 사람을 의도적으로 매일 집에 초대하는 부모가 얼마나 될까? 사실 아이에게 황금 시간대의 TV 프로를 무비판적으로 보도록 허락할 때 우리가 그러고 있는 것은 아닐까? 〈초원의 집〉과 〈아버지가 제일 잘 알아(Father Knows Best)〉 같은 프로 대신 성적인 농담과 폭력이 가득 찬 프로가 황금 시간대 TV를 차지하게 되었다. 심지어 저녁 뉴스조차도 대부분의 부모가 자녀가 피했으면 하는 주제에 대한 교육을 제공할 수 있다.

그러나 TV가 제기하는 위험 중 일부는 잘 드러나지 않는다. TV를 보는 것은 전적으로 수동적인 활동이다. 그것은 언어를 가르치지도 않으며 대부분의 부모가 생각하는 것처럼 교육적이지도 않다. 취침 전 TV 시청은 수면 패턴에 혼란을 주고 아이가 침대로 가는 것을 더 어렵게 할 수 있다. 어린아이는 현실과 판타지를 구별할 수 없어 자기를 향한 수십 억의 광고(그리고 부모님 지갑)를 기꺼이 타깃으로 삼을 수 있다. TV를 보는 동안 아이는 비판적 사고력을 쓰는 법을 배울 수 없다. 기억하자, 우리가 괜히 그것을 '바보상자'라고 부르는 것이 아니다.

TV를 폐기장에 갖다버릴 필요까진 없다(그것이 좋은 생각일지라도). 그러나 자녀가 그 앞에서 보내는 시간을 제한하는 것이 현명하다. 실제로 미국 소아과학회(Association of Pediatrics)는 2세 미만의 유아를 대상으로 텔레비전을 전혀 사용하지 말 것을 권장한다(들은 대로 정확히). 몇몇 연구는 8세 이전에 너무 많은 시청(TV 또는 컴퓨터)이 이루어지면 최적의 뇌 발달에 해로울 수 있다고 주장한다. 자녀가 집에서 TV를 본다면(그리고 이용할 만한 가치 있는 프로그램이 많다면) 부모가 함께 보는 것이 현명하다. '무엇'과 '어떻게'의 질문으로 아이가 생각하고 있는 것을 배우라. TV에서 묘사된 상황에 있었다면 무엇을 할 것인지 아이에게 물어보자. 그리고 컴퓨터가 있다면, 집의 공동 장소(거실이나 가족 공부방 등)에 두는 것을 고려하라. 아이에게 인터넷 안전을 가르치자.

돈과 마찬가지로 과학기술은 하나의 도구다. 그것은 선하게도, 악하게도 쓰일 수 있다. 당신은 문화와 과학기술이 가정에서 발휘되어야 하는 역할을 결정해야 한다. 그러나 호기심을 보이고 경청하는 것은 당신의 생각보다 더 넓은 세상을 살아가는 아이와 당신이 연결되는 것을 유지해줄 수 있다. 자녀가 만나는 모든 영향을 통제하는 것은 거의 불가능하며 그러한 시도 역시 현명하지 않다. 예를 들어, 특정 음악이나 친구를 제한하는 것은 아이가 친구들 사이에서 매력적이지 못하게 한다. 자녀를 24시간 온종일 지켜볼 수 없다면, 불필요한 힘겨루기를 설정하고 있는지도 모른다. 호기심 질문을 사용하고, 아이의 협력을 구하면서 한계를 설정하는 존중 어린 토론을 고려하라.

어쨌든 아이는 '이 세대를 본받지' 않으면서 실제적인 어려움을 안고 실제 세상에서 살아가는 법을 배워야 한다. 이러한 도전에 함께 맞서고, 서로 연결되기 위해 시간을 쓰면서 당신과 아이는 풍성함을 누릴 수 있다. 그리고 이 말씀처럼 될 수 있다. "너희는 이 세대를 본받지 말고 오직 마음을 새롭게 함으로 변화를 받아 하나님의 선하시고 기뻐하시고 온전하신 뜻이 무엇인지 분별하도록 하라."(롬 12:2)

부모의 역사 공유하기

작은 실험을 하나 해보자. 온종일 당신이 무엇을 한다고 생각하는지, 당신이 어디서 자랐는지, 무슨 활동을 가장 좋아했는지 아이에게 물어보라. 당신이 받은 답을 보면 아마 놀랄 것이다. 아이는 부모라는 사람에 대해 거의 알지 못한다. 그래서 부모 자신의 역사와 꿈 그리고 경험을 공유하는 것은 자녀와 연결되는 훌륭한 방법이 될 수 있다. 다음은 몇 가지 제안이다.

- 오래된 스크랩북과 앨범을 꺼내 부모의 어린 시절, 청소년기, 젊은 청년기에 관한 추억과 이야기를 공유한다. 아이가 부모의 모험담을 듣고 웃게 하고, 고통스러운 기억과 실수를 나누는 것을 두려워하지 마라. 부모도 한 인간이고, 자신처럼 상처에 민감하고

갈망하는 존재라는 걸 깨달을 때 아이는 부모에게 더 가까이 다가 간다.

- 아이에게 가족의 구성원, 즉 부모, 이모나 삼촌 또는 조부모와 인 터뷰해보도록 초대하라. 아이는 어린 시절 부모님의 무모한 장난 에 대해 듣기를 좋아한다(특히 잘못 행동한 경우). 한 할아버지는 손 주에게 방문할 때마다 '조이스틱 위에 있는 닙'에 대한 이야기를 들려주셨다. 제2차 세계대전 당시 조종사 닙의 이름을 가진 고양 이 이야기였다. 놀랍게도 이 이야기는 할아버지의 실제 경험담인 데, 다 큰 아이도 듣기를 고대했다. 가족회의에서 서로에 대해 배 운 것을 나눠볼 수 있다.
- 하루 동안 아이와 함께 일하러 가보자. 대부분의 아이는 부모의 직장을 탐험하기를 좋아한다. 바쁜 하루를 끝낸 부모가 휴식할 시 간이 필요한 이유를 포함해 부모의 삶이 어떤지를 이해하는 데 도 움이 된다!
- 부모의 취미와 관심사를 자녀와 공유하라. 공연과 박물관에 데려 가라. 자동차 엔진을 손보거나 오토바이를 다룰 때 도와달라고 하 라. 당신이 좋아하는 것이 무엇이든, 아이와 함께 나누라.

상상력과 창조성은 여러 아이디어를 떠올리게 해줄 것이다. 사랑하는 사람과 자기 자신을 공유하는 것은 그 사이에 다리를 만드는 강력한 방 법이다.

함께 영적인 삶 구축하기

이스라엘아 들으라 우리 하나님 여호와는 오직 유일한 여호와이시니 너는 마음을 다하고 뜻을 다하고 힘을 다하여 네 하느님 여호와를 사랑하라. 오늘 내가 네게 명하는 이 말씀을 너는 마음에 새기고 네 자녀에게 부지런히 가르치며 집에 앉았을 때에든지 길을 갈 때에든지 누워 있을 때에든지 일어날 때에든지 이 말씀을 강론할 것이며 너는 또 그것을 네 손목에 매어 기호를 삼으며 네 미간에 붙여 표로 삼고 또 네 집 문설주와 바깥 문에 기록할지니라.(신 6:4-9)

신명기 6장 4-9절의 말씀보다 부모의 신앙을 자녀에게 나누라는 간곡한 권고가 또 있을까? 하나님에 대한 우리 사랑은 우리 집 문틀에 쓰여야 한다. 이는 우리가 나누는 일상 대화의 일부가 되는 것이다. 크리스천 가족이 서로 연결되는 한 가지 방법은 그들의 믿음을 매일 함께 보내는 삶의 일부로 만드는 것이다. 야고보가 쓴 것처럼 "행함이 없는 믿음은 죽은 것이니라."(약 2::26) 우리 믿음은 우리 아이와 함께하는 우리 삶의 구조 중 일부분이어야 한다. 당신의 가족과 함께 나눌 수 있는 영적인 삶을 창조하기 위한 몇 가지 제안이 있다. 이는 주일예배를 초월하는 것이다.

- 아이마다 차례대로 기도와 말씀 또는 찬양으로 가족회의를 시작하도록 초대하라.
- 당신의 가족이 당신의 공동체를 더 나은 곳으로 만들기 위해 함께

할 수 있는 방법을 발견하라. 가족을 '입양'하거나, 공원을 청소하거나, 지역 무료 급식소나 노숙자 쉼터에서 일하는 데 시간을 할애할 수 있다. 아이가 신앙에 '다리'를 놓을 수 있는 방법을 선택하도록 초대하라.

- 아이에게 기도를 요청하라. 실수하거나 성질을 부리거나 어떤 문제를 겪고 있을 때, 자녀에게 함께 기도함으로써 당신을 도와달라고 부탁하라. 아이가 세상에 영향을 미칠 수 있고 부모에게 도움을 줄 수 있다는 것을 가르쳐주는 놀라운 방법이다!

- 실수를 배움의 진실한 기회로 삼으라. 가족 중 누군가가 실수를 저지르거나 무례하게 굴 때마다 그 사람이 가족의 '믿음 항아리'에 백 원씩 집어넣기로 결정할 수 있다. 그렇게 해서 항아리가 가득 차면 그 돈을 어떻게 사용할지도 함께 결정할 수 있다. 아마도 형편이 어려운 아이를 위한 선물을 사거나 노숙자 쉼터에 담요를 기부하거나 좋아하는 교회 프로그램에 기부할 수도 있다. 다른 사람을 돕기 위해 돈을 사용할 때 실수가 얼마나 더 괜찮게 느껴질지 상상해보라!

당신의 아이는 결국 어렵고 도전적인 세상에서 자신의 믿음을 지키는 법을 배워야 한다. 그러나 서로 공유된 사랑과 믿음 가운데 단단한 기초를 만들어가는 것은 '마땅히 행할 길을 아이에게 가르쳐'주는 일에 도움이 될 것이다.

자녀를 충분히 놓아줄 수 있도록 사랑하기

사랑하는 부모는 독수리와 많이 닮았다는 것을 알고 있는가? 신명기 32장 11절에서 우리는 한 독수리의 모습을 본다. "마치 독수리가 자기의 보금자리를 어지럽게 하며 자기의 새끼 위에 너풀거리며 그의 날개를 펴서 새끼를 받으며 그의 날개 위에 그것을 업는 것같이." 다시 말해 새끼가 영원히 둥지에 머물 수 없다는 것이 명확하지만, 독수리는 길을 따라 새끼를 부양하고 가르치고 격려하면서 점차 놓아준다.

놓아준다는 것은 관계를 맺고 아이의 세계로 들어가는 방법과 달리 이상해 보일 수 있다. 그러나 어떤 면에서 자녀 양육이란 아이가 첫 걸음마를 떼기 시작한 순간부터 학교 가는 첫날, 결혼해서 집을 떠나는 날까지 다 놓아주는 것과 관련된다. 사랑하는 부모는 신뢰와 이해 그리고 평생 사랑을 창조하는 최고의 방법 중 하나가 적절한 시기에 적절한 방법으로 놓아주는 것이라고 배운다.

부모가 놓아주지 못하면 아이는 종종 부모를 밀어내는 데 집중한다. 그 결과는 힘겨루기, 상처받은 감정, 비통함과 고통이다. 놓아주는 것은 부모에게 고통스러운 일이지만 꼭 필요하다. 유아기 엄마를 위한 커뮤니케이션 책임자인 캐럴 퀴켄들은 자신의 경험을 『사랑함과 놓아줌(Loving and Letting Go)』에서 다음과 같이 묘사했다.

엄마가 된 순간부터 나는 변모의 과정을 시작했으며, 여전히 내가 누구인지 변화하는 중이다. 세 아이가 태어난 이후, 나는 내 생각과 행동 방식에 영향을 주는 발전적이고 강력한 어머니의 사랑으로 가득 차 있었다. 그것은 나를 폭발하게도 하고 허무하게도 했다. 그것은 나를 혼란스럽게도 하고 소모하게도 했다. 그것은 내 최고와 최악을 가져다주었다. 종종 올바른 결정이 무엇인지 알더라도 나를 얽매이게 하고 올바른 결정을 내리지 못하게 했다. 어머니의 사랑은 내 마음을 움켜쥐었고, 종종 양육의 가장 어려운 부분인 놓아주는 일에 방해가 되었다.

그러나 나이가 들수록, 그리고 아이들이 커갈수록 나는 하나님이 내 아이들을 어떻게 사용하시는지 더욱 깨닫게 되었다. 우리의 모든 인생 경험을 통해 그는 우리에게 심오한 교훈과 특히 삶 전체에 적용되는 사랑함과 놓아줌의 도전에 대해 가르쳐주셨다.

아이를 사랑한다는 것은 잘 가르치고, 조건 없이 사랑하고, 매일 격려하며, 자신의 운명을 향한 여행을 시작할 때 매일 조금씩 놓아주는 것을 의미한다. 놓아줌은 좀처럼 쉽지 않지만 필수적이다. 기꺼이 그렇게 행동하는 것은 아이에 대한 믿음이 있고 아이가 좋은 선택을 할 거라고 믿는다는 말보다 더 분명하게 말해준다. 그것은 아이가 당신과 함께 쌓아온 존중, 친밀감, 신뢰의 관계를 누리기 위해 몇 번이고 다시 돌아올 것을 보장한다.

아이의 세계로 들어가기

- 발달과 발달의 적합성 이해하기
- 특별한 시간 보내기
- 판단보다 호기심 택하기
- 과학기술과 문화의 영향에 주의하기
- 부모의 역사 공유하기
- 함께 영적인 삶 구축하기
- 자녀를 충분히 놓아줄 수 있도록 사랑하기

Positive Discipline
in the
Christian Home

제6장

출생 순서가 주는 의미

–

그 아이들이 장성하매 에서는 익숙한 사냥꾼이었으므로

들사람이 되고 야곱은 조용한 사람이었으므로 장막에 거주하니.

(창 25:27)

로즈 부부의 11살과 9살, 6살인 아이들은 랜덤으로 선택된 3명의 아이 구성과 서로 다르다. 적어도 부모는 그렇다고 말할 것이다. 11살 마리아는 마치 29살 같은 미스 '오거나이저'다. 방은 고정된 것처럼 깔끔하고, 학교 책과 공책은 색깔별로 구분되어 있으며, 형제자매 것과 섞일까 봐 자기 세탁은 모두 자기가 하겠다고 고집한다. 마리아는 학교생활은 물론 운동, 음악 레슨에서도 과대 성취자이며, 약간 보스처럼 구는 경향이 있다. 동생에게도 "인생은 쟁취"할 필요가 있다고 말한다.

9살인 세라는 모든 점에서 마리아와 다르다. 사교적이고, 즐겁게 사랑하고, 끊임없이 움직인다. 세라는 학교, 운동, 음악에서 각기 다른 역할을 한다. 마리아와 대조적으로 학교에서 수다 떠는 것, 축구 연습 중에 빈둥거리는 것, 피아노 선생님에게 장난치는 것 때문에 빈

번히 문제가 된다. 세라는 생기가 지나치게 많다.

유일한 남자아이인 조시는 여러 면에서 아기다. 3명의 '엄마'와 함께 축복받은(또는 저주받은) 그는 맹목적으로 사랑받고, 시중받고, 비위 맞춰지며, 한 아이로서보다 가족의 마스코트처럼 여겨진다. 그는 다른 사람들이 자신을 돌볼 수 있도록 최선을 다하는 방법을 배우는 중이다. 조시에게 이것이야말로 인생이다!

조너스 소크는 우리에게 훌륭한 자녀 양육을 위해 잊지 못할 처방전을 주었다. 그가 말하기를 좋은 부모는 자녀에게 뿌리와 날개를 준다고 한다. 현명한 부모는 아이에게 뿌리가 필요하다는 것을 안다. 그래서 아이는 항상 집이 어디에 있는지, 자신의 가치관이 어디에서 왔는지를 알게 된다. 한편 날개는 아이가 스스로 배운 것을 직접 테스트해보고 실수를 저지르며 그것에서 배울 수 있게 한다. 성경이 암시하는 바와 같이 에서는 날개를, 야곱은 뿌리를 대변한다. 에서는 '능숙한 사냥꾼'이었다. 그는 활동가이고, 외향적이며, 뭐든 직접 해보는 성향에 항상 새로운 모험을 추구했다. 반면 야곱은 '천막 가운데 머물던 조용한 남자'로 가정생활과 집, 가정적인 남자, 자족하는 사람에 대해 가장 높은 가치를 지니고 있었다. 같은 부모를 둔 두 형제, 그러나 실제로는 너무 다르다. 당신은 그런 것을 가족에게서 경험해보았는가?

그것이 전체적인 것을 설명할 수는 없지만, 출생 순서는 아이가 인생에서 선택하는 역할과 많은 관련이 있다. 예를 들어 마리아가 약간의 보스 경향을 띤 과대 성취자라는 것은 우연이 아니다. 그 점에서 마리아는 형제자매보다 전 세계의 맏이들과 더 많은 공통점이 있다. 그리고 세라가 마리아와 아주 다른 역할일 것이라는 추정은 우발적이지 않다. 마리아는 이미 가족 안에서 자신의 역할을 정의했으므로 세라 역시 자신의 방식대로 소속감과 존재감을 찾으면서(인간의 일차적 욕구를 기억하는가?) 자신만의 매우 다른 역할을 조각했다. 조시, 그는 아기이고, 그의 역할은 분명하다. 그리고 자신이 가치 있다고 보는 모든 것을 위해 연기할 것이다. 결국 그게 확실히 조시를 위해 잘 먹히는 방법이다!

성경에는 가인과 아벨을 시작으로 에서와 야곱, 요셉 형제의 질투, 복음서에 나오는 방탕한 동생과 분개한 형 이야기까지 형제간의 차이와 경쟁에 대한 언급들로 가득하다. 『나는 왜 나인가?』의 저자 케빈 리먼은 『아벨이 자초했다(Abel Had It Coming)』라는 책을 추천했다. 그 책에는 형제간의 경쟁에서 출생 순서의 역할에 대한 우스꽝스러운 언급이 있다. 두 자녀가 있는 우리라면 시나리오를 쉽게 상상해볼 수 있다. 어린 아벨이 몰래 들어와 더러운 양말을 던지고 의기양양하게 낄낄거리다가 도망쳤을 때 가인은 방에서 철자 시험공부를 하고 있었다. 가인은 아벨 뒤를 쫓아가 머리를 때렸다. 그러자 아벨은 비명을 지른다. "엄마, 가인 형아가 때렸어요!" 하와는 가인에게 나이에 맞게 행동하라고 소리쳤고, 가인은 벌컥 화를 냈다. 그리고 거기에 문제가 있다.

물론 우리는 하와가 가인에게 "네가 가장 나이도 많으니 더 잘 알아야지"라고 소리쳤는지 알 수 없지만, 이런 일이 많은 가정에서 흔히 일어난다는 것은 잘 안다. 다른 아이를 두고 한 아이의 편을 드는 것은 불화를 일으키는 경쟁적인 가족 분위기를 만든다. 아이들 사이의 경쟁은 부모 간에 양육하는 방법이 일치하지 않을 때도 조장된다. 자녀가 부모의 양육 전략에서 사랑함과 공평함, '함께함'을 인식할 때 더 비슷한 가치를 취하게 된다. 대부분의 가정에서는 드문 일이다 보니, 아이들은 일반적으로 다른 성격적인 특성과 목표를 지닌다. 하지만 부모가 비슷한 양육 전략을 가지고 있을지라도, 아이들은 여전히 가족 안에서 소속감과 존재감을 찾는 방법에 대해 개별적인 인식을 추구하면서 '가족 파이'의 다른 조각을 선택한다.

출생 순서가 아이의 성격과 가족 안에서 맡는 역할을 결정하는 유일한 요소는 아니다. 대부분의 부모는 '본성 대 양육'에 대한 논쟁을 들어본 적이 있을 것이다. 그 사람이 누구인지를 결정하는 것이 신이 각각의 새로운 인간에게 부여한 선물, 특성, 능력인 유전자인가, 아니면 그 사람이 길러지는 환경, 즉 부모의 훈육이 만들어내는 선택과 가르침 그리고 양육 방식인가? 무엇이 가장 강력한 요소인가? 주디스 리치 해리스의 『양육가설』에 따르면, 오로지 유전자와 또래의 영향력만이 아이의 성격에 영향을 미친다(이 책 저자의 이론은 어쨌든 믿지 않는다. 그리고 그것은 널리 신임받지 못했다).

우리는 인간 행동을 연구하는 많은 연구자 및 전문가와 함께 유전과 환경이 중요하다고 믿는다. 그러나 또 다른 요인이 아직 있다. 아마도 가장 강력할 것이다. 사람들은 어린 시절부터 자기 주변에서 일어나는 일들을 지켜보고 자신이 경험한 일에 대한 생각과 인식을 가진다. 감정도 가지고 있다. 그리고 그것이 무엇을 의미하는지, 소속감과 존재감을 찾으려면 무엇을 해야 하는지, 가족 안에서 살아남거나 잘 자라려면 무엇을 해야 하는지를 결정한다. 인간 본성의 이 강력한 부분은 우리의 '정신' 또는 '영혼'이라고 불리는 것이다. 어쨌든 이는 종종 우리에게 일어나는 일이 그 일에 대해 우리가 결정하는 것보다 덜 중요하다는 것을 의미한다. 우리가 본 바와 같이 마리아와 세라, 조시는 모두 가족 내에서 자기 위치와 소속감을 찾는 방법에 대해 서로 다른 결정을 했다. 출생 순서를 이해하는 것은 자녀가 가정에서 자기 위치에 대한 해석을 바탕으로 자신에 관해 어떻게 잘못된 인식을 키워가는지를 이해하도록 해준다.

출생 순서는 행동 이면의 신념, 즉 '무엇' 뒤에 숨은 '왜'를 이해하는 데 도움이 된다. 우리가 본 것처럼 아이와 어른은 그 문제에 항상 결정을 내리고, 자신의 인생 경험을 바탕으로 자신과 타인 그리고 세상에 대한 신념을 형성한다. 우리 행동은 그러한 결정과 우리가 소속감과 가치감을 찾기 위해 해야 한다고 믿는 것에 기반을 둔다. 아이가 자신을 형제자매와 비교하고 형제자매가 특정 분야에서 잘하고 있다면, 그 아이의 유일한 선택은 다음 중 하나일 것임은 자명하다.

- 완전히 다른 분야에서 역량을 개발한다.
- 경쟁하고, 형제자매보다 더 잘하려고 노력한다.
- 반항적이거나 복수심에 불탄다. (둘 다 / 둘 중 하나)
- 형제자매와 경쟁할 수 없다는 어긋난 신념 때문에 스스로 포기한다.

우리가 연기하는 부분

가족이 된다는 것은 연극에 참여하는 것과 비슷하다. 출생 순서의 위치 가운데 한 부분을 대표하며, 각각의 부분은 뚜렷하고 구별된 형질을 나타낸다. 한 형제가 이미 '좋은 아이'와 같은 부분을 채우고 있다면, 나머지 형제자매는 반항적인 아이, 학업에 열중하는 아이, 운동하는 아이, 가족 광대 등과 같이 다른 부분을 찾아야 한다고 느낄지도 모른다.

출생 순서가 같은 아이들은 서로 다른 가치관과 규칙을 가진 다른 가족들 출신인데도 놀라운 공통점이 있다. 가족 가치의 관점에서 보면, 가족의 분위기가 하나같이 협력적일 때 한 가정의 아이들은 상당히 비슷한 경향이 있다(심지어 같은 분야에서 탁월하기도 하다).

비록 그들의 성격과 행동이 다른 것처럼 보일지라도 마리아와 세라, 조시 로즈는 모두 부모의 가족 가치와 신념 체계를 발전시키고 있다. 로즈 부부의 도전거리는 자녀가 자신들의 신념을 채택할 것인가가 아니라 그들의 자아상이 어떻게 발전하고 다른 사람을 어떻게 대할 것인지를 배우는 것이다. 출생 순서를 이해하는 것이 가장 크게 긍정적인 효과를 미치는 건 자기 존중감과 관계 기술이라는 이 중대한 영역에 있다.

마리아의 리더십 경향은 사람들에게 효과적이고 존경받는 동기부여자가 되게 할까, 아니면 까다롭고 지나치게 비판적인 권위주의자가 되게 할까? 세라는 사교적이고 장난기 많은 본성 덕분에 사람들에게 긍정적이고 지지적인 격려자가 될까, 아니면 인생의 진지한 면이라고는 찾아보기 어려운 경박한 사람이 될까? 가족의 보살핌과 관심을 받는 사람인 조시의 역할은 곤경에 처한 사람에게 다가가 공감하고 돌보는 사람이 되도록 이끌까, 아니면 세상이 자기만 돌봐줄 것을 기대하는 무책임한 게으름뱅이가 되게 할까?

같은 집안의 아이들은 부모도 같고, 가족 가치도 같고, 집도 같고, 이웃도 같으면서도 대체로 꽤 다르다. 물론 환경이 아이마다 완전히 똑같을 수는 없다. 우리는 처음이었던 아이와 셋째 아이에게 같은 부모가 아니다. 아마도 첫째에게 셋째보다 더 많은 것을 기대했을지 모른다. 그리고 더 많은 관심도 기울였을 것이다(결국 3명의 아이는 단 1명의 아이보다 훨씬 더 많은 시간과 에너지가 필요하다). 하지만 가족 내에서 나타나는 차이에 가장 크게 영향을 미치는 요소는 아이가 환경 가운데서 자기에게 주는 자기 위치를 어떻게 해석하느냐다.

아이들은 출생 순서에 따라 자신을 다르게 보는 경향이 있다. 첫째 아이는 첫 이빨, 첫 단어, 첫 걸음마와 같이 때에 따라 부모의 축하를 받는 삶의 성취를 이루며 살아가면서 자신을 매우 심각하게 바라보는 경향이 있다. 부모 입장에서는 그들의 첫아이를 자신의 모습으로 바라보는 경향이 있다. 완벽하게 작은 자기 모습이다. "자랑스럽다"는 말은 종종 첫째가 부모에게 듣는 메시지다.

둘째로 태어난 아이는 아빠와 엄마 그리고 완벽한 첫째로 이루어진 이 가족 안에 들어가 형제자매의 모습을 따라갈 수 없다고 생각할지 모른다. 따라서 다른 역할, 아마도 그 역할을 개척해야 한다고 결론을 내릴 수 있다. 아마도 말썽꾸러기 역할일 것이다. 중간으로 태어난 아이는 자기 정체성에 대해 종종 혼란스러워한다. 그들은 리더 역할을 맡을 거라고 기대되는 최고의 자리에 있지 않으며, 그렇다고 가장 아래 있는 아기 역할로 살도록 허용되지도 않는다. 가족 별자리에 들어맞는 게 확실치 않은 가운데 태어난 아이들은 종종 가족 밖에서 관계를 찾는다. 그래서 그들은 형제자매 중 가장 편안하게 사람들과 어울리는 경향이 있다.

이전 장에서 보았듯이, 아이들은 좋은 인지자이지만 서툰 해석가다. 이것은 출생 순서의 연구에서 명백해진다. 상황의 진실은 각 사람의 상황에 대한 해석만큼 중요하지 않으며, 행동은 후자에 바탕을 둔다. 같은 출생 순서의 아이들은 종종 자신에 대해, 그리고 그들이 인생에서 소속감과 존재감을 얻으려면 어떻게 행동해야 하는지에 대해 비슷한 해석을 한다.

세 아이의 이야기

어떻게 출생 순서가 양육 퍼즐에 맞는지 더 잘 이해하도록 돕기 위해 마리아와 세라, 조시에 대한 우리의 첫 이야기를 꺼내보자. 가장 예측 가능한 공통점은 가장 나이 많은 아이들 사이에서 발견된다. 왜냐하면 이 것은 가장 적은 변수를 가진 위치이기 때문이다. 가운데 아이가 되는 데 는 여러 방법이 있다. 셋 중 가운데거나 일곱 중 중간의 하나 등이다. 외 동아이의 경우 막내처럼 응석을 받아주었는지, 첫째처럼 책임감을 더 부 여했는지에 따라 막내와 닮았을 수도 있고, 맏이와 닮았을 수도 있다. 그 리고 가장 어린 아이들은 가장 나이 많은 아이들만큼 예측 가능한 공통 점이 있다.

맏이인 마리아는 작은 어른이다. 성장하고 발달함에 따라 아이는 엄 마와 아빠 두 사람을 모델로 여긴다. 그들은 돌보고, 사랑하고, 성숙하 다. 아이는 그들의 모범을 따르려고 최선을 다한다. 그렇게 할 때 아이 는 빨리 걷고, 빨리 말하며, 어휘도 상당히 앞서갈지 모른다(결국 아이는 다 큰 사람들과 대화하는 데 자신의 모든 시간을 보낸다!). 아이는 옳은 일을 하기 위해 열심히 노력하고, 삶 속의 모든 어른에게 예의 바르며, 학교에서 좋은 성적을 받을지도 모른다. 엄마와 아빠는 아이가 잘 행동하기 때문에 아이를 교회, 식료품 가게, 마트, 친구나 친척 집에 자랑스럽게 데려갈 것이다.

맏이로서 마리아는 매우 특별한 그룹이나 과잉 성취자들의 일원이 될 수 있다. 그녀에게는 많은 동료가 있다. 케빈 리먼은 『나는 왜 나인가?』에서 맏이에 관해 다음과 같은 통계와 관련지어 말한다.

- 우주로 보내진 최초의 우주 비행사 23명 가운데 21명이 맏이다(달 위를 걸었던 최초의 사람 닐 암스트롱을 포함하는데, 물론 그도 맏이였다).
- 오리지널 머큐리 프로그램에 있던 7명의 우주 비행사는 모두 맏이다.
- 미국 대통령의 절반 이상이 맏이다.
- 로즈 장학생과 대학 교수들뿐 아니라 '미국 인명사전(Who's Who in America)', '미국의 과학자들(American Men and Women of Science)' 가운데도 맏이가 현저히 많다.
- 맏이는 성취를 위해 높은 동기가 부여되는 경향이 있다. 그들은 분석적·체계적이고 정확한 경향이 있으며 구조와 질서 가운데서 잘 자란다.

첫째 아이는 야구 카드를 분류하고, 꼼꼼하게 인형 집을 꾸미고, 학교 놀이를 하거나(첫째는 선생님이 되고 친구나 형제자매는 학생 역할로 강등된다), 방에 전략적으로 최신 액션 피규어를 배치하는 데 시간을 쓸 가능성이 크다(마리아와 요셉이 성전에서 예수님을 발견했을 때 그는 "선생들 중에 앉으사 그들에게 듣기도 하시며 묻기도 하시던" 고전적인 맏이의 성숙함을 보이며 행동하고 있었다).
외동아이는 부모의 기대치에 따라 슈퍼 막내가 되거나 슈퍼 맏이가 되는 경향이 있다.

결론적으로, 아이들은 자신에 대한 부모의 기대와 대우, 형제자매에 대한 기대와 대우를 어떻게 인식하나에 따라 발전하는 경향이 있다는 것이다. 그리고 출생 순서는 그런 기대와 대우에서 중요한 요소다. 마리아는 많은 어른의 관심을 받을 테고, 맏이이기 때문에 기대도 많이 받을 것이다. 맏이는 이것을 감지하고 그에 따라 반응한다.

흥미롭게도, 일부 맏이는 자신의 위치와 그에 따르는 기대를 신경 쓰지 않고 돌보지 않으며 가족의 반역자가 되기도 한다. 출생 순서 한 가지만으로 아이의 성격이나 행동을 예측할 수 없다는 점을 기억하는 것이 중요하다. 인간의 행동에 관한 이론은 선입견이나 거저 얻은 꼬리표 같은 장해물로 쓰이기보다, 우리가 보고 듣는 것을 더 명확하게 이해하거나 우리가 나아지도록 도우려는 것이 되어야 한다.

둘째로 태어난 아이, 특히 첫째와 같은 성별이라면 가족 안에서 소속감과 존재감을 경험하기 위해 첫째와는 다른 무언가를 해야 한다는 신념을 키울 수도 있다. 부모가 아이들에 대해 같은 규칙과 기대를 가지고 있더라도, 둘째 아이는 매우 다르게 인식하는 경향이 있다. 많은 부모는 아이들을 비교하는 것을 효과적인 훈육 도구로 생각한다. "왜 너는 언니처럼 될 수 없는 거니?" 그러나 비교는 대개 아이들에게 극도로 상처를 주고 낙담하게 한다. 아이는 반항하거나 복수심에 불타서 반응하곤 한다("조건부로 나를 사랑하는 건 상처가 돼요. 그래서 난 당신의 기대에 부응하지 않을 거예요. 그것이 결국 당신에게 상처를 주고 내게도 상처를 준다 할지라도").

세라가 가족 안에서 존재감을 얻으려면 마리아가 찾은 위치가 아닌 다른 곳에서 찾아야 한다. 세라의 첫 이빨, 걸음마, 말, 미소, 그림은 언니 것보다 훨씬 덜 중요하게 여겨질 수 있다. 그래서 세라는 주목받을 또 다른 방법을 찾아야 한다. 둘째 아이는 때론 반항을 일으켜 그걸 찾아낸다. 만약 첫째 아이가 "엄마 아빠가 원하는 거라면 뭐든지"(왜냐하면 그럴 때 부모는 박수와 축하를 보내고 이모와 삼촌들에게 전화하기 때문에)라면, 둘째 아이는 엄마 아빠가 원하지 않는 거라면 무엇이든지 해보려고 할지도 모른다. 어쨌든 엄마와 아빠가 원하는 일을 하는 것은 더는 대수로운 게 아니다. 첫째 아이가 이미 그것을 다 취했다(아이를 격려하는 것을 배우고, 진심으로 아이와 연결되고, 아이의 말과 행동을 잘 듣는 건 아이가 긍정적인 행동과 역할을 하도록 지도하는 데 도움이 된다. 앞으로 이러한 기술을 더 많이 배울 것이다).

세라가 가족 안에서 자기 자리를 막 잡아가기 시작할 때쯤 조시가 나왔다. 조시가 등장하는 것은 세라에게 더 쉬운 문제가 아니다. 맏이가 받았던 관심을 못 받을 뿐 아니라(세라가 '개구쟁이'로 받아온 부정적인 관심 빼고는), 이제는 자신이 받을 관심을 더 분산시킬 새로운 아기가 있다. 세라는 말 그대로 가족 내 자기 역할이 분명한 두 형제 가운데 꽉 끼어 있다. 따라서 "엄마는 나보다 아기를 더 사랑해. 그러니까 나는 사랑을 되찾기 위해 더 열심히 애써야 해"라고 결정하기가 매우 쉬울 것이다. 때로는 이러한 열심이 마치 아기처럼 행동하는 경우로 나타나기도 한다. 어떤 때는 큰아이가 새로운 형제보다 더 잘하려고 노력할 수도 있다. 그들은 심지어 어린아이를 위해 말을 해주는 것으로 자신의 우월함을 보일 수도 있다.

같지만, 다른

　모든 맏이가 똑같은 결론을 내리지 않을 것이고 완전히 같은 모습도 아니다. 모든 둘째 아이, 모든 외동아이, 또 모든 막내 아이도 다 그렇지 않을 것이다. 인간은 저마다 독특한 창조물이지만 같은 출생 순서끼리는 종종 비슷한 특징이 있다. 계속 읽기에 앞서, 눈을 감고 당신이 알고 있는 첫째와 막내 그리고 둘째 아이를 묘사하기 위해 떠오르는 몇 가지 형용사를 생각해보라. 이제 우리는 우선 비슷한 점, 독특함으로 여겨지는 변수, 그리고 최종적으로 일반 규칙에 대한 예외를 논의할 것이다.

　첫째 아이에게는 책임감 있는, 리더, 보스 같은, 완벽주의자, 비판적인(자신과 타인에게), 순응주의자, 조직적인, 경쟁력 있는, 독립적인, 마지못해 위험을 감수하는, 보수적인 등과 같은 묘사가 쉽게 떠오를 것이다. 맏이들은 가장 먼저 태어났기 때문에 중요한 존재가 되기 위해 자신이 일등이거나 최고여야 한다는 어긋난 해석을 택하기도 한다. 이것은 여러 다른 방법으로 드러날 수 있다. 어떤 아이는 대충 하더라도 학교 공부를 맨 먼저 끝내는 것이 중요해 보인다. 또 다른 아이는 자기 일을 최고로 만드느라 엄청 많은 시간을 할애하기 때문에 마지막에 완성할지도 모른다. 우리가 보았듯이, 마리아는 이 그림을 완벽하게 맞췄다.

　대부분의 사람이 막내를 묘사하기 위해 가장 먼저 생각하는 특징은 '제멋대로'이다. 막내 아이는 부모와 다른 형제자매에게 애지중지 키워진다. 이것은 중요한 존재가 되기 위해 계속 다른 사람을 조종해 자신을 시중들게끔 해야 한다는 그릇된 해석을 하도록 하기 쉽다. 막내 아이는 자신의 매력을 이용해 다른 사람이 자신을 위해 무언가를 하도록 영감을 주는 데 능숙하다. 또한 창조적이고 재미를 사랑한다. 막내의 창의성과 에너지 그리고 지능의 대부분은 이런 매력적인 조종을 통해 존재감을 얻는 것으로 주파수가 맞춰졌을지 모른다. 조시는 이 분야의 고수다.

일부 막내 아이는 부모에게 총애받고 형제에게는 원망받는 혼란스러운 처지에 놓이기도 한다. 요셉의 이야기는 이런 훌륭한 사례다. "요셉은 노년에 얻은 아들이므로 이스라엘이 여러 아들들보다 그를 더 사랑하므로 그를 위하여 채색옷을 지었더니 그의 형들이 아버지가 형들보다 그를 더 사랑함을 보고 그를 미워하여 그에게 편안하게 말할 수 없었더라."(창 37:3-4) 편애는 비교만큼이나 상처를 입히고 때론 복수로 이어지기도 한다. 증오심과 질투가 매우 강했던 형제들은 요셉을 죽이기로 결심했다. 하지만 장자인 르우벤이 그 일을 저지했다. 첫째 아이의 전형적인 모습을 지닌 그는 책임감을 가지고 사태를 극복했다.

응석받이로 자란 아이에게 가장 위험한 점은 보살핌을 잘 받지 못하거나, 원하는 게 주어지지 않을 때마다 인생을 불공평하다고 해석한다는 것이다. 그들은 자신들의 기대가 충족되지 않을 때 다른 사람에게 해가 되거나 상처 주는 방식으로 성질을 부리고 서운해하고 복수를 추구할 권리가 있다고 생각하기도 한다. 요셉은 더는 응석을 부리거나 총애를 받을 수 없는 환경에 처했다. 그는 위대한 성품과 많은 기술을 개발했고, 훗날 기근에서 가족을 구할 기회를 얻는다.

막내 아이는 학교에 적응하는 데도 어려움을 겪을 수 있다. 그들은 자기가 집에서 받은 대접을 선생님이 계속 해줘야 할 뿐 아니라 선생님도 자기를 위해 배워야 한다고 느낄 수 있다. 의식적으로 그들은 "선생님, 제 신발 끈 좀 묶어주세요"라고 말한다. 무의적으로 그리고 행동으로

"당신이 여기 있는 동안 나 대신 제발 배워주세요"라고 말한다. "저 못하겠어요"와 "보여주세요"는 종종 "나를 위해 그걸 해주세요"라는 소박한 요구다.

"아침에 누가 너의 옷을 입혀주니?"

제인 넬슨은 초등학교 상담사로 재임하는 동안 학교에서 어려움을 겪고 있는 많은 아이와 이야기를 나누었다. 그녀는 아이들에게 "아침에 누가 너의 옷을 입혀주니?"라는 강력한 질문을 던지는 법을 배웠다. 짐작하겠지만, 학교에서 어려움을 겪는 아이들은 종종 다른 누군가가 자신을 돌보게 한다. 그리고 자기 자신을 돌볼 능력(그리고 필요)을 발달시켜야 할 때를 훨씬 지나기도 한다. 그 결과는 낙담한 아이다.

입기 쉬운 옷을 가지고 어떻게 입는지 가르쳐준다면 아이들은 두 살 정도부터는 스스로 옷을 입을 수 있다. 아이가 스스로 할 수 있는데도 부모가 계속 옷을 입혀주면(또는 기다리고 있는) 아이에게서 책임감과 자급자족 능력, 그리고 '나는 능력이 있다'는 믿음을 길러줄 자신감을 경험하고 배울 기회를 빼앗게 된다. 이러한 기술이 없다면, 아이들은 학교에서 좋은 학습자가 될 수 없고, 인생에서 성공을 위해 필요한 기술을 발전시킬 수 없다.

애지중지하는 것이 자녀에게 해가 되는데도 부모들은 왜 그렇게 할까? 많은 부모가 자신들은 정말 자녀에게 사랑을 보여주고 있다고 믿는다. 이 부모들은 신념과 습관, 형질이 한번 확립되면 바꾸는 것이 얼마나 어려운지 알지 못한다. 불행히도 잠언 22장 6절에 있는 잘 알려진 조언("마땅히 행할 길을 아이에게 가르치라 그리하면 늙어도 그것을 떠나지 아니하리라")은 두 가지 방식으로 모두 통할 수 있다.

부모는 자녀에게 삶의 기술을 연습할 기회를 빼앗을 때도 장기적인 효과에 대해서는 생각하지 않는다. 왜냐하면 부모는 그것을 더 쉽게, 더 빠르게, 더 잘할 수 있기 때문이다. 아이가 자기 스스로 하도록 시켜야 할 때 "그냥 시간이 없다"라고 말하는 부모는 나중에 자녀가 능력 있고 자신감에 찬 어른에게 요구되는 삶의 기술과 태도를 발전시키지 못했다는 사실을 알고 실망하고 좌절할 수 있다. 자녀를 위해 최선의 결과를 원하는 부모는 더 이상 '아이를 위해 일할 것'이 아니라 자신의 시간 우선순위를 재평가해야 한다. 효과적인 부모는 자녀가 가치 있는 삶의 기술을 배우는 데 필요한 시간을 충분히 가지도록 속도를 늦춘다.

훈련하는 데 시간을 할애하고, 아이가 책임감과 자신감을 키울 수 있게 하자. 아이가 나중에 자기 자신을 돌보는 법을 항상 배울 수 있다고 생각하는 건 실수다. 기다림이 길어질수록 삶이 어떠해야 하는지에 대한 해석, 그리고 소속감과 존재감을 찾기 위해 할 필요가 있다고 생각하는 것을 바꾸는 일은 더욱 어려워진다.

많은 어린아이가 삶에 대해 완전히 다른 해석을 선택하고 '속도 위반자'가 되고 있다. 그들은 종종 중요한 존재가 되기 위해 모든 사람을 따라잡아야 하며, 모든 사람보다 앞서 나가야 한다는 어긋난 해석을 택한다. 그들은 계속해서 자신의 존재감을 증명하고자 애쓰는 과잉 성취자 어른이 되어간다.

가운데 아이의 특징을 일반화하는 것은 여러 다른 위치 때문에 더 어렵다. 그들은 대개 맏이의 특권이나 막내의 혜택도 없이 중간에서 끼인 느낌을 받는다. 그들은 존재감을 느끼기 위해 어떤 식으로든 달라야 한다는 그릇된 믿음을 택할 수 있다. 가운데 아이는 과잉성취 또는 저성취일지 모른다. 사교성이 뛰어난 마당발이거나, 아예 구석에 박혀 있거나 또는 이유 여하를 막론하고 반역자가 될 수도 있다. 많은 가운데 아이는 형제보다 더 느긋하다. 또한 자신들이 동일시하는, 약자에 대한 많은 공감이 있다. 그들은 때때로 훌륭한 평화주의자이고, 연민과 이해를 얻고 싶은 사람이 그들을 찾기도 한다. 그들은 대개 맏이와 더 보수적인 형제보다 훨씬 더 오픈 마인드를 가지고 있다.

'외동'아이는 '나이 많은' 아이이건 '가장 어린' 아이이건 몇몇 중요한 차이점을 빼고 비슷할 수 있다. 그들은 형제자매에게서 자신의 가치를 증명하라는 압력을 느끼지 못했기 때문에 완벽주의에 대한 욕구가 덜할 수도 있다. 외동아이는 다른 부모에게서 느끼는 것과 같이 자신에 대한 높은 기대치를 가지고 있다. 그들은 가족의 '유일한' 자녀이기 때문에 보통 고독을 원하고 고맙게 여기거나 또는 외로움을 두려워할 수도 있다. 그들에게는 처음이 되는 것보다 특별해지는 것이 더 중요할지도 모른다.

"누군가가 가족의 출생 순서 규칙을 버렸어!"

당신의 아이와 가족이 어디에 어울리는지 아직 알 수 없는가? 아마 출생 순서 이론에서 가장 공통적인 변수 가운데 하나 이상을 고려해야 할 것이다. 출생 순서는 다태(쌍둥이나 삼둥이 또는 그 이상), 입양, 새 가정 그리고 더 일반적인 가족 별자리와 다른 복잡성을 고려할 때 조금 더 복잡해진다. 오늘날 생식 관련 과학의 진보로 쌍둥이가 더 많아졌으며, 이는 '누가 무엇을 하는가'에 대한 일반적인 해석에 장애물을 던질 수 있다. 다수의 '신생아'에게 가장 크게 영향을 받는 사람은 부모의 보좌에 새로운 '지배자'가 한 명 이상 있음을 깨닫고 거품이 심하게 콕콕 찌르는 것을 겪는 손위 형제다. 따라서 소속감과 존재감을 위한 투쟁이 다시 시작된다. 쌍둥이와 그 밖의 다수 출산은 출생 순서의 통상적인 설명에 이의를 제기한다.

출생 순서를 이해하기 위한 또 다른 변수로는 둘 이상의 가족이 섞인 것, 아이들 사이 터울, 각 아이의 성별, 아이들 사이의 인지적·정서적·신체적 차이, 입양, 형제자매의 죽음 그리고 각 부모의 출생 순서를 포함한다(출생 순서와 새 가정에서의 양육에 대한 정보는 제인 넬슨·셰릴 어원·스티브 글렌이 쓴 『새 가정을 위한 긍정 훈육〔Positive Discipline for Your Stepfamily〕』을 참고하라).

당신의 양육 방식은 출생 순서 그리고 소속감과 존재감에 대한 질문을 어떻게 해결했는지에 따라 크게 영향을 받는다. 당신은 현재의 출생 순서 원칙의 혼합에 이 과거의 역사를 가져온다. 부모의 출생 순서는 가족의 분위기뿐 아니라 결혼의 파트너십에도 영향을 미치고, 시작하는 가족 안에서 그들의 퍼즐 조각을 찾을 때 양육 방식이 아이에게 어떻게 영향을 미치는지 부모로서 이해하는 데 도움이 된다. 각 출생 순서의 위치는 각각의 자리에서 일반적이고, 규정하는 경향성이 있고, 특정한 특성의 공통점이 있다. 그렇다 할지라도 주어진 가족 안에서 출생 순서가 어떤 기능을 하는지를 이해하는 열쇠는 이 가족 구성원 간의 관계를 이해함으로써 얻을 수 있다.

이 모든 것은 무엇을 의미하는가?

출생 순서에 대한 정보는 우리가 아이를 이해하고 더 효과적인 부모가 되고 더 나은 행동을 격려하는 데 어떻게 도움이 되는가? 각 부모의 출생 순서뿐 아니라 아이의 출생 순서를 인식하는 것은 아이의 세계와 관점에 대해 지적인 추측을 하게 하고 건강하고 효과적인 방식으로 어떻게 상호 작용할 수 있는지를 알게 해준다. 이러한 인식은 아이를 애지중지하지 않아야 한다는 것, 가장 나이가 많은 맏이에게 항상 일등이 아니어도 괜찮다고 느낄 기회를 제공하는 것, 중간 아이가 덜 끼인 것처럼 느끼도록 돕는 것, 그리고 각각의 아이가 인식하고 살아가는 독특한 세계를 존중하는 것이 얼마나 중요한지를 이해하도록 도와줄 수 있다(출생 순서에 대한 더 자세한 정보는 『긍정의 훈육』 3장 또는 『나는 왜 나인가?』를 참고하라).

출생 순서는 아이의 성격과 행동의 한 요소일 뿐이라는 것을 기억하라. 경쟁이 가치 있고 모델화된 가정에서는 차이가 더 커진다. 반면 협력이 가치 있고 모델화된 가정에서는 차이가 줄어들고 가족 간의 화목은 커질 것이다.

그러나 경쟁심은 소중한 미국의 특성이 아닌가? 그것은 운동 분야에서는 확실히 가치가 있지만, 우리는 아이에게 협력을 가르치고, 다른 사람과 함께 일할 능력을 개발하고, 다른 사람의 은사와 능력을 소중하게 여기는 것이 훨씬 더 도움이 된다고 믿는다(그 다른 사람이 그들의 형제자매 일지라도). 바울은 고린도 교인에게 보낸 첫 번째 편지에서 감사와 협력의 정신에 대한 훌륭한 모범을 우리에게 보여주었다.

> 은사는 여러 가지나 성령은 같고, 직분은 여러 가지나 주는 같으며, 또 사역은 여러 가지나 모든 것을 모든 사람 가운데서 이루시는 하나님은 같으니 각 사람에게 성령을 나타내심은 유익하게 하려 하심이라. 어떤 사람에게는 성령으로 말미암아 지혜의 말씀을, 어떤 사람에게는 같은 성령을 따라 지식의 말씀을, 다른 사람에게는 같은 성령으로 믿음을, 어떤 사람에게는 한 성령으로 병 고치는 은사를, 어떤 사람에게는 능력 행함을, 어떤 사람에게는 예언함을, 어떤 사람에게는 영들 분별함을, 다른 사람에게는 각종 방언 말함을, 어떤 사람에게는 방언들 통역함을 주시나니.(고전 12:4-10)

바울의 말은 우리가 저마다 독특한 은사를 가지고 있다는 것과 그리스도의 몸에 속해 있다는 것을 상기시켜준다. 부모와 자녀는 각각 동등하게 가족에 속해 있다. 우리 모두가 소속감을 찾기 위해 경험하는 갈망에 대해 이 얼마나 아름다운 은유인가. 이 소속됨은 우리 자신의 긍정적이고 독특한 방법으로, 우리 자신의 가족 안에서 찾아낼 수 있다.

출생 순서는 우리 자신과 다른 사람에 대해 많은 것을 가르쳐줄 수 있다. 우리는 출생 순서에 대한 지식을 사람들을 분류하거나 정형화하는 데 사용하지 않고 왜 그들이 그렇게 행동하는지 더 잘 이해하는 데 사용한다. 그러면 우리는 그들을 격려하는 방법을 찾으려고 노력할 수 있다.

바울은 데살로니가전서 5장 11절에서 "피차 권면하고 서로 덕을 세우라"라고 말했다. 출생 순서에 대한 지식은 우리 아이들이 왜 그런 일을 하는지, 언제, 어떻게 우리의 격려가 필요한지를 좀 더 분명하게 볼 수 있도록 돕는다.

제7장

왜 아이들은 그렇게 행동하는가?
—

"그 애가 원하는 건 주목받는 것뿐이에요!"

"우리는 항상 싸우고 있는 것처럼 보여요."

"나는 왜 큰아이가 자기 동생한테 그렇게 자주 상처를 주는지 모르 겠어요!"

"그 애는 절대 내 말을 안 들어요!"

어긋난 행동을 하는 아이와 마주했을 때 이런저런 좌절 섞인 불평을 투덜거리는 자신을 들여다본 적이 있는가? 모든 부모는 '가장 좋은' 아 이조차도 가끔 잘못된 행동을 한다는 것을 인정한다. 그러나 정말로 힘 든 날에는 자녀의 어긋난 행동이 당신을 좌절시키고 패배시키려 치밀하 게 계획된 음모처럼 보일 수 있다. 비록 아이가 당신을 비참하게 하려고 잘못된 행동을 하는 것처럼 보일지 모르지만, 알프레트 아들러는 인간 행동을 관찰함으로써 아이(그리고 대부분의 다른 사람)가 실제로 자신의 어긋난 행동을 사용해 우리에게 무언가를 말하고 있음을 깨달았다. 그들의 어긋난 행동은 '암호'다.

때때로 신체적인 이유로 어긋난 행동이 일어나면, 부모는 보통 간단한 추론으로 이러한 단서를 읽어내는 데 능숙하다. 아이(특히 어린아이)는 명확한 언어기술이 부족하기 때문에 행동으로 주변 어른과 의사소통한다. 아이가 지나치게 피곤하거나 자극받거나 배고플 때, 부모는 아이의 어긋난 행동을 '암호'로 쉽게 읽어낸다. 이는 낮잠, 간식, 야외에서 과잉 에너지를 분출하는 시간 등과 같이 아이의 욕구를 말해주는 방법으로 받아들인다. 이것은 '행동화'라는 구절에서 유래한다. 이런 어긋난 행동은 비교적 이해하기 쉽다(비록 늘 침착하게 대응할 수 없을 때 일어나는 것처럼 보이지만). 그러나 나쁜 행동에 대한 분명한 설명이 없는 것처럼 보이는 시대는 어땠을까? 믿거나 말거나 인간 행동에는 우리의 이해 여부와 상관없이 항상 목적이 있다. 긍정 훈육에서 우리는 당신을 어긋난 행동을 넘어서 행동의 이면에 있는 신념으로 데려간다.

알프레트 아들러와 루돌프 드라이커스는 생각과 감정을 행동에 연결함으로써 인간 행동에 대한 완전히 새로운 사고방식을 제시했다(아마도 이 아이디어는 완전히 새로운 것은 아닐 것이다. 잠언 23장 7절에서 "대저 그 마음의 생각이 어떠하면 그 위인도 그러한즉"이라고 말한다). '암호 해독하기'를 배우고, 아이가 어긋난 행동을 하면서 진정으로 추구하는 바는 소속감과 존재감임을 이해할 때 어른은 아이가 변화하는 것을 도울 수 있다. 부모는 행동을 이해하기 위해 마음을 들여다보면서 하나님의 모범을 따르는 법을 배워야 한다.

긍정 훈육 워크숍에서는 인간의 어긋난 행동이 그저 관심을 받으려고 '행동화'하는 것보다 더 복잡하다는 걸 참가자가 이해하도록 돕는다(그렇다, 보다시피 관심을 얻는 것은 어긋난 행동의 어긋난 목표 4가지 가운데 하나다). 아이의 행동이 항상 주의를 끌려는 시도인 것처럼 보일 수도 있지만, 잘못된 행동을 하는 아이는 낙담했으며 부적절한 방법으로 소속되고 연결되려 시도했을지도 모른다(어쨌든 아이에게는 아빠와 벌이는 논쟁이 확실히 연결처럼 느껴졌을 수도 있다. 그것이 부정적일지라도 말이다). 그리고 처벌, 즉 엉덩이 때리기나 서 있게 하기, 특권 빼앗기, 잔소리하기 등 행동만을 다루어서는 그 행동에 동기를 부여하는 내적 신념을 절대 변화시킬 수 없다. 이런 이유로 많은 부모는 처벌이 "효과가 있다"라고 주장하지만, 자녀가 똑같은 행동을 반복할 때마다 계속해서 처벌해야만 한다.

당신은 이렇게 생각할지도 모른다. '장난하는 건가? 어떻게 칭얼거리거나, 반항하거나, 교회 가기를 거부하거나, 남동생을 때리거나 하는 행동이 소속감과 존재감을 추구한다는 거지?' 아마도 우리가 용납할 수 없는 행동에 대한 암호를 해독하는 법을 설명하기 전에 잘못된 행동을 하지 않는 아이가 어떻게 어긋난 행동에 의존하지 않고 소속감과 존재감의 목표를 충족하는지를 보는 게 더 쉬울 것 같다.

적절하게 행동하는 아이는 우리가 부엌에서 보는 이 짧은 장면과 같이 긍정적인 방법으로 목표를 달성한다.

4살인 메건은 따뜻한 설탕 쿠키를 2살인 남동생 네이선과 나눈다.

• 메건은 자기를 안아주는 어린 남동생과 "그거 참 잘한 거야, 메

건"이라고 말하는 엄마에게서 필요한 관심을 얻는다.
- 메건은 자기가 가진 것을 모두 네이선과 함께 공유하기를 선택함으로써 자신의 힘과 영향력을 긍정적인 방식으로 행사한다.
- 메건은 자신의 친절한 행동에 대해 엄마가 "어린 남동생과 나눠 줘서 고마워"라고 말하며 입맞춤해줄 때 엄청난 소속감과 존재감을 느낀다.

격려는 어긋난 목표를 이해하는 열쇠

드라이커스는 이렇게 말했다. "식물에 물이 필요한 것처럼 사람에게는 격려가 필요하다. 격려는 우리 영혼에 영양분을 공급한다." 성경도 이에 동의한다. 히브리서 3장 13절에서는 우리에게 "매일 피차 권면(격려)하라"라고 말한다. 이상적으로는, 아이들은 즐겁고 바람직한 방식으로 행동함으로써 소속감과 존재감에 대한 필요를 충족한다. 그리고 부모가 알아채 주고 격려해줄 때 긍정적인 행동을 더 자주 반복할 것이다. 크리스천 부모는 긍정 훈육 도구를 일관되게 사용함으로써 자녀가 부정적인 관심을 끌거나, 부정확한 권력을 경험하거나, 복수하려 하거나, 무기력해지려는 것을 멈추도록 도와줄 수 있다(특정 목표에 대한 더 자세한 내용은 잠시 후에 나온다). 자신이 소속되어 있다는 것을 아는 격려받은 아이는 전혀 어긋나게 행동할 필요가 없다(물론 그것이 완벽한 시스템은 아니다!).

성경은 우리에게 당부한다. "말씀을 행하는 자가 되고 듣기만 하여 자신을 속이는 자가 되지 말라. 이와 같이 행함이 없는 믿음은 그 자체가 죽은 것이라."(약 1:22, 2:17) 또한 잠언 20장 11절에서 하나님은 말씀하신다. "비록 아이라도 자기의 동작으로 자기 품행이 청결한 여부와 정직한 여부를 나타내느니라." 우리가 말해왔듯이, 아이들은 대개 기분이 좋을 때 더 잘 행동하고 소속에 대한 아이의 해석은 어른의 것과 아주 다르게 보인다. 예를 살펴보자.

남동생과 쿠키를 나눠 먹은 4살짜리 소녀 메건을 기억하는가? 자, 이제 교회가 끝난 주일 오전, 메건은 집에 가려고 기다린다. 엄마와 아빠는 친구들과 이야기를 나누고 있다. 더 나쁜 건 그들이 메건을 무시하고 있다는 것이다. 메건이 시선을 끌려고 엄마의 옷을 잡아당기자 엄마는 내려다보며 "잠깐만, 메건"이라 말하고는 곧바로 또 이야기를 나눈다. 메건은 자신이 속해 있다는 느낌이 들지 않으며, 특히 자신이 중요하다고 느껴지지 않는다. 사실 메건은 짜증스럽고 피곤하고 배고팠으며, 무시당한다고 느꼈다. 메건은 어떻게 해야 하는지 알고 있다. 엄마의 옷을 다시 확 잡아당긴 메건은 엄마가 자신을 무시하려고 하자 이번에는 엄마를 밀치며 무시할 수 없는 큰 목소리로 칭얼댄다. "엄마, 나 이제 집에 가고 싶어!"

당황한 메건의 부모는 대화를 끝내고, 메건에게 예의에 관해 잔소리를 하며 차로 향한다. 메건은 무시당하는 것보다는 이런 곤경에 처하는 것이 더 낫다. 메건은 지나친 관심 끌기라는 어긋난 목표를 보여주었다. 그리고 메건의 부모는 자신도 모르게 아이의 행동에 굴복함으로써 그런 행동을 강화했다.

부모는 자신이 소중히 여기는 행동을 알아차리고 길러내는 데 실패함으로써 의도치 않게 잘못된 행동을 키울 수 있다. 그러나 메마른 식물처럼, 아이는 격려가 필요하다. 격려받는 것은 낙담이라는 가뭄과 함께 종종 뒤따르는 어긋난 행동을 예방해준다(9장에서 격려에 대해 더 자세히 다룰 것이다).

어긋난 행동은 낙담의 시작을 알린다

드라이커스는 "어긋난 행동을 하는 아이는 낙담한 아이다"라고 말한다. 낙담은 자신이 속하지 않았다는 아이의 믿음에 근거한다(그것이 사실이든 아니든). 어긋난 행동은 소속감과 존재감을 추구하는 아이의 '어긋난' 방법이다. 아이가 '나는 소속되지 않았어. 그래서 남동생이 내 쿠키를 집으려고 하면 그 애를 때려서 소속감을 찾을 거야'라고 믿을 때 실수가 일어난다. 큰 실수다! 6장을 기억해보면, 상황의 진실은 그 상황에 대한 아이의 인식보다 덜 중요하다. 아이가 속해 있고 가족 구성원이 그 아이를 의미 있고 중요한 사람이라고 믿어주는 것은 중요하지 않다. 행동은 아이 자신이 세상 속에서 자신의 위치에 대해 믿는 것에 따라 빚어진다. 이것은 순간순간 바뀔 수 있다. 우리 각자는 우리 삶의 중요한 사람들의 말과 행동뿐 아니라 내적인 생각, 인식, 감정으로 형성된 핵심 신념에 따라 행동하도록 동기를 부여받는다.

어긋난 행동을 하는 아이는 자신의 소속 욕구나 그 욕구를 충족하는 방법에 대한 어긋난 신념을 의식적으로 인지하지 못한다는 점을 기억하는 것이 중요하다. 그들이 인지하는 것은 중요하지 않다. 부모는 모든 행동 이면에 신념이 있다는 것과 부모의 감정은 그 신념이 무엇인지 이해하는 데 대한 단서를 제공한다는 것, 그리고 자녀의 마음속에 있는 신념을 고려하는 게 행동을 변화시키는 데 더 효과적이라는 것을 인지해야 한다. 기도와 인내 그리고 새로운 아이디어가 있다면 부모가(그리고 자녀가) 어긋난 행동을 넘어서서 책임감 있고 적절한 행동을 선택할 수 있다.

긍정 훈육 도구의 필요성

어긋난 행동을 하는 아이가 낙담한 아이라면, 낙담을 끝내는 한 가지 방법은 아이가 자신의 신념을 바꿀 수 있고 자신이 소속되었다는 걸 알 수 있는 환경을 조성해주는 것이 아닐까? 생각, 감정, 행동의 연결고리를 이해하는 것은 부모가 진정한 훈육, 가르침 그리고 격려에 집중할 수 있게 해준다. 더불어 장기적으로 전혀 행동 변화를 일으킬 수 없는 처벌(잔소리하기, 굴욕감 주기, 소리 지르거나 때리기 등)과 보상이라는 시대에 뒤떨어진 두 가지 도구를 폐기 처분할 수 있게 해준다(이 사실은 많은 연구로 뒷받침된다).

친절하고 동시에 단호한 훈육은 부모가 자녀에게 최고의 스승이자 격려자가 될 수 있게 해준다. 진정한 훈육은 자기 규제와 책임, 협력 그리고 문제 해결의 인생 기술을 가르친다. "마땅히 행할 길을 아이에게 가르치라 그리하면 늙어도 그것을 떠나지 아니하리라"(잠 22:6)라는 말씀은 핵심 신앙이 행동에 동기를 부여한다는 것을 이해할 때 완벽하게 의미가 통한다. 우리가 아이들의 핵심 신념을 바꾸도록(처음부터 건강하게 발달시키든지) 도와줄 때, 그들은 그러한 신념에 따라 동기를 부여받은 행동에서 벗어나지 않을 것이다.

행동을 넘어서 행동의 이면에 있는 신념을 보는 것은 '어긋난 암호'를 돌파하는 데 도움이 된다. 그러면 우리는 맹목적인 순종을 위한 도구 대신 교훈과 가르침의 도구를 선택할 수 있다. 오랜 기간 부모와 자녀의 관계에서 아이는 가족과 협력하고 공헌하는 가치를 배울 수 있다. 그뿐 아니라 부모가 주님과 맺어온 오랜 관계성은 아이에게 어떻게 사랑하는지, 자기 규율의 개인 삶에서 어떻게 한계를 설정하는지에 대한 모범을 가르쳐준다.

하나님의 은혜와 효과적인 도구가 가득 담긴 양육 도구 상자가 없다면, 아이의 어긋난 행동을 다루는 일이 부모와 자녀에게 좌절의 과정이 될 수도 있다. "아비들아(그리고 어미들아) 너희 자녀를 노엽게 하지 말지니 낙심할까 함이라."(골 3:21) 하나님의 말씀과 어긋난 목표 차트 둘 다 아이가 무의식적으로 자신의 낙심을 행동으로 표출할 때 부모가 이해심 많은 눈으로 자녀를 볼 수 있는 창을 제공한다. 어긋난 행동 자체만 바라보지 않고, 행동 아래에 있는 신념에 초점을 맞출 때 당신과 당신 자녀는 상호 존중, 존엄성, 자신감을 개발할 수 있다.

반면 부모가 소속감과 존재감의 개념, 그리고 그것이 아이의 행동에 미치는 영향을 인식하지 못하면 좌절의 순환이 시작된다. 아이는 자신의 분노와 또 다른 부정적인 감정을 고조시키면서 잘못된 행동을 계속한다. 하지만 좋은 의도의 부모는 아이 안에 내적인 훈육의 확고한 기초를 세우기보다는 외부에서 아이를 통제하려는 노력으로 꾸짖거나 처벌을 계속한다. 이는 하나님께서 그의 백성에게 바라는 기쁨과 평안을 가족들한테서 빼앗는 것이다.

인간의 행동이 소속감과 존재감에 기초한다는 개념, 그리고 그 느낌이 없을 때 나타나는 결과는 낙담이라는 걸 인식하는 것은 부모로서 탁월함을 키우는 방향으로 가는 커다란 첫걸음이다. 이 장을 읽은 뒤 당신은 첫걸음을 뗄 것이다. 하지만 당신이 할 수 있는 일이 더 많다. 태도에서 의미 있는 변화는 당신이 가정에서 좀 더 협조적인 분위기로 가족에게 나아갈 수 있게 도와준다. 아이의 행동을 바꾸려고 시도하는 대신 자녀가 잘못했을 때 자신의 행동을 바꾸는 선택을 할 수 있다. 부모는 부모 자신을 먼저 바꿔야 할 책임이 있다. 좋든 싫든, 부모가 먼저 바뀌어야 한다. 아이의 행동은 거의 항상 그에 응답하듯 바뀐다. 하나님이 우리를 가르치심과 같이. "또 아비들아 너희 자녀를 노엽게 하지 말고 오직 주의 교훈과 훈계로 양육하라."(엡 6:4)

암호 해독하기: 어긋난 목표 차트를 활용하는 방법

서로 다른 상황에서 아이의 행동 이면에 있는 암호를 읽는 것을 배울 수 있다면, 행동 그 자체 대신에 아이의 신념을 효과적으로 다룰 수 있다. 어긋난 행동 이면에 있는 메시지를 식별하기 위해 코드를 해독하는 데 도움이 되는 구체적인 단서가 3가지 있다. 부모가 아이의 어긋난 행동 뒤에 숨겨진 메시지를 어떻게 이해할 수 있는지 검토해보고 그것에 대해 어떻게 해야 할지 결정해보자.

어긋난 목표 차트

제인 넬슨, www.positivediscipline.com

1 아이의 목표	2 부모·교사 의 느낌	3 부모·교사 의 반응	4 아이의 반응	5 아이의 행동 이면의 신념	6 숨겨진 메시지	7 부모·교사의 주도적이면서 권한을 부여하는 반응
지나친 관심 끌기 (남을 계속 바쁘게 하기 또는 특별한 대접 받기)	성가시다. 짜증 난다. 걱정된다. 죄책감을 느낀 다.	알아차리게 한 다. 아이를 타이른 다. 나 자신을 위 한 일을 아이 를 위해 한다.	순간적으로 행동을 멈추 지만 같은 행 동을 반복하 거나 다른 방법으 로 방해한다.	'사람들의 관심을 받 을 때 또는 특별한 대 접을 받을 때 나는 소 속감을 느껴.' '당신이 나 때문에 분 주할 때 내가 중요한 사람이 된 것 같아.'	나를 봐주 세요 나도 함께 하고 싶어 요	아이가 주의를 끌 수 있는 다른 유용한 일을 찾아 하게 한다. "난 너를 사랑해. 나중에 함께 시간을 보낼 수 있을 거야"라고 격려한다. 당장 특별히 뭔가를 해주지 않는다. 따로 특별한 시간을 계획한다. 아이가 일정표를 짜도록 도와준다. 문제 해결 과정에 참여시킨다. 가족회의를 활용한다. 비언어적 신호를 정한다. 말없이 안아주거나 토닥여준다.
힘의 오용 (보스처럼 행동하기)	도전받는 느낌이다. 위협을 느낀다. 패배감을 느낀다.	싸운다. 포기한다. '넌 벌 받아야 해' 또는 '본때 를 보여주겠어' 라고 생각한다. 바로잡아 주려 애쓴다.	더 심한 행동을 한다. 명령에 반항 한다. 부모나 교사 가 화내는 모 습을 보고 만 족감을 느낀 다. '예'라고 말 하고 따르지 않는다.	'내가 대장일 때 또는 내가 통제할 때 소속 감을 느껴.' '누구도 나를 어쩔 수 없어.'	내가 도와 줄게요 나에게 선 택권을 주 세요	아이가 긍정적 힘을 사용할 수 있도록 도움을 요청한다(협력 구하기). 싸우지도, 포기하지도 않는다. 갈등에서 한발 물러나 냉각기를 둔다. 부드러우면서도 단호하게 일관적으로 행동한다. 말하지 않고 행동한다. 한정된 선택을 제안한다. 무엇을 할지는 당신이 결정한다. 규칙이나 일정표를 따르게 한다. 힘겨루기를 하지 말고 침착하게 대한다. 상호 존중하는 태도를 개발한다. '끝까지 관철하기' 방법을 친절하고 단호하게 사용하는 연습을 한다. 가족회의를 활용한다.
보복 (똑같이 되돌려주기)	상처받는다. 실망스럽다. 믿지 못하겠다. 괘씸하다.	보복한다. 복수한다. 창피함을 느낀 다. '네가 나한테 어떻게 이럴 수 있지?' 라고 생각한다.	보복한다. 더 심하게 행 동하거나 다른 방법을 찾는다.	'난 어디에도 속해 있 지 않아. 그래서 내가 상처받은 만큼 다른 사람한테도 상처를 줄 거야.' '사람들이 나를 좋아 하지 않아.'	나는 상처 받고 있어 요 내 마음을 알아 주세 요	상처받은 감정을 토닥여준다. 감정에 다시 상처를 주지 않는다. 처벌이나 보복을 하지 않는다. 신뢰를 쌓는다. 경청한다. 당신의 감정을 표현하고 나눈다. 배려와 기다림을 보여준다. 장점을 격려한다. 어느 한 편을 들지 않는다. 가족회의를 활용한다.
무기력 (포기하고 홀로 남기)	체념한다. 절망적이다. 어쩔 수 없다. 적절하지 않다.	포기한다. 지나칠 정도로 도와준다.	더욱 움츠러든다. 지나칠 정도로 수동적이 된다. 더 나아지려 는 생각이 없다. 아무런 반응 도 보이지 않는다.	'난 잘하는 게 없어. 그래서 어디에도 속 할 수 없어. 사람들이 나한테 아무런 기대 도 할 수 없게 할 거 야.' '난 도움이 안 되는 무능한 인간이야.'	나를 포기 하지 마세 요 나에게 작 은 단계로 제시해 주 세요	할 일을 작은 단계로 나누어준다. 비난하기를 멈춘다. 시도한 것 자체를 격려한다. 아이의 가능성에 믿음을 보인다. 동정하지 않는다. 포기하지 않는다. 성공할 기회를 제공한다. 기술을 가르치고 단계적으로 연습한다. 어떻게 하는지 보여주되 해주지는 않는다. 아이와 즐겁게 지낸다. 아이가 좋아하는 것을 찾도록 도와준다. 가족회의를 활용한다.

단서 1. 행동에 반응하는 부모 자신의 감정

어긋난 목표 차트의 두 번째 열을 살펴보자. 믿거나 말거나 자녀의 어긋난 목표를 이해하는 데 가장 강력한 도구는 자신의 감정이다. 예를 들어, 메건의 엄마는 메건이 집에 가자고 칭얼거릴 때 짜증 나고 귀찮아서 딸의 행동에 대한 어긋난 목표가 '지나친 관심 끌기'라는 단서를 얻었다 (같은 행동이 다른 이유로 일어날 수 있음을 깨닫는 것이 중요하다. 딸의 행동으로 도전을 받거나 화가 난다면 어긋난 목표는 '힘의 오용'일 수 있다. 사람마다 다른 응답을 선택할 수 있다). 아이가 잘못된 행동을 했을 때 느껴지는 자신의 감정과 차트의 두 번째 열에 나열된 감정이 일치한다면 아이의 어긋난 목표를 알 수 있을 것이다.

단서 2. 행동을 멈추려는 부모의 평범한(비효과적인) 시도

자녀의 행동을 다룰 때 '데자뷔' 느낌을 받은 적이 있는가? 종종 부모와 아이는 똑같은 좌절의 순간을 반복적으로 겪고 있음을 발견한다. 아이가 잘못 행동하고, 부모가 반응하고, 아이는 또 부모에게 반응하고, 이것이 계속된다. 마치 모든 사람이 스텝을 알고도 멈추지 못하는 춤처럼 말이다.

어긋난 목표 차트의 3번째 열에는 부모가 자녀의 행동에 자주 반응하는 방식이 나열되어 있다. 만약 여기에서 자기 자신의 반응을 볼 수 있다면, 안심해도 좋다. 모든 부모에게는 이런 순간이 있다. 이것은 자녀 행동의 어긋난 목표를 결정하는 데 더 도움이 되는 단서다.

단서 3. 부모의 비효과적인 행동에 대한 아이의 반응

메건의 엄마는 치마를 잡아당기는 메건에게 아이를 달래고 무시하는 것으로 반응했고, 이는 이 상황에서 비효과적이었다. 메건은 엄마를 밀치고 집에 가자고 요구하는 또 다른 전술을 선택함으로써 앙갚음했다. 아이들이 전형적으로 부모의 비효과적인 행동에 반응하는 방식은 도표의 4번째 열에 나열되어 있고, 이는 어긋난 목표에 대한 또 다른 단서를 준다.

5번째 열은 효과적인 방식으로 응답하는 데 중요한 부분인 자녀의 어긋난 행동에 대한 신념을 말해주며, 6번째 열은 자녀가 마음속에서 애원하는 바를 말해준다. 즉 아이가 당신에게 전달하려는 메시지다. 마지막 열은 어긋난 행동과 그 뒤에 숨겨진 믿음을 효과적으로 다루기 위한 제안과 도구를 제공한다(8장에서 긍정 훈육 도구와 방법에 대해 더 자세히 다룰 것이다).

많은 부모와 교사가 이 차트를 복사해 책상이나 냉장고에 붙여두고 '행동 이면의 신념'에 대한 이해를 추구하기 위해 끊임없이 상기시키려고 한다. 그런 다음 그 눈높이에서 아이에게 더 유용한 믿음을 형성하고, 그 과정에서 그들의 행동을 개선할 수 있도록 격려하는 유용한 도구의 목록으로 삼는다. 어긋난 목표를 탐구할 때, 갈라디아서 5장 22-23절의 말씀이 당신의 마음을 채우게 하라. "오직 성령의 열매는 사랑과 희락과 화평과 오래 참음과 자비와 양선과 충성과 온유와 절제니 이 같은 것을 금지할 법이 없느니라." 아이를 키운다는 것은 아무리 사랑한다 할지라도 인생의 가장 큰 도전 가운데 하나다. 가장 훌륭한 양육 도구는 하나님의 성령의 열매를 보여주는 것이다. 어긋난 행동을 하는 아이와 마주하는 것은 쉬운 일이 아니다. 부모가 먼저 변화하려 하고 사랑과 친절, 선함, 부드러움, 자기 통제로 행동하기를 결정할 때 항상 더 효과적일 것이다.

이제 실제 세계에서 어긋난 목표가 어떤 모습인지 함께 살펴보자.

지나친 관심 끌기

사랑 가득한 여러 가정에서 자녀는 가족이라는 우주의 중심이다. 그들의 욕구와 감정은 (종종 어른들의 욕구와 감정을 제물 삼아) 항상 우선하고, 오락과 교육의 기회가 정기적으로 제공된다. 가족 재정의 상당 부분도 아이에게 바쳐진다. 많은 부모가 아이의 어긋난 행동이 관심 끌기에 초점이 맞춰진 경우가 많다는 것을 발견하고는 놀라움을 금치 못하고 경악한다.

"잠깐만요." 이런 부모들은 말한다. "우리는 아이에게 진지하게 헌신해요. 아이에게 엄청나게 많은 주의를 기울이죠. 함께 놀고 책을 읽어주고 기도해주고 원하는 것을 사줘요. 얼마나 더 많은 관심이 필요하나요?" 사실 아이에게 과도한 관심(사랑이라는 이름조차도)을 주는 것도 문제의 일부일 수 있다. 기억하라, 아이들은 소속감을 찾는 방법과 인생에서 '작용하는' 것에 대해 늘 어떤 결정을 내린다. 아이가 주변의 어른에게 전적인 관심을 받을 때만 자신이 소속되어 있는 것이라고 결정한다면, 그 관심에 대한 어떤 방해도 아이에게 그리고 결국 부모에게 문제가 된다(그렇다. 아이는 전혀 관심을 두지 않는 것보다 부정적인 관심이라도 보이는 것을 더 좋아한다)!

아이들은 "여호와의 기업"(시 127:3)이며 부모의 관심을 받을 만한 자격이 있다. 그러나 그들은 성품과 협동심을 기르고 다른 사람의 욕구와 감정을 존중하도록 격려하는 방식 속에서 관심을 받아야 한다. 교묘한 조종에 대해 간단한 규칙이 있다. 그것은 "만약 아이가 당신을 조종한다고 생각된다면 – 당신은 그렇다"라는 것이다. 당신을 짜증 나게 하거나, 귀찮게 하거나, 걱정시키거나, 죄책감을 느끼게 하는 행동을 한다면 아이는 아마도 당신에게서 지나친 관심과 특별한 서비스를 구하고 있는 것일 테며, 진정으로 알아차려지고 연결되어야 한다.

어긋난 목표 차트의 마지막 열은 좀 더 효과적으로 반응하는 방법을 위한 도구와 제안을 제공한다(앞으로 다음 장에서 이 도구를 더 자세히 탐구할 것이다). 우선 아이의 행동 이면의 신념을 인식하는 일은 당신이 아이를 더욱 긍정적인 방향으로 안내하기 위해 친절하고 단호한 반응을 보이도록 도와줄 것이다.

힘의 오용

주님은 그분의 지혜로움으로 우리 인간에게 자유의지라는 선물을 주셨고, 부모에게는 반항적인 젊은이와 정면으로 맞설 때 질문이라는 선물을 주셨다! 좋든 싫든 간에 당신이 진정으로 통제할 수 있는 유일한 사람은 자기 자신뿐이다. 그리고 어떤 부모라도 자기 규제는 정말 어렵다고 말한다. 우리 역시 주변 사람에게 영향을 미치기를 갈망하고 있다는 것을 인정하기보다는 상대방에게 권력욕이 있다고 인식하는 것이 얼마나 쉬운가!

성경은 우리가 자녀를 가르치면서 사용할 수 있는 힘의 오용의 사례로 가득하다. 예를 들어 다윗과 밧세바의 이야기 속에서 성인이 된 다윗이 권력을 이용했던 점을 살펴보라(삼하 11-12장). 선한 사마리아인과 강도에 관한 이야기(눅 10:25-37)를 아이와 공유하라. 야곱과 에서(창 27장)의 이야기, 또는 방탕한 아들과 그의 형(눅 15:11-32)에 관한 이야기를 나누라. 권력욕으로 행동을 몰아갔을 때의 결과를 아이가 이해할 수 있도록 도와줄 것이다.

아이는 선택하고, 자기 삶에 영향을 미치고, 때로는 그릇된 선택의 결과를 경험할 수 있는 개인적인 힘을 요구한다(의심스럽다면 이를 고려하라. 당신은 무력하거나 희생된 느낌을 즐기는가? 아이도 싫을 것이다). 사실 아이에게는 발달단계가 있다. 주된 예가 되는 유아기나 청소년기와 같이 개인의 힘에 대한 갈증은 전형적인 과정의 일부다. 그러나 아이는 어른에게 저항하고 논쟁하며 자기 마음대로 하는 것 말고 또 다른 목적을 위해 상당한 크기인 자신의 힘을 사용하는 법을 배워야 하고, 부모가 이 수업을 어떻게 가르쳐야 하는지는 자녀 양육에서 가장 큰 도전의 하나다.

잠언 16장 32절은 우리에게 "노하기를 더디하는 자는 용사보다 낫고 자기의 마음을 다스리는 자는 성을 빼앗는 자보다 나으니라"라고 말한다. 자신의 성질을 조절하고, 차분하며 효과적으로 갈등을 다루고, 타인의 다른 인식과 감정을 받아들이고, 자기 의견만을 주장하기보다 타협하는 것은 많은 어른이 여전히 배워야 하는 기술이다. 아이가 아직 그것을 숙달하지 못한 것도 놀랄 일이 아니다. 만약 아이의 행동을 "내가 도움을 줄 수 있게 해주세요. 나에게 선택권을 주세요"라고 간청하는 것으로 볼 수 있다면, 화가 난 3살짜리(또는 13살짜리)를 다른 시각으로 볼 수 있을지도 모른다.

규정을 따르도록 요구하기보다("지금 당장 여기에 와서 해!") 아이의 협력을 구하는 것("잠깐 나를 도와줄 수 있니?")이 훨씬 존중하는 방식이고 효과적이다. 목표 차트와 다음 장은 힘의 오용에 대처하는 구체적인 제안과 도구를 제공할 것이다. 지금 바로 아이의 매력적이지 않은 행동뿐 아니라 마음도 살펴보도록 하자.

보복

주님은 복수를 자신의 것으로 주장하실지도 모른다. 그러나 그의 백성이 자기 자신을 위해 조금이나마 원하는 것을 수 세대 동안 멈추게 하지는 않으셨다. 아이들은 상처받았다고 느끼고, 오해하기도 하며, 심지어 사랑받지 못한다고 느끼기도 한다. 그리고 다른 누군가에게 육체적으로나 정서적으로 상처를 줌으로써 무의식적으로 한순간이라도 보복하고 기분이 좋아지려 할지도 모른다. 종종 그 대상은 부모가 된다.

아빠가 엄마를 떠났을 때 마틴은 6살이었다. 그 여파로 마틴은 사랑하는 부모님에 대한 분노, 가족을 회복시킬 수 없다는 무력함, 그리고 말로는 제대로 표현할 수 없는 깊은 슬픔에 몸부림쳤다. 어느 날 오후 엄마가 장난감을 치워달라고 요청하자 마틴은 폭발했다. "엄마가 그렇게 형편없는 아내가 아니었다면 아빠는 떠나지 않았을 거야." 마틴은 화내며 말했고 얼굴에는 눈물이 흘러내렸다. 상처 입고 충격을 받은 엄마는 마틴이 자기 방으로 달려가 문을 쾅 닫는 것을 말없이 지켜보았다.

마틴의 행동은 용납할 수 있을까? 물론 아니다. 그러나 가족이 겪은 변화 탓에 마틴의 세계에서는 소속감과 존재감이 손상되었다. 마틴은 몇 분 후에 돌아왔고 "엄마, 정말 미안해요"라고 말하면서 엄마 품에 안겼다. 마틴의 말은 곱지 않았지만, 엄마는 그것이 아이가 자신의 상처를 다루는 데 이해와 도움을 구하는 탄원이라는 것을 인식할 수 있었다. 그녀는 스스로 보복을 피했고, 그 대신 아들이 자신의 감정을 이해하도록 돕고 가족이 직면한 변화에 대처하는 일에 집중했다.

아이가 보복이라는 어긋난 목표를 세우고 행동할 때, 부모는 그 행동 뒤에 숨어 있는 탄원을 들어야 한다. 이 말은 성경의 말씀에서 직접적으로 온 것인지도 모른다. "주여 나는 외롭고 괴로우니 내게 돌이키사 나에게 은혜를 베푸소서."(시 25:16) 연민, 인도, 희망, 안위하심, 주님이 하시는 것과 같이 반응하는 일은 아이가 다른 행동을 선택할 수 있게 도와준다. 다시 말하지만, 앞으로 다가올 장에서 우리의 상처받은 아이들을 돕기 위한 구체적인 도구를 모색할 것이다.

무기력

'할 수 없다'는 아이, 새로운 것을 시도하지 않겠다는 아이, 실망의 첫 신호에서 낙담의 구름에 빠져 포기하는 아이만큼 부모에게 걱정과 좌절을 주는 일은 없다. 이들은 자전거를 '못' 타고, 수학을 '못' 하며, 운동

부나 학교 오케스트라 참여를 절대 시도하지 않는다. 부모는 달래거나, 너무 많은 일을 하거나, 스스로 절망해 포기하거나("네가 맞을지도 몰라. 너는 자전거를 탈 수 없어") 하는 반응을 보인다

무기력이라는 어긋난 목표를 세우고 행동하는 아이는 자신이 소속될 수 없다고 생각하며, 무엇보다 자신의 가치와 능력에 깊이 낙담하고 있다. 그들이 부모에게 필요로 하는 것은 믿음이다. 아이가 시도조차 하지 않을 것처럼 보일 때, 붙잡고 있기 어려운 믿음 말이다. 그러나 기억하라. "믿음은 바라는 것들의 실상이요 보이지 않는 것들의 증거니."(히 11:1) 깊이 낙담한 아이는 부모가 포기하지 않고, 날마다 믿음을 보여주며, 성공과 자신감을 경험할 수 있게 작은 단계들을 찾도록 돕는 데 달렸다. 주님이 우리를 포기하지 않으신다면, 우리 아이들을 포기할 자가 누구인가?

어긋난 행동 속 어긋난 목표

• 지나친 관심 끌기
• 힘의 오용
• 보복
• 무기력

어긋난 목표 차트 실천하기

어긋난 목표 차트를 이해하려면 시간이 걸릴 수 있다. 어쨌든 그것은 대부분의 부모가 이전에 경험했던 것과 다른 어긋난 행동에 대한 접근법이며, 다른 방식으로 가족생활을 보려 한다. 그러나 그 결과는 노력할 만한 가치가 충분히 있다. 저자 중 한 사람은 몇 년 전 양육 클래스에서 어긋난 목표에 대해 알게 된 부모를 회상한다. 목표 차트의 위력을 정리하려고 할 때 마고는 큰 소리로 자기 생각을 내뱉었다. "내가 항상 해왔던 대로 한다면, 내가 항상 얻은 걸 얻겠죠. 그건 그냥 바보짓이에요! 나는 이제 어긋난 행동을 다르게 이해하게 되었으니, 뭔가 다르게 할 수 있을 거예요. 우리 아이도 다른 선택을 할지 몰라요. 정말 좋은데요!"

아이가 어긋난 목표 가운데 하나를 어떻게 표현할 수 있는지 다시 한 번 살펴보자. 저자 중 하나인 메리 휴스가 쌍둥이 아기를 집에 데리고 왔을 때 보여준 맏딸의 반응을 들려준다. 이 이야기에서 우리는 전형적인 어긋난 행동의 사례로 작용되는 3가지 단서를 보게 된다.

거의 40년 전 에릭과 웬디가 태어났을 때, 에린은 겨우 4살이었다. 엄마와 아빠는 출산 일주일 전에야 비로소 쌍둥이를 낳을 거라는 사실을 알았고, 따라서 에린에게 두 아기의 큰언니가 될 거라는 사실을 알릴 시간이 많지 않았다.

병원에서 아기 둘을 집으로 데려올 거라고 말했을 때 에린은 웃으며 소리쳤다. "두 명의 아기는 가질 수 없어요, 엄마! 재밌네요!" 엄마와 아빠는 둘 다 매우 흥분하고 다소 긴장했다. 가족 중 누구도 쌍둥이를 키워본 경험이 없었다. 그들이 아는 어떤 사람도 이와 관련해 나누어줄 경험이 없었다.

　실제로 아기들을 보자 에린은 이렇게 반응했다. "남자애는 다시 데려가요, 엄마. 개는 너무 시끄럽고 커요. 우리는 여자애를 지킬 수 있어요. 여자애는 정말 예쁘고 작아요." 그때 우리는 웃었고 지금도 웃고 있지만, 에린은 자신의 요구에 정말 심각했다. 한 아기는 잘 다룰 수 있지만 둘은? 말도 안 된다. 엄마와 아빠가 각자 하나씩 맡고 나면, 누가 에린에게 관심을 줄 수 있을까?

　에린은 에릭과 웬디가 바닥의 담요 위에 있을 때 종종 웬디를 혼자 있게 하려고 아기들 사이에 끼곤 했다.

　메리는 계속해서 말했다. "나는 에린의 행동에 짜증이 났어요. 그래서 '남동생, 여동생과 잘 놀 수 있을 때까지' 에린을 자기 방에 보내는 식으로 반응하곤 했죠. 에린은 쌍둥이한테 일방적인 관심을 보내는 부모에게 항상 자신이 화나 있다는 걸 알릴 방법을 찾았어요. 비록 셋은 성인이 되어 가장 친한 친구가 되긴 했지만, 에린이 어린 시절에 자신의 행동으로 내게 일깨워준 여러 방법과 내가 부모의 우주 중심에서 아이를 얼마나 무례하게 몰아냈는지 쉽게 떠올려볼 수 있어요."

행동 이면에 숨겨진 신념

　의심할 여지 없이 메리의 이야기를 읽으면서 그녀를 측은히 여길 부모가 있을 것이다. 에린은 다른 수많은 맏이와 마찬가지로 더는 자신이 부모님 눈에 유일한 사과가 아니고 한쪽으로 밀려났다는 느낌을 받았을 것이다. 에린이 알지 못했던 점은 부모에게는 아이들 하나하나를 위한 자리를 만드는 거대한 마음이 있다는 것과 부모의 사랑은 끊임없이 깊어지며 모든 아이를 품을 수 있다는 것이다.

쌍둥이가 태어났을 때 메리는 아직 긍정 훈육을 접하지 않았고, 에린의 행동 이면에 있는 어긋난 목표를 이해하지 못했다. 만약 이해하고 있었다면, 그녀는 다르게 반응할 수 있었을지도 모른다. 오늘 일어났다고 생각하고 그 장면을 한번 재생해보자.

"잠깐 이리 와봐, 에린." 메리가 딸을 불렀다. "아기들은 잠들었고, 아빠와 엄마는 네게 이야기 하나를 들려주고 싶어." 에린은 맥없이 걸어와서는 부모님 옆에 털썩 주저앉았다. 긴 하루였고, 에린은 방에서 혼자 꽤 오랜 시간을 보내야 했다. 메리는 커피 테이블을 가까이 끌어당겼고, 에린은 그 위에 놓인 양초 여러 개를 호기심 어린 눈으로 보았다.

메리는 키가 큰 파란 양초를 집어 들고 성냥으로 불을 붙였다. "이 촛불 좀 볼래?" 메리가 요청했다. "이 양초는 나야. 그리고 이 불꽃은 내 사랑이란다. 네 아빠를 만났을 때 엄마는 그에게 나의 모든 사랑을 주었지." 메리는 커다란 노란 초를 집어 들고 파란 초의 불로 불을 붙였다. "그런 다음 몇 년이 지나 하나님은 우리에게 에린이라는 어여쁜 아기 소녀를 보내주셨어."

에린은 즐겁게 외쳤다. "그게 나야! 저 초가 내 거야? 나 보라색 좋아해!" 메리가 미소 지으며 말했다. "그래. 그리고 네가 태어났을 때, 우리는 우리의 모든 사랑을 다 너에게 주었어." 메리는 보라색 양초에 자기 초로 불을 붙여 옆 홀더에 꽂았다. "이제 아빠는 내 모든 사랑을 가지고 있고, 너도 내 모든 사랑을 가지고 있고, 또 나에게는 여전히 내 모든 사랑이 남아 있어."

에린은 깜박이는 불꽃에 매료된 듯 촛불이 춤추는 것을 지켜보았다.

메리는 계속 말했다. "그다음에 무슨 일이 일어난 것 같니? 하나님은 우리가 너를 얼마나 사랑하는지 알고 계셨어. 그래서 우리에게 아이 둘을 더 보내셨지, 웬디와 에릭." 그러고는 생일 양초 두 개를 꺼냈다. 하나는 핑크색이고 다른 하나는 파란색이었다. "이제 아빠는 내 모든 사랑을, 너는 내 모든 사랑을, 쌍둥이는 내 모든 사랑을 가지고 있고 나에게는 여전히 내 사랑이 남아 있어. 왜냐하면 그게 사랑의 방식이기 때문이야. 아무리 많이 주어도 나눠줄 수 있는 게 여전히 많이 남아 있는 거지. 우리 집안에 얼마나 많은 밝은 사랑이 있는지 볼래?"

에린은 잠깐 말이 없었다. 그러고는 요청했다. "내가 내 걸로 쌍둥이 양초의 불을 밝혀도 돼요? 내 사랑을 나누고 싶어요."

만약 메리가 지금 알고 있는 것을 그때 알았더라면, 에린은 부모의 사랑과 관심의 몫을 얻으려고 어긋난 행동을 할 필요가 없음을 훨씬 더 일찍 그리고 더 쉽게 배웠을 것이다.

어긋난 행동의 어긋난 목표를 이해한다고 해서 가족의 잘못된 행동을 없앨 수는 없다. 우리 모두에게는 여전히 좌절과 분노, 후회의 순간이 있을 것이다. 하지만 어긋난 목표를 이해하는 것은 당신이 부모로서 온 힘을 다하고 성령의 열매로 반응할 수 있도록 도울 테고, 우리가 바라는 바와 같이 아이가 경건하고 능력 있고 자신감 있는 젊은 어른이 되도록 도울 수 있다.

제8장

당신의 양육 상자에는 무엇이 들었는가?

–

베티와 짐은 야간 산책을 하러 언덕을 오르기 시작했다. 베티가 한숨을 내쉬며 말했다. "여보, 나 너무 실망스러워. 존에게 소리 지르고 잔소리하는 걸 멈출 수 없는 것 같아. 내가 소리 지르건 말건 존은 내 말을 들었는데, 이제는 머리를 숙이면서 말하더라고. '또 시작이군, 엄마. 나한테 소리 지르는 거 정말 싫어.' 겨우 8살인 애가 그렇게 말하니까 화가 너무 났어. 나는 다시 온몸으로 소리를 지르기 시작했지. 난 그 애에게 말한 것들을 관철하지 못했어. 존이 집안일을 도우려 하지 않을 때 난 뭘 해야 할지, 무슨 말을 해야 할지 모르겠어. 그리고 그 애는 항상 누나를 괴롭혀. 난 TV 시청권을 빼앗으려 했고, 지난주에는 자기 방을 청소하지 않아서 유소년단 캠프에 갈 수 없다고 했어. 하지만 아무것도 바뀌고 있는 것처럼 보이지 않아. '미운 늙은 엄마'가 되어가는 게 지치지만 어떻게 멈춰야 할지 모르겠어."

짐은 아내의 어깨를 팔로 감싸 안으며 안심시켰다. "무슨 말인지 알았어, 베티. 예전엔 우리가 존에게 도움을 요청할 수 있었는데, 이제는 그 애에게 몇 번이나 얘기해도 듣지 않아. 내가 언성을 높이자 존은 이렇게 말했어. '체육관 관장님 말처럼 들려요. 그냥 평범한 목소리로 말해주면 안 돼요?' 우리는 그 애에 대한 통제력이 크지 않아." 짐은 씁쓸하게 웃으며 말을 이었다. "그 문제에 관해 우리도 우리 자신에 대한 통제력이 별로 없는 것 같아. 어제 교회에서 조지와 이야기했는데, 그는 아들에게 소리를 거의 지르지 않는다더군. 그들은 집에서 집안일이나 가족 스케줄, 심지어 가족 오락 시간을 계획하려고 가족회의를 연대. 어쩌면 우리도 부모로서 좀 더 배워야 할지도 몰라. 두 주 전에 교회에서 시작한 양육교실에 가보면 어떨까? 우리가 계속 이렇게 나쁜 부모가 될 수는 없으니까. 단지 우리는 새로운 아이디어와 기술이 필요하다고 생각해."

정보와 아이디어는 좋은 것이다. 그러나 자녀의 발달단계 및 단계에 대한 이해와 자녀의 어긋난 신념을 이해하는 데 도움이 되는 새로운 어긋난 목표 차트로 무장하고 있을지라도 우리는 여전히 어긋난 행동 자체를 다루어야 한다.

많은 부모처럼 베티와 짐 역시 처벌, 잔소리, 고함 등이 아이의 행동을 이끌어주는 효과적인 방법이 아니라는 것을 깨달았다. 하지만 매우 중요한 질문이 남아 있다. 부모는 무엇을 해야 하는가? 사회는 부모에게 어긋난 행동을 한 아이가 자기 행동에 '대가를 지불'해야 한다고 말한다. 선한 의도를 가진 부모는 종종 '지혜'라는 잘못된 단어를 따르며, 도움이 되는 훈육 도구도 없이 처벌과 보상 사이 어딘가에 자신이 맹목적으로 고정되어 있음을 발견한다.

우리는 이전 장들과 앞의 사례에서 처벌이나 보상이 크리스천과 유능한 젊은이를 길러내기 위해 필요한 삶의 기술을 가르치는 데 장기적으로 '효과적이지' 않음을 보았다. 극도로 엄격하다가 지나치게 친절하게 대하는 극과 극을 오가는 훈육은 결코 도움이 되지 않는다는 것도 말이다. 어긋난 행동을 하는 아이가 실은 낙담한 아이라는 사실을 아는 것은 사고에 급격한 변화를 불러온다. 부모는 '내가 아이를 어떻게 구할 수 있을까?'라는 태도에서 '어떻게 하면 내가 관심이 있다는 것을 아이에게 알게 할까? 그리고 아이가 자신의 행동에 대해 더 나은 선택을 하도록 어떻게 도울 수 있을까?'로 옮겨가야 한다.

부모에게는 '잘못된 행동을 하는 아이를 멈추게' 하는 낙담의 도구보다 '더 나은 행동을 하도록 아이를 돕는' 격려의 도구가 필요하다. 용기(encourage)를 북돋우는 도구는 아이에게 심장(마음)을 준다(coeur는 '심장[또는 마음]'이라는 뜻의 프랑스어로, 격려[encouragement]의 어원이다). 용기를 꺾는 도구는 아이의 심장(마음)을 바로 찢어버린다. 의의 길에서 벗어난 신자들을 대신해 예레미야가 한 말을 들어보라. "여호와여 나를 징계하옵시되 너그러이 하시고 진노로 하지 마옵소서 주께서 내가 없어지게 하실까 두려워하나이다."(렘 10:24)

진정한 훈육은 영혼을 깨뜨리지 않고 마음을 사로잡는다. 진정한 훈육은 정의와 연민이 작용한다. 우리가 죄를 지었을 때 하나님 우리 아버지께서 우리에게 한없는 은혜를 베푸시는데, 우리는 우리 자녀에게 더 많은 은혜를 베풀 수 있어야 하지 않을까? 처벌과 수치심을 주는 '법의 문자'로 아이를 기를 것인가, 아니면 인생에서 좋은 선택을 내리는 데 필요한 소속감과 격려와 가이드를 제공하는 '은혜'로 아이를 기를 것인가? 바울이 로마서에 기록한 바와 같이 "너희가 법 아래에 있지 아니하고 은혜 아래에 있음이라."(롬 6:14)

긍정 훈육 도구는 부모와 자녀 사이에 존중하는 관계를 발전시키고, 처벌이나 보상에 의존하지 않고 아이가 자신의 행동에 책임을 지게 한다. 또한 한 극단에서 다른 극단으로 급진적으로 흔들리지 않고 친절함과 단호함의 연속체 위에서 가족이 균형을 유지하도록 한다. 긍정 훈육 도구와 하나님의 말씀이 당신을 도울 것이다.

- 충직한 젊은이로 성장하게 한다.
- 성경적 진리의 내면화를 증가하게 한다.
- 가족 구성원 사이에 존중 어린 관계를 구성한다.
- 단지 생존하는 게 아니라 아이가 풍성하게 살아가는 것을 돕는 기술을 가르친다.
- 부모와 자녀가 실수에서 배우도록 격려한다.
- 부모가 권위주의자가 되는 것이 아니라 권위를 유지할 수 있도록 돕는다.

긍정 훈육 도구를 살펴보기 전에 크리스천 가정의 각별한 도구 3가지를 먼저 살펴볼 것이다. 그리고 나서 자녀의 어긋난 목표가 무엇이든 간에 성공을 경험할 수 있도록 도와주는 6가지 긍정 훈육 도구를 살펴볼 것이다. 이 장의 나머지 부분에서는 부모가 4가지 어긋난 목표 각각에 사용할 수 있는 사전 예방적 도구, 즉 베티와 짐(그리고 아마도 당신)이 소리 지르고 처벌하는 것을 넘어 존중과 협력 그리고 가족의 화합을 도모하는 데 도움이 될 수 있는 도구에 초점을 맞출 것이다.

크리스천 가정을 위한 3가지 훈육 도구

크리스천의 3가지 실천은 크리스천 부모에게 특히 효과적인 도구다. 이는 바로 말씀과 기도, 믿음 성장의 기회다. 리처드 J. 포스터의 기념비적 저서인 『영적 훈련과 성장』에서는 영적으로 훈련된 삶을 사는 것이 우리가 바라는 모습의 부모가 되도록 힘을 실어줄 성령과 어떻게 지속적으로 연결될 수 있는지를 설명한다. 포스터는 첫 장에서 자유롭고 변혁적인 선택으로서의 훈육에 관해 말한다. 그는 "하나님께서는 영적인 삶의 훈육이란 우리가 그분이 축복할 수 있는 곳에 거하는 것이라고 명하셨다"라면서 부모로서 영적으로 훈련된 삶으로 인도받기 위한 자신의 논증을 요약했다.

부모가 영적으로 훈련받은 삶을 살 때 그 가정은 축복받은 것이고 하나님의 은혜가 가정의 각 구성원에게 작용된다. 말씀과 기도, 믿음 성장의 기회는 가정을 강해지게 하고 부모가 자신의 신앙과 긍정 훈육의 원리를 실천할 수 있게 해준다.

말씀

성경 말씀은 일상생활에 관한 이야기와 은유로 가르치시는 하나님의 음성이다. 성경을 하나님이 보내신 살아 있는 편지로 사용하는 것은 크리스천 부모의 특권이다. 하나님은 성경을 사용해 우리를 비난하고 부끄럽게 하기보다는 부모와 자녀가 모두 성경에서 지혜와 위로와 소망과 힘을 얻게 하고자 하신다.

구약성경은 경건한 남녀 그리고 심지어 한두 아이의 용기 있는 행동에 대한 수많은 이야기를 담고 있다. 다윗과 골리앗에 관한 이야기를 들어보자. 전 세계의 교회들에서 이 이야기는 하나님의 힘과 권능을 의지할 때 신실한 사람이 얼마나 위대한 일을 할 수 있는지 보여주기 위해 가장 자주 사용된다. 다윗이 단지 소년이라는 사실만으로 만들어지는 경우는 드물다. 사실 사울 왕은 골리앗과 싸우려는 다윗의 열의를 꾸짖었다. "네가 가서 저 블레셋 사람과 싸울 수 없으리니 너는 소년이요 그는 어려서부터 용사임이니라."(삼상 17:33)

이 이야기는 모든 세속적인 역경을 무릅쓰고 하나님과 그분의 방식에 대한 친밀한 지식을 지니고 있었던 작은 소년의 신뢰와 믿음의 단면을 다룬다. 이는 여러 이유로 아이들에게 매우 안심이 되는 이야기다. 하나님을 의지하는 것이 세속적이거나 육체적인 위상의 의미를 왜소해지게 할 수 있음을 분명하게 보여준다. 오늘날 세상에서 수많은 골리앗을 마주할 때 하나님의 힘과 지혜를 구하는 부모를 위한 지혜를 담고 있다.

이 이야기에서 하나님은 자기 인생에서 거인과 직면할 수 있도록 한 아이를 준비시키셨다. 많은 어른의 놀라움에도 아랑곳없이 하나님은 아이들을 사용하신다. 그들이 순종하지 않을 때조차도 인생에서 정말로 중요한 것에 관해 우리에게 교훈을 가르쳐주시려고 말이다. 다윗과 골리앗의 이야기에서 다윗은 개울에서 돌 5개를 선택해 주머니에 넣었다. 골리앗을 죽일 때가 되자, 다윗은 오직 하나의 작은 돌을 선택했고 그것이 거인을 멸망시켰다. 크리스천 양육 교사인 팀 키멀은 부모가 용기를 내서 육아에 방해가 되는 일상적인 장해물을 극복하는 데 도움이 되는 5개의 부드러운 돌을 모으는 사람이 되자고 제안한다. 키멀은 용기 있는 부모가 되려면 진실, 휴식, 조용함, 기도, 웃음이 필요하다고 믿고 이를 제안했다.

다윗의 신을 신고, 생명수(예수님)로부터 부드러운 돌을 모으는 자기 자신을 그려보라. 이 돌에는 당신의 자녀에게서 기르고 싶은 자질이 새겨져 있다. 아마도 당신의 돌들은 용기, 책임, 신뢰성, 성공, 성실, 충직함, 사랑, 기쁨, 평화, 희망 등을 말하고 있을 것이다. 돌에 새겨 넣는 각각의 자질은 자녀의 성품 가운데 당신이 격려하기를 희망하는 것이다. 당신과 당신 자녀가 그 자질을 키우는 데 도움이 되는, 적어도 하나 이상의 동반자가 되는 말씀을 찾아볼 수 있다. 자녀를 가르치기 위해 교회의 교훈을 따라 이 말씀들을 사용해보자. 성경 전체에서 참으로 아름다운 또 다른 이야기들을 발견해보자. 각각의 아이를 위해 상상의 돌 주머니를 만들고, 성경의 가르침의 선물로 그것을 가득 채워가자.

기도

크리스천 가정에서 기도는 끊임없는 동반자가 될 수 있고 또한 되어야 한다. 그러나 "이제 저는 잠들려고 해요" 또는 "이 음식을 먹는 데 축복해주세요" 같은 의무적인 기도 이상의 것이어야 한다. 기도는 하나님과의 의사소통을 위한 중요한 도구이자 순간순간 진정한 힘의 원천이다. 기도는 가족 전체를 위한 주춧돌이 될 수 있다.

크리스천 가정은 우리 각자가 이해할 수 있는 이유로 기도가 부족할지도 모른다. "어쨌든 아이들이 너무 어려서 기도하는 방법을 이해하지 못해요." "성경을 읽는 법을 배울 때쯤 기도에 대해 가르칠 수 있겠죠." "주일학교에서 기도하는 법을 배울 거예요." 심지어는 "기도할 시간이 없어요. 우리는 모든 것을 계속하게 하느라 너무 바빠요"라고 말할 수도 있다. 아이는 종종 부모만큼이나 많은 활동을 하고, 정신없이 바쁜 걸음은 성장하면서 더 빨라지는 것 같다. 몇몇 부모는 심지어 아이가 가족 기도를 '멋지지' 않다고 생각할까 봐 두려워하기도 한다.

누군가는 "기도 없는 날은 빛(Son-shine)이 없는 날이다"라고 말했다. 양육의 단계단계에서 기도는 아이와 함께 삶의 일상적인 위기를 극복하는 데 빠져서는 안 되는 부분이다. 전도서 3장 1절에서는 "범사에 기한이 있고 천하만사가 다 때가 있나니"라고 말한다. 기도는 하나님의 말씀을 듣기 위해, 또한 부모로서 우리가 필사적으로 요구하는 도움을 하나님께 구하기 위해 필수적이다. 기도는 당신의 영적 성장에 중요하며, 아이는 당신의 모범을 통해 배울 것이다. 기도는 모든 가족회의의 일부가 될 수 있고, 매일 안심하며 마감하는 시간이 될 수 있다. 가족의 저녁 식사 자리나 가족회의 안건 게시판에 기도 요청을 할 수 있다. 아이가 기도함으로써 가족을 인도하는 법을 배우게 하라. 아이의 말을 고치지 말고 아이의 영혼을 귀하게 여기라. 그렇게 함으로써 당신은 아이를 하나님께로 더 가까이 가게 할 것이다.

아이와 함께 기도할 때 부모가 지혜를 사용해야 하는 경우가 있다. 잘 알려진 여러 크리스천 양육 연구 자료에서는 부모가 자녀와 함께 그들의 행동 그리고 어긋난 행동에 대해 기도하도록 격려한다. 이것은 배우고 성장할 좋은 기회가 될 수 있지만, 부모는 아이가 무엇을 배우고 결정하는지 세심한 주의를 기울여야 한다. 다음을 고려하라.

- 체벌하기 전에(또는 후에) 아이와 함께 기도해야 하는가?

  우리는 체벌을 옹호하지 않는다. 그래서 이런 기회가 결코 생기지 않기를 바란다. 우리는 "하나님이 나를 사랑하신다면서 내 부모님이 나를 해치는 걸 어떻게 원하실 수 있죠?"라고 의아해하는 아이와 이야기를 나눈 적이 있다. 훈육은 가르치려는 것이 목적임을 기억하자. 아이가 배워야 할 태도와 행동은 아무리 기도가 선행한다 할지라도 체벌보다는 친절하고 단호한 행동으로 훨씬 더 효과적으로 전달할 수 있다.

- 아이가 잘못을 저질렀을 때 용서를 구하는 기도를 하게 해야 하는가?

  용서를 구하는 것은 죄책감을 덜어주고 신뢰와 사랑의 유대를 회복시키는 치유의 행동이 될 수 있다. 그러나 그것은 또한 부모가 (하나님 아버지의 본을 보임으로써) 자녀의 강점과 올바른 선택을 알아봐 줄 때 아이가 자신의 행동에 대한 책임을 수용하게 돕고, 다시 시도하도록 격려할 수 있다. 예를 들어, 부모는 아이와 함께 기도할 수 있다. "아버지, 저는 지갑에서 1달러를 훔쳤다는 것을 자백한 로비의 정직함에 감사합니다. 더 나은 선택을 하고, 서로에게 경청하며, 항상 정직하게 행동할 수 있는 우리 모두가 되도록 도와주세요." 아이는 당신의 용서뿐 아니라 하나님의 용서도 필요하다.

• 아이에게 화를 냈다면 용서를 구하는 기도를 해야 하는가?

늘 강조했듯, 당신이 자녀에게 기대하는 것과 같이 당신 자신의 실수에서 확실하게 배우라. 뉘우침과 용서는 변화하고픈 욕구를 암시한다. 만약 같은 죄에 대해 계속해서 용서를 구하는 자신을 발견했다면, 그 특별한 문제가 계속 발생하는 이유를 찾아내고 그것을 방지하려는 조치를 취해야 할 때다. 좋든 그렇지 않든, 변화는 먼저 부모에게서 시작한다. 부모도 하나님께서 그들을 용서해주시는 것처럼 기꺼이 자녀를 용서해야 한다. "누가 누구에게 불만이 있거든 서로 용납하여 피차 용서하되 주께서 너희를 용서하신 것같이 너희도 그리하고."(골 3:13)

• 아이가 '바른 태도를 지니도록' 하기 위해 성경 말씀을 인용해야 하는가?

삶의 많은 것과 마찬가지로 태도는 모든 것이다. 만약 당신이 자녀에게 강요하거나 비난과 수치심을 쌓게 하는 무기로 성경 말씀을 사용한다면 복수와 낙담, 하나님에 대한 환멸 말고 다른 것으로 행동 변화를 일으킬 수 있을 것 같지 않다. 말씀을 인용(또는 암송)하고 아이의 용기를 북돋기 위해 부모가 함께 기도하고 이해해주는 것은 도움이 된다. 하지만 말씀을 오용해 잘못한 자식을 죄책감에 사로잡히게 하는 것은 그렇지 않다.

• 아이를 바로잡는 첫 시간에 아이가 나에게 순종할 것을 기대해야

하는가?

어른과 아이 모두 실수와 잘못된 선택에서 배워야 할 책임이 있다. 하지만 우리 가운데 결코 같은 실수를 다시 하지 않을 것이라고 약속할 수 있는 사람은 거의 없다. 반복과 인내는 효과적인 양육의 필수적인 부분이며, 특히 자녀가 어릴 때는 더욱 그렇다. 즉각적인 순종과 '오직 한 번 만에' 행동을 기대하는 것은 협력적이고 책임감 있는 아이에게조차 비현실적이며, 두 사람 모두를 좌절하게 할 뿐이다. 자녀의 순종을 위해 기도하기보다 부모 자신의 인내심을 위해 기도하는 게 아마도 훨씬 현명한 일일 것이다.

믿음 성장의 기회

나이와 상관없이 크리스천 가정에서 자라는 아이는 개인적이고 능동적이며 생명력 있는 신앙을 키워갈 기회가 필요하다. 야고보서 2장 17절에는 믿음과 일상의 관계에 대한 설명이 나와 있다. "이와 같이 행함이 없는 믿음은 그 자체가 죽은 것이라."

5살인 첼시는 옆집에서 움직이는 밴을 보고 엄마에게 달려갔다. "새로운 사람들을 위해 쿠키를 좀 굽고 싶어, 알았지 엄마? 엄마가 나 도와줘도 돼." 첼시는 자기네 교회가 방문객과 쿠키를 나눈다는 것을 알고 있었다. 이런 식으로 새로 온 사람에게는 동료애를 느낄 기회가 주어지고 구성원은 심지어 어린 사람일지라도 봉사의 기회가 주어진다. 이것은 진정한 신앙이 발전하는 방법이며, 자부심뿐 아니라 알프레트 아들러가 '사회적 관심'이라고 부른, 타인에게 공헌하고자 하는 열망과 자질도 발전시킨다.

이러한 일상적인 기회를 활용해 아이를 가르칠 때 부모는 실제로 잘 못된 행동을 예방할 수 있는 소속감과 유대감을 키워주는 것이다. 때때로 어른들은 무슨 행동과 말을 하는지 아이들이 지켜보고 있는 소소하고 평범한 일상의 순간을 알아차리지 못한다. 매일 이런 관찰이 일어난다. 그런데도 우리 자신의 '행동이 말보다 더 크게 말한다'는 것이 여전히 우리를 놀라게 한다. 첼시는 엄마의 기부 정신을 목격했고, 이는 엄마와 같이 '주는 사람'과 '환대하는 사람'이 되도록 아이를 격려했다.

믿음을 키우는 배움의 기회에 자기 자녀를 연결할 방법을 찾는 크리스천 부모에게는 또 다른 길이 많다. 아마도 당신은 노숙자 아이들이 차가운 콘크리트 위에서 자고 있는 모습을 저녁 TV 뉴스에서 보고 그들을 따뜻하게 해주려고 부모에게 자신의 베개와 담요를 가져가자고 설득했던 아이에 대한 이야기를 읽은 적이 있을 것이다. 자녀의 신앙의 목소리에 충분히 귀 기울여주는 부모가 없이 자녀가 다른 사람에게 사역할 수는 없다.

정기적으로 함께 교회에 다니는 신앙 가정에는 몇 가지 중요한 혜택이 있다. 아이는 가르치고, 롤 모델링 해주고, 또 멘토링 해줄 중요한 어른(부모 이외의 사람)과 관련을 맺을 수 있다. 이것은 아이가 10대로 성장해갈 때 매우 중요할 수 있다. 사실 우리가 이미 배운 바와 같이, 최근의 연구를 보면 정기적으로 교회에 다니는 10대 청소년은 그러지 않는 10대보다 자존감이 더 크고, 해로운 행동의 위험성이 덜하다는 것을 알 수 있다. 자신의 가족 이외에 믿을 수 있는 어른을 둔다면 때때로 성인기로의 전환이 어려울 때 아이를 도울 수 있다. 새로운 지역으로 이사한 직후

교회 공동체가 적극적인 역할을 해주는 것도 가족이 의식적으로 신실한 삶의 흐름을 재형성하도록 도와준다. 미네소타주 미니애폴리스의 한 연구기관은 건강한 청소년을 위해 필요한 자산 40개 가운데 하나로 매주 한 시간 이상 신앙 공동체의 일원이 되는 것을 목록에 언급하고 있다(연구기관의 40가지 발달상의 자산에 대한 자세한 온라인 정보는 www.searchinstitute.org를 참고하라).

긍정 훈육의 강점 가운데 하나는 연결, 기여, 협력의 기회를 만들어냄으로써 어긋난 행동을 예방하는 데 집중한다는 것이다. 부모가 자녀의 신앙이 발전하고 있는 몇 년 동안 실생활의 기회를 제공한다면, 그들의 잘못된 행동에 대한 강력한 보호 울타리를 짓고, 타인에 대한 사랑과 봉사 속에서 그들의 기독교 신앙을 실천하기 위한 강력한 동기를 세우게 된다.

6가지 긍정 훈육 도구

각 부모가 자신의 도구 상자에 포함할 수 있는 긍정 훈육 도구 6가지는 소속감과 연결된 느낌 그리고 개인적 책임의 발달을 키우는 데 도움이 될 것이다.

이는 다음과 같다.

1. 호기심 질문
2. 제한된 선택

3. 루틴(일과)

4. 결과와 해결책

5. 긍정적 타임아웃

6. 관철하기(follow through)

1. 호기심 질문

당신은 때때로 자녀가 잘못했을 때 잔소리하거나 도덕적으로 훈계하고 싶은 유혹을 피하기 어렵다고 생각하는가? 자녀의 설명을 진심으로 들어줄 수 있는가? 당신은 이런 흔한 집안 속 말다툼을 알고 있는가?

부모: "너 왜 그랬니?"

아이: "몰라요!"

부모는 때때로 아이가 무엇을 생각하고, 느끼고, 해야 하는지 물어보는 대신 아이에게 무엇을 생각하고, 느끼고, 해야 하는지를 말해준다. 두 접근 방식 중 하나는 저항감과 방어력을 만들어내고, 다른 하나는 아이가 자신의 내부 과정을 인식하고 해결책을 찾아 훌륭한 판단과 지혜로 시작하는 데 참여하도록 초대한다. 예수님조차도 다른 사람에게 무엇을 해야 하는지 '말하고' 다니지 않으셨다. 그는 청중이 스스로 결론을 이끌어내도록 초대하며 비유로 가르치셨다(마 13:13).

'호기심 질문'은 부모가 아직 답을 알지 못할 때와 듣는 일에 순수하게 흥미로워할 때(아이는 항상 그 차이를 안다) 묻는 것이다. 이 질문은 그릇된 행동을 한 사람을 모욕하거나, 수치스럽게 하거나, 낙담시키지 않는다. 호기심 질문은 그 상황을 함께 검토함으로써 배우기 위해 쓰인다. 이것은 다음번에는 사람이 무엇을 다르게 할 수 있는지 단서를 준다.

예수님은 종종 우리에게 호기심 질문을 사용하는 모범을 보이셨다. 누가복음의 이야기를 예로 들어보자.

> 어떤 율법교사가 일어나 예수를 시험하여 이르되 선생님 내가 무엇을 하여야 영생을 얻으리이까 예수께서 이르시되 율법에 무엇이라 기록되었으며 네가 어떻게 읽느냐 대답하여 이르되 네 마음을 다하며 목숨을 다하며 힘을 다하며 뜻을 다하여 주 너의 하나님을 사랑하고 또한 네 이웃을 네 자신같이 사랑하라 하였나이다 예수께서 이르시되 네 대답이 옳도다 이를 행하라 그러면 살리라 하시니.(눅 10:25-28)

'무엇이, 누가, 어디서, 언제, 어떻게'가 호기심 질문이다. 목록에 '왜'가 없다는 것을 알아차렸을지 모르겠다. 물론 이유가 있다. '왜'는 상대에게 방어적인 태도를 취하게 하고 호기심으로 묻는 것보다 심문하는 것처럼 들릴 수 있다. "너는 왜 그게 좋은 선택이라고 생각했어?"와 같이 진심 어린 관심을 가지고 질문하지 않았다면 말이다. 추가적인 호기심 질문은 다음과 같이 들린다. "무슨 일이 생긴 거니? 이것에 대해 어떻게 느끼니? 다음번에는 네가 어떻게 다르게 해볼 수 있을까? 내가 어떻게 도와줄 수 있을까? 너는 언제 처음으로 실수를 저질렀다는 걸 깨달았니?" 이 질문들 각각은 열려 있고 아이가 무엇을 해야 하는지 결정하도록 돕기 위해 고안되었다.

결국 상황에 대해 누가 가장 잘 알까? 당신이 능숙한 독심술사가 아니라면, 자기감정과 행동을 가장 잘 아는 전문가는 아이 자신이다. 마지막으로 아이에게 "너 왜 그랬니?"라고 물었을 때를 상상해보라. 호기심 질문은 아이의 마음과 정신, 영혼을 들여다보는 당신만의 방식인 '작은 망원경'이 된다. 다음에 당신이 '왜?'를 생각할 때, 호기심 질문을 사용함으로써 어떤 실수나 잘못된 행동에서 당신과 아이가 함께 가치 있는 배움의 상황을 만들 수 있다는 것을 기억하라.

실수는 때로 '죄'로 여겨지기도 하지만, 호기심 질문을 사용하면 더 자주 가치 있는 배움의 기회로 만들 수 있다. 우리는 3학년 교사의 질문에 대한 제인 넬슨의 답에서 좋은 사례를 찾을 수 있다. 이 교사는 '카드 뒤집기'가 다음에 더 나은 선택을 하도록 학생을 도울 것이라고 확신하지 못했다(잘못된 행동에 대해 그녀가 정한 학교 규율 체계의 결과는 학생이 치를 벌칙의 일종인 카드를 뒤집는 것이다).

3학년 교사는 다음과 같이 말하기 시작했다.

"3학년 학생들의 도움으로 내가 시도하는 방식이 효과가 있을지 궁금했어요. 오늘 시험 삼아 한 학생에게 내 앞에서 누군가를 홍보하도록 했어요. 나는 학생에게 '카드 뒤집기'를 시키는 대신 자신의 행동에 대해 물었고, 다음번에 받아들일 수 있는 몇 가지 해결책을 물어보고 보냈어요. 비록 카드 뒤집기가 효과가 없다는 걸 완전히 깨달았지만, 내가 내려놓기 두려운 건 이 질문 방식이 항상 해왔던 것과 반대되기 때문이에요."

제인 넬슨의 대답은 이러했다.

더 존중할 만한 가능성을 볼 수 있을 만큼 열려 있는 자신을 크게 한 번 쓰다듬어 줄 필요가 있어요. 자신의 지혜 속에서 당신은 우리가 호기심 질문이라고 부르는 긍정 훈육 도구를 사용했어요. 당신은 학생이 자신의 행동을 탐색하는 것을 도왔고(그 행동에 대해 잔소리하는 대신) 해결책을 찾으려고 자신의 사고와 문제 해결 기술을 사용하도록 요청했어요(무엇을 해야 할지 말하는 것 대신). 당신이 그 학생을 과정에 참여시켰고 존엄과 존중을 가지고 대했기 때문에 이것이 더 효과적일 수밖에 없어요. 이 얼마나 대단한 동기부여인가요!

호기심 질문은 아이들이 사고 능력을 발휘할 수 있도록 돕고, 그들에게 수용할 수 있는 방식으로 힘을 부여하는 선택권을 주는 한 가지 방법일 뿐이다.

2. 제한된 선택

하나님은 선택할 수 있는 능력인 자유의지로 우리를 축복하셨다. 성경은 하나님께서 우리와 함께하기를 원하시는 관계, 우리가 하나님을 선택하는 관계를 잘 묘사하고 있다. 이를 직시해보자. 살아 있는 모든 인간은 선택을 원한다. 부모는 때로 '말하거나 요구하는' 습관에 빠져 '명령에 의존'하게 된다. 부모는 아이에게 동기부여 할 의도로 위협이나 뇌물을 써보지만 오랫동안 효과가 있는 경우는 드물다. "애야, 지금 옷 입지 않으면 너는 축구 연습 못 간다."(협박) "지금 바로 장난감을 정리해. 10분 안에 다 하면 댄스 레슨 가는 길에 아이스크림 사줄게."(뇌물)

'~한다면(if)'으로 시작하는 말 뒤에는 그와 상응하는 '그러면(then)~'이라는 구절이 있다. 좀 더 효과적인 접근은 '~할 때(when)' 또는 '~하자마자(as soon as)'로 시작해 '그러면~'으로 이어지는 것이다. 이는 협박-뇌물의 연속체를 벗어난 지시가 된다. "네가 학용품을 치울 때, 그러면 우리는 축구 연습을 하러 갈 수 있어." "네가 학용품을 치우자마자 우리는 축구 연습을 하러 갈 수 있어." 아이는 학용품을 치우지 않기를 선택할 수도 있고, 축구 연습에 가지 않기를 선택할 수도 있다. 이 방법이 효과가 있으려면 어느 쪽이든 괜찮아야 한다. 다시 말해, 당신이 이렇게 제안할 의도가 없다면 아이에게 선택권이 있다는 것을 암시하지 마라. 우리는 정보화 시대에 살고 있다. 이 모든 것을 구분하는 일은 대단한 기술과 분별력이 필요하다. 우리는 이 기술을 배우든지, 아니면 선택이라는 바다에서 소멸되든지 할 것이다. 아이에게 선택할 수 있도록 하면 적절한 개인적인 힘의 감각을 갖추게 되고, (이따금 발끈 성질내면서) "당신이 내 보스는 아니잖아요!"라고 주장하는 것을 막을 수 있다. 예를 들어, 어린아이조차도 두 가지 항목 중 하나를 선택할 때 무엇을 입을지 고를 수 있다.

자녀에게 제공하는 선택 사항이 모두 당신이 해나갈 수 있는 것인지 확인하라. "지금 자고 싶니?"에는 선택의 여지가 없다. 그 대신 "지금 자러 가겠니, 아니면 5분 뒤에 자러 가겠니? 네가 결정해"라고 요청할 수 있다. "네가 결정해"라고 덧붙이는 것에는 매우 강력한 무언가가 있다. 당신이 아이라면 어떤 기분이 들까?

만약 취침 시간에 대한 선택권이 없다면 "잠잘 시간이야"라고 말할 수 있고, 아이를 친절하고 단호하게 방으로 안내할 수 있다. 그러나 아이는 어떤 잠옷을 선택할지, 이를 먼저 닦을지 아니면 이야기를 먼저 읽을지, 침대에 어떤 봉제 동물을 재울지, 전등을 켤지 끌지 등을 선택할 수 있다.

'둘 중 하나'라는 표현이 진정한 선택이 아닐 수도 있다. "지금 저녁 먹으러 들어오거나, 아니면 타임아웃 하게 될 거야"라고 말한다면 그것은 선택이 아니다. 아이에게는 적어도 긍정적인 두 가지 선택지가 주어져야 한다. "장난감을 지금 치울 수도 있고, 저녁 식사 후에 치울 수도 있어"와 같이 두 가지 옵션 중 어느 것이든 받아들일 수 있게 주어져야 한다. 그러지 않으면 이런 식으로 말해볼 수도 있다. "블록을 먼저 치울 수도 있고, 또는 자동차를 먼저 정리할 수도 있어. 어느 쪽을 선택할래?"

똑똑한 부모는 아이를 기르는 초기 단계부터 선택권을 주기 시작한다. 이것은 잘못된 결정이 만들어내는 심각한 결과가 없는 상황에서 아이에게 선택을 연습해볼 기회를 준다. 부모가 몹시 두려워하는 큰 문제에 대해 현명한 결정을 내릴 능력('내 남자친구와 잠자리를 해야 할까?' '모두 맥주를 마시고 있어. 나도 마셔야 할까?')은 아이의 일생에 걸쳐 만들어진다. 그것은 16살의 나이에 마법처럼 생겨나는 자질이 아니다. 미래에 건전한 결정을 내릴 수 있는 어른을 키우는 게 당신의 목표라면 오늘 선택할 기회를 주는 것부터 시작하자.

3. 루틴(일과)

잠자는 시간, 식사, 숙제, 집안일 등의 단어는 루틴의 필요성을 염두에 두고 있다. 아침에 일어날 때부터 잠자리에 들 때까지 인간은 습관의 창조물이며, 습관은 좋은(또는 나쁜) 루틴의 결과다. 어린아이는 특히 루틴 속에서 잘 자란다. 그리고 부모가 의미 있는 루틴을 디자인할 수 있도록 매우 창의적이다. 그렇다고 돌에 새기듯 설정할 필요는 없고 다만 루틴은 도움이 될 수 있도록 유연하면서도 견고해야 한다.

6살인 마크는 아침에 옷을 입기 전에(입고 나서가 아니라) 어떻게 양치질을 했는지 새로운 베이비시터 벨린다에게 말하려고 했다. 벨린다는 별다른 생각 없이 대답했다. "난 그게 어떤 차이가 있는지 잘 모르겠네. 일단 셔츠부터 입자. 그리고 우리는 네 이를 닦으러 들어갈 거야." 마크는 울기 시작했고 이렇게 말했다. "나는 이모 별로예요. 이모 나빠요. 이모는 제대로 안 하고 있어요. 엄마한테 이를 거예요!"

마크의 엄마는 마크와 벨린다보다 현명했다. 마크가 엄마에게 새 베이비시터가 얼마나 '나쁜지' 말하자 엄마는 아들에게 요청했다. "무슨 일이 있었는지 말해줘, 마크." 마크에게 옷을 입기 전에 베이비시터가 어떻게 '이를 먼저 닦지 못하게' 했는지 들은 엄마는 벨린다가 다시 돌봄을 하러 왔을 때 무엇을 해야 할지 알 수 있도록 그들의 루틴을 그림 차트로 만들자고 제안했다. 마크는 그것이 좋은 생각이라는 데 동의했다. 그러면 벨린다는 '올바른' 일을 할 것이다. 마크는 일이 몇 시에 일어나는지에 대해서는 신경 쓰지 않았지만, 일이 일어난 순서에는 신경을 썼다.

유아기 아이에게는 무슨 일을 언제 해야 하는지 어른이 지시하는 것보다 루틴을 만드는 게 더 도움을 줄 수 있다. 아이는 커감에 따라 처음부터 끝까지 자신만의 루틴을 꽤 잘 수립할 수 있다. 아이에게 '계획을 세울 수 있도록' 허락하는 일은 자신에게 직접 영향을 미치는 결정에 대한 아이의 영향력을 존중해주는 것이다. 어른이 아이에게 그 루틴이 어떻게 진행될 것인지를 말해준다면, 그것은 교육이나 훈련의 도구라기보다 처벌과 같은 느낌을 줄 수 있다.

루틴을 사용하는 한 가지 방법은 자녀와 함께 루틴 차트(일과표)를 만드는 것이다(아침용 차트와 취침용 차트를 만들 수도 있고, 토요일에는 숙제나 집안일을 위한 또 다른 차트를 만들 수도 있다. 이 차트는 스티커나 보상을 위한 게 아니며, 단순히 자녀의 루틴에 대한 '지도[map]'라는 데 주목하자). 아이가 자신의 일상 속 단계를 큰 포스터 게시판에 나열하는 일을 해볼 수 있도록 초대하라. 만약 당신이 취침 루틴을 짜려 한다면 당신과 아이는 양치질과 세수를 하고, 잠옷을 입고, 이야기책 두 권을 읽고, 기도를 하고, 굿나잇 포옹을 하기로 결정하지 않을까.

잡지에서 오려낸 사진으로 차트를 설명할 수도 있지만, 더 좋은 것은 이러한 작업을 수행하는 자녀의 사진으로 차트를 설명하는 것이다(폴라로이드나 디지털카메라는 이러한 목적을 위해 훌륭한 도구다). 반짝이와 별로 차트를 장식할 수도 있다. 그런 다음 아이가 정상 궤도에서 벗어나거나 협조하는 데 몸부림친다면, "너의 취침 차트에서는 다음에 무엇을 하지?"라고 말할 수 있다. 루틴이 보스가 되고, 아이는 다니면서 차트 확인하는 것을 좋아하게 된다. 이 간단한 도구가 얼마나 효과적인지 당신은 놀랄지도 모른다.

학교에 가기 위해, 숙제를 하기 위해, 잠자리에 들기 위해 당신의 가족에게 효과가 있는 루틴을 만든 다음 그것과 함께 지내보자. 루틴은 아이의 협력을 이끌어내는 데 마법을 부릴 수 있다.

4. 결과와 해결책

결과(consequences)는 종종 반복적인 어긋난 행동, 즉 습관이 될 수 있는 어긋난 행동에 도움이 된다. 결과에는 자연적 결과(Natural Consequences)와 논리적 결과(Logical Consequences), 두 종류가 있다. 자연적 결과는 우리가 하는 행동이나 말의 결과로 나타나는 것을 의미한다. 예를 들어, 당신이 저녁 식사를 하지 않으면 배가 고파질 것이다. 장갑을 끼지 않고 눈사람을 만든다면 손이 시려질 것이다. 자연적 결과는 부모가 길을 비키고 아이 스스로 자신이 선택한 것에서 배우게 할 때 가장 효과적이다(호기심 질문은 이를 도울 수 있다. "아들, 손이 시려 보여. 손을 따뜻하게 하려면 어떤 방법이 있을까?").

논리적 결과는 다음에 이와 비슷한 상황이 발생할 때 아이가 다른 선택을 하도록 가르치기 위해 부모나 교사가 '생각해낸' 교훈이다. 가장 좋은 결과는 아이가 사전에 이를 인지하고 있어야 하고, 문제에 대한 해결책을 찾도록 디자인되어야 한다는 것이다. 즉, 얄팍하게 위장된 처벌이나 잘못된 행동에 대한 '대가 치르기'가 아니라는 것이다(그리고 아이는 항상 그 차이점을 알고 있다).

제인 넬슨은 다음과 같은 인용구로 잘 알려져 있다. "다른 것은 몰라도 더 이상 논리적 결과는 거의 없다!" 어른들은 너무나 자주 자신이 치료하고 싶은 어긋난 행동에 대해 생각해낸 '결과'를 자랑스럽게 여긴다. 앞으로 몇 단락에서 논리적 결과가 처벌로 인식되지 않도록 하는 몇 가지 단서를 공개할 것이다. 우리는 관련된 어른이나 아이에게 이것이 거칠지 않을 거라고 말하는 게 아니다. 다만 설교나 비명을 지르는 것보다 오히려 결과가 가르치기를 원한다고 말하는 것이다! 여기에 해결책에 집중하는 방법의 예가 있다.

라이언은 5살이고 동갑내기 사촌인 미치와 레슬링 하기를 좋아한다. 상자 안의 강아지들처럼 둘이서 구르고 움켜잡는다. 그리고 끝내는 누군가가 눈에 손가락을 넣거나 사타구니에 발을 넣게 된다. 라이언의 부모는 이런 상황이 두 번 이상 발생할 가능성이 높다는 것을 알기에 라이언과 미치를 데리고 가족회의를 열어 레슬링 딜레마에 대한 해결책을 찾기로 한다. 레슬링을 하고 싶을 때 두 소년은 먼저 어른에게 심판 역할을 부탁해야 하며, 그러지 않으면 조용한 경기를 선택해야 한다고 결정한다.

라이언은 신체적 안전에 대해 더 많이 배우려고 가라테(손발을 이용해 싸우는 일본 권법-옮긴이) 수업을 듣자고 제안했다. 모두가 함께 '계획'을 생각해냈고 그 내용을 적어 냉장고 앞에 붙였다. 그것을 살펴보면, 레슬링을 하려면 시작 전에 두 소년 모두 하고 싶다고 동의해야 한다. 어느 한쪽이 "삼촌"이라고 말하면 그것은 레슬링을 멈추게 하는 암호다. 그들은 누군가가 다쳤을 때 얼음과 휴지를 갖다주거나, 포옹을 하거나, 조용한 활동을 제안하는 것과 같이 도움이 될 만한 일의 목록을 브레인스토밍했다. 그리고 누군가가 조금이라도 다치면 그날 레슬링은 더 할 수 없다는 점도 사전에 동의했다.

엄마와 아빠는 양육 워크숍에서 아이들이 결과 또는 해결책을 찾도록 도우려면 직접 참여시키는 게 좋은 아이디어이며, 결과나 해결책이 처벌로 인식되는 것을 피하려면 다음과 같은 '4R's와 H' 공식을 충족해야 한다고 배웠다.

- 첫 번째 R = 존중하는 방식인(respectfully given)
- 두 번째 R = 어긋난 행동과 관련성이 있는(related to the misbehavior)
- 세 번째 R = 합리적인(reasonable)
- 네 번째 R = 언제든 가능한 어긋난 행동의 사전 예고(revealed in advance of the misbehavior whenever possible)
- 한 가지 H = 연관된 모두에게 도움이 되는, 누구에게도 상처 주지 않는 방식을 포함한(helpful to everyone involved; not hurtful to anyone involved)

가족회의를 한 다음 날, 두 소년은 레슬링을 하기로 했다. 그런데 라이언이 바닥에 깔려 팔꿈치에 찰과상을 입었다. 라이언이 "삼촌"이라고 고함을 지르자마자 미치는 레슬링을 멈추었다. 아빠는 미치에게 "도움이 되려면 무엇을 할 수 있겠니?"라는 호기심 질문을 던짐으로써 라이언의 기분을 나아지게 하려면 무언가를 해야 한다는 것을 상기시켰다. 미치는 시원한 천을 가지러 화장실로 달려갔고, 곧 라이언의 찰과상이 괜찮아졌다.

두 소년은 그런 날에는 레슬링을 더는 하지 말아야 한다는 계획의 일부를 잊고 있었다. 아빠는 단순히 "지금 너희 계획에서 어떤 부분을 잊고 있니?"라고 물었다. 소년들은 대답을 생각하면서 레슬링을 멈춰야 했다. 기억하는 데 오래 걸리지 않았다. 그런 다음 레슬링 대신 할 수 있는 것에 대한 선택 목록을 확인했다. 그들은 밖으로 나가 야구공을 던지고 잡기로 했다.

이 완벽한 작은 장면은 영원히 그처럼 완벽하게 작동하지 않을 수도 있지만, 그것이 관련된 모든 사람에게 실행할 수 있는 해결책인 한 계속 효과가 있을 것이다. 참가자는 기존 계획을 따르거나 처음으로 다시 돌아가 새로운 계획을 세울 수도 있다. 종종 부모는 한 가지 결과나 계획 또는 해결책이 마지막 단어여야 한다고 생각한다. 즉 결과나 계획이 모든 어긋난 행동을 끝내주어야 한다는 것이다. 라이언과 미치가 경험하는 것과 비슷한 상황이나 행동은 더 자주 다시 일어날 것이다. 계획의 세부 사항보다 더 중요한 것은 미치와 라이언 그리고 그들의 부모가 상호 존중과 존엄성으로 어려움을 해결하는 기술, 새로운 문제가 발생할 때마다 의지할 수 있는 기술을 배우고 있다는 점이다.

아이에게 당신이 말하는 대로 행동하게 하고 "모두를 위해 이런 소동 당장 멈춰!"라고 주장하는 독재자 부모가 되는 대신, 아이를 해결책에 참여시키는 일은 때로 너무 많은 일을 하는 것처럼 보이기도 한다. 골칫거리 상황을 처리하려고 어떤 계획을 만들어가는 데 아이를 포함하는 것은 아이가 찾아낸 해결책에 투자하고 갈등 해결 기술을 실천하는 데 도움이 된다. 아이는 협상이나 타협과 같은 사회적 기술뿐 아니라 기여하고 협력하는 것도 배울 수 있다.

당신은 '가르치는 결과'와 '해결책' 사이에 거의 차이가 없음을 눈치 챘을 것이다. 대부분의 상황에서 좋은 결과는 긍정적인 해결책과 같다. 부정적 결과(대개 '아이가 대가를 지불하도록' 설계된)는 처벌과 꽤 닮아 있다. 긍정 훈육 도구를 사용하는 부모는 약간의 연습으로 가족을 전문적인 해결책 메이커가 되도록 이끌어줄 수 있다.

5. 긍정적 타임아웃

부모는 종종 일종의 처벌로 '타임아웃'을 사용한다. "네 방에 가서 네가 한 짓을 생각해봐!" 그들은 아이에게 말한다. 그러고는 왜 아이가 도무지 '올바른' 결론에 도달하지 못하는지 궁금해한다(또한 아이가 어떻게 생각해야 하는지를 당신이 컨트롤할 수 있다고 가정하는 것이 얼마나 어리석은지는 생각해보았는가?).

타임아웃은 여러 방법으로 사용되었다. 어떤 부모는 셋까지 세고 난 뒤 잘못 행동한 아이를 타임아웃으로 보내기도 한다. 어떤 부모는 타이머를 맞춘 뒤 아이를 의자나 계단에 앉히고 생각하게 한다('나이마다 1분'). 어떤 부모는 아이를 구석에 서 있게 하거나, 코를 벽에 대고 누르거나, 일종의 굴욕이나 모욕을 겪게 한다. 이 모든 것이 훈육이라는 이름으로 이루어진다. 또 다른 부모는 아이를 타임아웃 시키려 할 때 타임아웃에 머물게 하려고 노력하는 데 시간을 허비한다.

타임아웃은 '긍정적인' 타임아웃으로 사용해야 가장 좋다. 즉, 아이가 자신의 감정을 파악하고 진정하며 자신의 행동을 다스릴 수 있는 시간을 얻는 것이다(대개 부모가 아이보다 타임아웃으로 더 많은 이익을 얻는 것은 사실이다!).

앞서 말했듯이, 아이는 기분이 좋을 때 더 잘한다. 긍정적인 타임아웃은 아이의 기분이 나아지도록 설계되어야 한다. 어떤 사람은 이것이 어긋난 행동을 '보상'하는 것으로 잘못 믿기도 한다. 왜냐하면 그들은 '더 기분이 나아지는' 것의 두 번째 부분인 '더 잘 행동하는' 것을 놓치기 때문이다. 아이는 정말로 기분이 더 나아질 때 더 잘 행동할 것이다.

긍정적인 훈육의 방식으로 이루어질 때 '열을 식히는' 타임아웃은 결코 징벌적이지 않다. 당신과 아이는 가정의 어느 곳에서나 편안한 타임 아웃 장소를 마련하고 아이가 다루기 어려운 자신의 감정을 인식하고 다시 통제를 회복하도록 도와주는 항목을 갖춰놓을 수 있다. 안락한 동물 인형, 부드러운 음악, 책, 앉기에 편안한 쿠션 등이 여기에 포함된다. 기분이 나아지고 잘 지낼 수 있을 때 언제든 다시 가족에 합류할 수 있다는 것을 아이에게 알려주면 된다.

미치와 라이언을 기억하는가? 아이들과 부모는 그들이 생각해낸 계획 중 하나로 열을 식히고 함께 잘 지낼 수 있는 방법을 고안했다. 소년들은 필요할 때 조용한 시간을 보내려고 집 주변에 몇 군데 장소를 만들었다. 엄마는 이렇게 말하는 법을 배웠다. "나는 잠깐 조용한 시간이 필요해. 여기는 너무 시끄러워. 너희가 뭔가 할 일을 찾는 데 내 도움이 필요하니?" (소년들은 이제 이렇게 말한다. "아니요, 우리는 함께 보드게임을 하거나 음악 시디를 틀거나….") 그들은 심지어 사람들마다 얼마만큼의 조용한 시간이 필요한지, 그리고 가족들로부터 시간을 빼앗으면서 다른 일을 하는 것을 얼마나 좋아하는지에 대해서도 토론했다. 이제 아무도 누가 타임아웃에 얼마나 시간을 쓰는지 세지 않는다. 아무도 소리 지르지 않고, 아무도 타임아웃 후 '타임아웃 하는 동안 배운 것'에 대해 누군가를 조사하지 않는다.

사실 타임아웃은 결코 문제가 되지 않는다. 타임아웃이라는 이름으로 부모들이 했던 일들이 때때로 문제를 만들어냈다. 타임아웃은 원래 처벌로 고안된 것이 아니다. 하나님께서는 오래전부터 그분과 함께하는 조용한 시간이 즐겁고 유익한 시간, 하루를 위한 집중을 제공하는 시간, 재결합하는 방법 또는 기도할 수 있는 시간이 되도록 제안하셨다. 그리고 예수님 자신 또한 그의 사역으로 돌아오기 전에 힘을 되찾으려고 군중에게서 벗어날 시간을 찾으셨다(마 14:23). 불행하게도 폭력, 분노, 학대, 공격성, 무례함은 크리스천 가정에서도 일어난다. 죄책감, 수치심, 깊은 후회도 마찬가지다. 모든 부모는 때로 화를 내지만 화 식히기를 배우고, 인도하심을 구하고, 통제를 회복하는 데 시간을 들이는 것을 배운다면 말 또는 행동으로 아이를 해치는 일을 대부분 피할 수 있다.

여러 긍정 훈육 기술과 마찬가지로 긍정적인 타임아웃은 인내심, 가르치는 것을 모델링하는 능력, 실수 이후에도 계속 노력하는 용기가 필요하다. 기억하자. 당신은 '잘못됐다고' 느낄 수는 없지만(당신 아이도 마찬가지다), 때때로 상처를 주거나 부적절한 방식으로 행동할 수 있다. 긍정적인 타임아웃은 모든 사람에게 자기 행동의 결과를 고려하고, 약점을 관리하며, 자기감정에 대한 인식을 발전시킬 수 있는 시간을 준다. 그리고 통제 불능 상태에서 그 감정이 가져올 수 있는 결과를 제공한다. 우리가 알고 있는 몇몇 가족은 '가족 타임아웃'을 한다. 예를 들어 저녁 시간에 전화를 꺼놓거나, 가족회의를 방해받기 전에 자동응답기로 전화를 연결해놓거나, 매주 하룻밤은 TV를 끄거나, 일요일 저녁을 '가족만을 위한 시간'으로 만든다. 우리가 알고 있는 어떤 엄마는 억눌린 분노를 표출하려고 집 청소를 열심히 한다. 다른 사람들은 정원을 가꾸거나, 바느질을 하거나, 공예를 하기도 한다.

당신의 타임아웃 버전은 무엇인가? 당신은 아이에게 타임아웃에 대해 무엇을 가르치고 있는가? 도전은 당신의 몫이다. 당신은 집에서 타임아웃을 격려하고 힘을 실어주는 경험이 되도록 할 수 있다. 우리는 당신이 그렇게 해낸 것을 분명 기뻐할 거라고 생각한다(제인 넬슨의 『긍정적인 타임아웃』을 참고하라).

6. 관철하기

관철하기는 당신이 하겠다고 말한 모든 것을 행동으로 하는 것이다. 세상 할머니들이 "네가 의도하는 바를 말하고, 네가 말하는 바에 의미를 담아라"라고 말씀하셨듯이 말이다. 믿든, 그러지 않든 아이는 부모가 끝까지 관철할 때 신뢰를 배운다. 엄마와 아빠가 자신들이 하겠다고 말한 것을 할 때 그들을 의지할 수 있다고 배우는 것이다.

미치와 라이언은 너무 거칠어져서 하루 동안 레슬링을 그만둬야 하자 몇 가지 경기 옵션에 대해 브레인스토밍을 했다. 소년들은 그 계획에 협조하고 목록에 있는 다른 놀이 활동을 선택했다. 만약 엄마가 레슬링을 그만두기 전에 '한 번 더 시도'할 수 있다고 결정한다면 어떻게 될까? '한 번 더 시도'하는 것은 그 계획의 일부가 아니었다. 만약 엄마가 무너진다면, 그녀의 관철하기는 아무 쓸모가 없게 된다. 그리고 미치와 라이언은 엄마의 버튼을 누르면 가끔 원하는 걸 얻을 수 있다고 결론 내릴 것이다. 일관되게 친절하고 단호한 관철하기는 엄마에 대한 존경과 상황의 필요 그리고 아이에 대한 존중을 보여준다. 관철하기는 야구 경기에서는 정점을 만들고, 긍정 훈육에서는 요점을 만들어낸다. 관철하기 없이 당신이 하는 모든 것은 행동 없이 말만 하는 것이다.

잠깐 생각해보고 나서 당신이 철회하고 싶은 무언가를 말하거나 행동을 취하려면 어떻게 해야 할까? 결코 하나에서 두 가지 잘못을 저지르지 않기를! 그 대신 아이와 당신의 실수를 공유하라. 당신이 말하지 않았거나 하지 않았더라면 좋았을 일에 대해 사과한다 해도 어리석게 보이지 않을 것이다. 아이도 당신이 실수한다는 것을 알아야 한다. 당신이 일단 실수를 인정한다면 그것을 보상할 준비가 되어 있는 것이다.

현실 세계의 긍정 훈육 도구

7장의 어긋난 목표 차트를 기억하는가? 마지막 열에는 자녀가 어긋난 행동을 할 때 당신이 선택할 수 있는 주도적이고 권한을 부여하는 반응이 실려 있다. '실제' 상황에서 이러한 반응이 어떻게 보일지 살펴보자. 그러나 먼저 몇 가지 명심해야 할 생각이 있다.

1. 부모는 변화의 첫걸음을 내디뎌야 하며, 아이는 따라갈 것이다.
2. 상황이 호전되기 전 테스트하는 기간에는 상황이 더욱 악화될 수도 있다.
3. 훈육은 처벌이 아니라 가르침이다.
4. 양육은 짧은 시간 또는 한 번만 하는 것이 아니라 '평생' 하는 일이다.
5. 아이는 기분이 좋을 때 더 잘 행동한다. 따라서 훈육은 친절함과 단호함이 둘 다 있을 때 가장 효과적이다.
6. 항상 다양한 양육 도구가 필요하다. 모든 가족에게 모든 순간 작용하는 도구는 없다.

당신의 상식에 귀를 기울이고, 되도록 언제나 주님의 인도하심을 구하는 것을 잊지 마라. 자녀에 대한 당신의 지식과 당신 내면의 지혜는 어떤 것이 각 상황에 적합한 도구인지를 아는 데 도움을 줄 것이다. 실제로는 이 도구가 어떻게 보이는지 대부분의 가정에서 흔히 볼 수 있는 공통된 사건인 힘겨루기로 살펴보자.

힘의 오용과 당신의 양육 도구 상자

17살인 트리샤는 졸업을 앞둔 지금, 고등학교 통금 시간이 자신의 스타일을 속박한다고 판단했다. 어쨌든 그녀는 곧 대학에 갈 것이고, 그 후에 부모님께 전화할 계획은 없다. 트리샤가 사춘기에 접어들면서 친구들과 더 많은 시간을 보내기 시작했을 때, 트리샤와 부모는 그녀의 계획에 따라 통금 시간을 정하는 데 동의했다. 만약 동의한 시간보다 늦을 것 같다면, 트리샤는 전화를 걸 수 있었다. "피자가 방금 도착했어"라거나 "조지를 먼저 집에 데려가야 하고, 우리가 계획한 시간보다 영화가 늦게 끝날 것 같아"와 같이 부모가 이해할 수 있는 이유가 있다면 (집에 도착할 시간 전에) 트리샤의 전화는 충분히 받아들여졌다.

트리샤는 전화와 협상을 '잊어버린' 경우, 다음 날 엄마나 아빠를 도와 추가적인 일을 하거나 다음 날 밤 더 일찍 들어오는 것에 항상 동의했다. 트리샤와 그녀의 가족은 가족 구성원이 어디에 있고 어떻게 연락되는지 아는 것이 중요하다는 점에 동의했기 때문에 가족 모두가 계획이 바뀌면 메모를 남기거나 집으로 전화를 걸었다. 그들은 이것이 서로 존중하는 일이라는 데 동의했고, 적어도 의도적으로 이 규칙에 이의를 제기한 사람은 아무도 없었다.

오늘 밤은 왠지 달라 보였다. 트리샤는 늦은 쇼가 끝난 직후인 새벽 12시 30분까지는 집에 오기로 합의했는데도 오지 않았다. 전화도 없이 이제 새벽 1시 15분이 되었다. 그녀는 어디에 있는 걸까? 트리샤가 이런 비슷한 곡예를 펼친 것은 일주일도 안 돼 이번이 3번째였다. 그녀의 부모는 화가 나고 뭔가 패배감을 느꼈다(그리고 딸의 안전을 염려했다). 그들은 말했다. "우리의 허용치는 친절하고 단호했어요. 우리는 통행금지 문제를 함께 논의했고, 가족 규칙의 중요성에 모두 동의했어요. 트리샤는 왜 우리 인내심을 이렇게 시험하는 거죠?"

트리샤의 부모는 무엇을 할 수 있을까? 어긋난 목표 차트로 가보자. 긍정 훈육을 위한 5가지 기준을 충족하는 도구는 항상 하나 이상 있다. '힘의 오용'에 대한 사례를 다룰 효과적인 방법을 찾으려면 7번째 열을 읽어보라. 트리샤의 부모가 고려할 만한, 창의적으로 잘 융합된 3가지 해결책이 여기 있다.

1. 도움을 요청함으로써 긍정적인 힘으로 방향 전환하기. 격려하기
   트리샤의 부모는 트리샤가 지난주에 왜 3번이나 늦었는지 이해할 수 있게 해달라고 요청할 수 있다. 고교 시절 내내 문제가 없었기 때문이다. "트리샤, 왜 이번 주에 3번이나 늦었는지 이해하기 어렵구나. 이건 네가 4학년 내내 늦었던 횟수보다 더 많아! 무슨 일이야?"

2. 싸우지 않되 포기하지도 않는다. 갈등에서 물러나라. 단호하고 친절하게 하라. 당신이 무엇을 할지 결정하라. 떨어져서 진정하

라. 상호 존중을 발전시키라. 가족회의를 사용하라. 격려하라. 관철하기를 실천하라.

트리샤의 부모는 트리샤가 집에 도착하면 그녀에게 말할 수 있다. "우리는 모두가 상쾌한 아침에 이것에 관해 이야기할 거야. 너와 언쟁하기보다 네 말을 듣고 싶어. 지금 그렇게 하기에는 우리가 너무 화나 있거든. 네가 안전해서 다행이야. 그게 가장 큰 걱정거리였어." 아침에 트리샤는 집에 전화하는 게 더는 중요하지 않다는 자신의 어긋난 신념에 관해 말할 준비가 되어 있을 것이다. 트리샤의 부모도 트리샤가 17살이고 집에 전화하지 않을 만큼 충분히 성장했다는 근본적인 믿음으로 그녀의 감정과 실수를 더 잘 이해할 수 있을 것이다.

3. 상호 존중을 발전시키라. 격려하라. 제한된 선택을 제공하라. 몇 가지 합리적인 한계를 설정하라. 당신이 무엇을 할지 결정하라. 루틴이 보스가 되게 하라. 관철하기를 실천하라.

   a. 트리샤의 부모는 이렇게 말할 수 있다. "여기 우리가 생각할 수 있는 몇 가지 선택지가 올 여름 잘 지낼 수 있게 우리를 도와줄 거야. 외출에 대해 이런 선택지 가운데 하나를 고를 수 있어, 트리샤."

   b. "우리는 표준이 되고 협상의 여지가 없는 통행금지 시간을 정할 수 있어."

   c. "밤 11시 이전까지 전화하면 필요한 시간을 협상할 수 있어. 밤 11시 안에 전화하지 않는다면, 우리는 네가 12시 30분까지 집에 도착할 걸로 예상할게. 만약 네가 우리에게 전화하지 않

고 12시 30분까지도 집에 오지 않는다면, 우리 약속을 기억하는 데 도움이 될 만한 게 뭐라고 생각하니? 전화하지 않고 늦는 것은 괜찮지 않아. 네 엄마와 나는 여전히 평일에 일하고 있고, 휴식이 필요해. 우리는 기꺼이 너와 함께 노력해나가겠지만 네가 어디에 있는지 걱정될 때는 잠자리에 들거나 쉴 수 없단다."

당신이 트리샤의 부모라면 어떻게 할 것인가? 다시, 이 질문에 '올바른' 대답은 없다. 부모는 자녀를 이기지 못하면 자신의 권위를 희생하는 것이라고 믿으면서 자녀에게 꽉 막힌 뿔난 상태로 버티곤 한다(아이가 정말로 '루저'가 되기를 원하는가?). 용납할 수 없는 방식으로 힘을 표출하는 자녀에게 존중감 없이 대하는 것은 단기적으로(또는 장기적으로도) 부모나 아이 둘 중 어느 쪽에도 도움이 되지 않을 것이다. '누가 옳은가'에 대해 화가 끓어오를 때, 부모는 마음에서 우러나오는 말보다 신체언어와 감정적인 반응으로 더 많이 말하게 될지 모른다.

필요할 때는 자신을 진정시킬 시간을 가져라. 트리샤의 부모는 딸의 어긋난 목표를 밝히려고 자신의 감정을 사용했다. "내가 대장일 때 또는 내가 통제할 때 나는 소속감을 느껴. 누구도 나를 지배할 수 없고 나를 어찌할 수 없어." 분노의 감정이 강하게 끓어오르고 있는데도 존엄과 존중을 가지고 소통하는 것을 선택함으로써 트리샤의 부모는 성숙함과 인내심을 드러냈다.

로마서 7장 21-23절에서 바울은 우리에게 이것이 얼마나 어려운지 보여준다. "그러므로 내가 한 법을 깨달았노니 곧 선을 행하기 원하는 나에게 악이 함께 있는 것이로다. 내 속사람으로는 하나님의 법을 즐거워하되 내 지체 속에서 한 다른 법이 내 마음의 법과 싸워 내 지체 속에 있는 죄의 법으로 나를 사로잡는 것을 보는도다."

충분히 이해할 수 있지만 잠재적으로 해로운 이 분노를 건설적인 방법으로 다루는 것은 부모에게 중요하다. 부모가 분노를 다루는 법은 발달 과정에 있는 아이의 감정 지도에 영원히 새겨진다. 잠언 18장 21절은 우리에게 말한다. "죽고 사는 것이 혀의 힘에 달렸나니 혀를 쓰기 좋아하는 자는 혀의 열매를 먹으리라." 분노나 좌절 속에서 부모가 말하고 행하는 것이 부모와 자녀 관계를 영원히 괴롭힐 수도 있고 아이가 자기 통제력, 책임감, 갈등 해결 능력을 기를 수 있는 토대가 될 수도 있다.

야고보서 1장 19-20절에서는 우리에게 좀 더 어려운 길을 따르라고 주의 깊게 경고한다. "내 사랑하는 형제들아 너희가 알지니 사람마다 듣기는 속히 하고 말하기는 더디 하며 성내기도 더디 하라. 사람이 성내는 것이 하나님의 의를 이루지 못함이라." 믿음의 사람은 하나님의 은혜가 사랑으로 말미암아 해방시키는 그분의 권능임을 안다. 힘겨루기를 중단한다고 해서 트리샤가 이기고 부모가 지는 것을 의미하지 않는다. 반대로 부모가 주 안에서 그 사안에 대해 아이의 마음에 주목할 때 그들은 아이에게 하나님의 능력을 전하는 통로가 되며, 주의 권능이 그들의 행동과 말을 인도하게 한다. 하나님께서는 가족 간의 갈등 가운데 하나님을 찾는 부모와 자녀가 그 상황에 적합하게 행동할 수 있도록 온화한 은혜를 보여주실 것이다.

요약

긍정 훈육의 태도와 행동 도구에 대한 다음 목록은 악의적인 파괴를 위한 것이 아니라 정중한 교훈의 도구이다. 이 장의 시작 부분에서 만났던 베티와 짐 부부는 교회에서 들었던 양육 강좌에서 이 도구를 담은 유인물을 받았다. 소리 지르고, 잔소리하고, 격노하는 것에서 그들은 단호함과 친절함 그리고 격려로 움직였다. 전에는 양육 도구 상자가 거의 텅 비어 있었다면, 이제는 아이에게 권한을 부여하는 선택지가 가득 담긴 도구 상자가 있다. 당신도 그렇다! 당신은 이제 자주 참고하기 위해 이 목록과 어긋난 목표 차트, 도움이 되는 성경 구절 목록을 가까운 곳에 두고 싶을 것이다.

잠언 17장 6절에서 잠언 전체가 의미하는 바를 요약해서 읽는다. 부모와 자녀는 적대자가 아니며 인생에서 서로에게 자랑스러운 동맹자다(「콤프턴의 상호작용 성경[Compton's Interactive Bible]」). 이 도구는 당신과 아이가 사랑스럽고 존경받는 가족을 만들기 위해 함께하는 데 도움을 줄 것이다.

14가지 태도 도구

1. 아이의 기본 목표는 소속감과 존재감을 경험하는 것이다. 어긋난 행동을 하는 아이는 낙담한 아이다.
2. "아이를 더 잘 행동하도록 하려면 그들의 기분을 더 나쁘게 해야 한다는 터무니없는 생각은 대체 어디에서 왔을까? 아이는 기분이 좋을 때 더 잘 행동할 수 있다."
3. 실수는 배움의 멋진 기회다.
4. 완벽이 아닌 향상을 위해 노력하라.
5. 친절함과 단호함을 동시에 사용하라.
6. 아이를 이겨먹는 대신 이겨내는 데 집중하라.
7. 무엇이 작용하는지 주의하라. 장기적 결과에 초점을 두고 아이에게 고귀한 성품과 인생 기술을 가르치라.
8. 당신은 비난거리를 찾고 있는가, 아니면 해결책을 찾고 있는가?
9. 훈육의 의미를 이해하라.
10. 긍정 훈육은 존엄과 존중감을 가지고 아이를 대하는 것에 기초한다.
11. 아이는 들어줌을 느낀 뒤 당신 말을 듣는다.
12. 어긋난 행동 이면에 숨겨진 메시지를 위해 암호를 이해하는 법을 배우라.
13. 아이의 의도를 선의로 해석하라.
14. 기운을 내고 호흡하라.

42가지 행동 도구(아이에게 권한을 부여하면서 힘겨루기를 피하기 위한)

이 행동 도구에 익숙해지면 다른 도구와 결합할 때 매우 효과적임을 알 것이다. 물론 14가지 태도 도구와 결합할 때 더 효과적이다(그래서 태도 도구를 먼저 나열한 것이다!).

이 도구들 가운데 어느 것도 모든 문제와 모든 아이에게 항상 작용하지는 않는다. 자녀와 힘겨루기나 어떤 갈등에 연루된 것을 발견할 때마다 시간을 할애하고 이러한 행동과 태도 도구를 검토하라. 한 가지(또는 여러 가지)가 당신과 자녀에게 딱 맞아 보일지도 모른다.

1. 사랑과 존중의 메시지가 전달되는지 확인하라.

2. 아이가 유의미한 7가지 인식과 기술을 개발할 기회를 만들라.

3. 아이가 스스로 할 수 있는 일을 해주지 마라.

4. 무엇을 어떻게 질문해야 하는지 질문하라.

5. 호기심 질문법(What&How)을 사용하라.

6. 해결책을 찾는 과정에 아이를 참여시키라.

7. 정기적인 가족회의를 열라.

8. 형제 사이의 일대일 문제 해결을 독려하라.

9. 아이와 함께 일과를 만들라.

10. 제한된 선택을 제공하라.

11. 오용된 힘의 방향을 전환하라.

12. "나는 감지했어."(I notice)

13. 해결책에 초점을 맞추라(가족회의 중, 또는 일대일로, 또는 언제든지).

14. '선택 돌림판'을 만들라.

15. 정서적인 정직: "나는 ____에 대해 ____을 느낀다. 왜냐하면 ____과 나는 ____을 원하기 때문이다."

16. 아이에게 느끼는 것과 행동하는 것의 차이점을 가르치라.

17. 갈등에서 당신의 부분에 책임을 지라.

18. 아이에게 자기 자신을 세울 수 있는 타이머를 주라.

19. 아이의 세계로 들어가라. 행동 이면에 있는 신념을 다루라.

20. 적극적으로 경청하라.

21. 살피고, 조절하고, 지도하라.

22. 주의 돌리기 그리고 · 또는 방향 전환

23. 실수에서 회복하기 4R(인정하기[Recognize], 다시 연결하기[Reconnect],
화해하기[Reconcile], 해결하기[Resolve])을 사용하라.

24. 싸우지 마라.

25. 아이를 한 배에 태우고, 똑같이 대하라.

26. 훈련할 시간을 들이라.

27. 당신이 무엇을 할지 결정하라.

28. 관철하라.

29. 입을 다물고 행동하라.

30. 적은 것이 더 낫다.

31. 감정이 고조되었을 때는 비언어적인 신호를 사용하라.

32. _____하자마자, 그러면 _____.

33. 자연적 결과를 경험하게 하라.

34. 논리적 결과를 부여하라.

35. 기회 = 책임 = 결과

36. 칭찬이나 보상 대신 격려를 사용하라.

37. 용돈은 집안일과 관련 없게 하라.

38. 아이를 집안일에 참여시키라.

39. 포옹하라.

40. 특별한 시간을 보내라.

41. 긍정적 타임아웃을 사용하라.

42. 그리고 다시, "사랑과 존중의 메시지가 전달되는지 확인하라."

참고: 『긍정적인 타임아웃』

Positive Discipline
in the
Christian Home

제9장
격려의 마법
–

그러므로 피차 권면하고 서로 덕을 세우기를

너희가 하는 것같이 하라.

(살전 5:11)

도라와 신디 셸턴은 지나치게 엄격하고 심하게 비판적이며 정서적
인 것과는 거리가 먼 아빠와 소심하고 두려움 많은 엄마 밑에서 자
랐다. 나이가 불과 한 살 반 차이밖에 안 나는 두 사람은 최고의 친
구가 될 수도 있었겠지만, 그들은 아빠의 비판에 전혀 다르게 반응
하면서 극과 극의 반대 성향으로 성장했다. 큰아이 도라는 아빠의
비판에 '부응하지 못하고 살았으며', 아빠가 정확히 예견한 대로의
젊은 여성이 되었다. 그녀의 삶은 권위 있는 사람들과 전투의 연속
이었고, 그녀는 청년 시절의 대부분을 여러 가지 약물 남용 프로그
램 속에서 허비했다. 이제 어른인 도라는 자신감과 기쁨이 거의 없
고 목적 없이 표류하며 삶을 살아간다.

반면 신디는 아빠의 비판에 '부응하고 살았으며', 완벽한 아이가 되
기 위해 끊임없이 노력하면서 집에서 시키는 대로 행동하고, 늘 전

과목 A학점을 받아왔으며, 자신의 잠자리를 정돈하지 않고는 아침 식탁에 앉지 않았다. 오늘날 그녀는 까다로운 스타일과 일을 성사시키는 것으로 재계에서 잘 알려진 성공한 기업 임원이다. 슬프게도 신디는 여러 번 이혼했고 세 자녀와도 소원하다.

우리 중 많은 사람은 아이의 단점을 충실히 지적하는 것이 사랑이라고 배웠다. 그들이 지혜와 은혜 안에서 자라려면, 잘못했을 때 그들을 붙잡아 비판하고 잘못에 따라 벌을 주는 일에 결코 방심해서는 안 된다고 말이다. 도라와 신디의 아빠는 확실히 그렇게 생각했다. 그는 자신이 단지 '건설적인 비판'만을 제공한다고 믿었다. 그는 자식들이 더 나은 사람이 될 수 있도록 비판한 좋은 사람이었다. 자식들이 심각한 관계상의 어려움을 겪는 성인으로 성장한 것은 결코 그가 의도한 바가 아니다. 그들이 낙담하거나 권위에 반기를 들거나(도라처럼), 권위를 너무 많이 끌어안고 또 다른 세대를 소외시키는 삶을 영위하는 것은(신디처럼) 그의 의도가 아니었다. 그러나 비판은 의도하는 것과 상관없이 여전히 비판이다. 일부러 의도한 것은 아니었지만, 아빠는 딸들을 낙담시켰다.

낙담(dis-couragement)의 반대말은 격려(en-couragement)다. 사도 바울은 우리에게 서로 격려하고 서로 세워가라고 가르친다(살전 5:11, NIV). 그리고 그 이유를 우리에게 말한다. "하나님이 우리를 세우심은 노하심에 이르게 하심이 아니요 오직 우리 주 예수 그리스도로 말미암아 구원을 받게 하심이라."(살전 5:9) 하나님께서는 우리의 선량한 의도를 보시고(우리의 죄와 실수만이 아니라) 우리를 위해 그의 궁극적 선물인 영원한 구원을 바라신다. 그는 우리가 용기를 잃는 것이 아니라 용기를 내길 원하신다.

그리고 우리가 다른 사람에게 용기를 불어넣기를 바라신다. 부모 됨을 위한 얼마나 멋진 모델인가!

루돌프 드라이커스는 『민주적인 부모가 된다는 것』에서 "격려는 육아의 어떤 측면보다도 중요하다"라고 했다. 또한 "어긋난 행동을 하는 아이는 낙담한 아이다"라고 말하면서 식물에 물이 필요하듯 아이에게는 격려가 필요하다고 비교했다. 그것 없이는 둘 다 죽는다. 하나는 육체적으로, 다른 하나는 정서적으로.

당신 앞에 서 있는 반항하는 아이를 보는 것이 어려울 수 있다. 팔짱을 끼고 반항적인 시선으로 장난감 치우기를 완강하게 거부하는 딸을 본다면 낙담할 것이다. 아이가 꽤 많이 상황을 통제하는 것처럼 보인다. 그렇지 않은가? 만약 누군가 낙담했다면, 그건 자기 방식대로 주장하는 7살짜리 아이가 아니라 아마 당신이 생각한 대로 엄마일 것이다.

그러나 이 아이는 낙담하고 있다. 자기 힘을 부정적인 방법으로 사용하는 것 말고는 아무런 힘도 없고, 상황에 영향을 미칠 능력도 없다는 것을 느끼기 때문이다. 따라서 이런 방식이 가족 안에서 소속감과 존재감을 찾을 수 있는 유일한 방법이라는 것이 아이의 어긋난 신념인 셈이다. 아이의 눈에 인생은 엄마의 설교와 명령의 기나긴 연속이다. 아이는 자신의 소속감과 존재감을 주장하려고 되도록 언제나 힘을 발휘해야 한다(또한 자율성과 주도성은 모든 아이와 청소년이 거치는 정상적인 발달단계임을 기억하라. 이런 아이와 힘겨루기를 하는 부모는 아이가 열렬한 참가자임을 알게 된다). 아이가 자신의 힘을 효과적으로 사용하는 방법에서 적절한 지도를 받지 못할 때, 아이는 그것을 무분별하게 그리고 점점 더 건강하지 못한 방법으로 사용할 것이다.

만약 이 아이가 엄마에게 다가와 천진난만하게 "나는 아이이고 그저 속하고 싶을 뿐이에요"라고 말했다면, 엄마는 아이를 안아주었을 것이다. 믿거나 말거나 이 말은 아이만의 불분명한 방식으로 했을 뿐 실제로 아이가 말하려고 하는 바다. 행동은 '암호'가 담긴, 부모에게 말하고자 하는 바를 나타내는 아이의 방법이다. 어긋난 행동은 아이의 낙담에 따라 행동으로 나타내는 방법이므로 "행동으로 나타낸다"는 말은 사실 꽤 정확하다. 그 반항적인 "싫어!"는 아이가 이런 말들을 하는 방식이다. "난 나만의 선택을 할 힘이 없다고 느껴요. 엄마는 항상 내게 무엇을 해야 하고 언제 해야 한다고 말하는 것 같아요. 나는 속해 있다고 느껴지지 않아요, 적어도 지금은요. 엄마, 나는 아이이고 단지 속하고 싶은 것뿐이에요. 나를 이해해주세요."

당신은 이렇게 말할지도 모른다. "글쎄요, 부모는 가족의 권위자여야 해요. 아이를 훈육하고 가르치고, 아이가 무엇을 해야 할지 보여줄 의무가 있어요." 하지만 우리가 배울 내용과 같이 아이를 격려하면서 가르치고 훈련할 방법, 그리고 아이와 맞서지 않고 아이가 부모와 교사와 함께 일하도록 초대하는 방법이 있다.

격려란 강점에 기반을 두고 무엇이 옳은지 알아차리고 소속감과 존재감을 세우는 능력으로, 당신이 발견할 가장 강력한 양육 도구 가운데 하나다. 사람은 누구나 대부분 자기 기분이 더 좋을 때 좀 더 나은 행동을 한다. 그리고 자신이 가치 있고, 긍정적인 공헌을 하고, 하나님이 창조하신 유일무이한 사람으로서 인정받는다는 점을 믿는 것은 자기 삶에 최선을 다하게 하는 격려가 된다. 부모가 낙담을 격려로 대체하는 법을 배울 수 있을 때 아이는 잘못된 행동을 덜 하고, 심지어 협력과 기여에서 기쁨을 발견할 것이다(음, 적어도 대부분의 경우에. 결국 어느 누구도 완벽한 사람은 없다!). 부모는 때때로 아이가 권력을 가질 수 있다는 생각에 힘겨루기를 하기도 하지만, 아이를 포함해 사람마다 진정한 개인적인 힘을 가지고 있다. 당신은 그것을 '줄' 수도(그들이 이미 가지고 있기 때문에), 빼앗을 수도 없다. 단지 그들이 힘을 재정향(Redirecting)하고, 긍정적으로 사용하는 법을 배우도록 도울 수 있을 뿐이다.

어떻게 하면 엄마와 아빠가 낙담을 격려로 대체할 수 있을까? 많은 부모가 잘못된 행동에 부정적으로 반응하는 습관이 있다(어쩌면 이 또한 자신의 부모에게 배운 것일 터이다). 행동 뒤에 숨겨진 믿음을 발견하여 받아들이고, 또 숨겨진 메시지(반항적인 "싫어요!" 뒤에 놓인 "나는 아이이고, 나는 단지 소속되고 싶을 뿐이에요")를 다루려면 시간과 인내심과 연습이 필요하다. 많은 부모는 불쾌한 처벌이 행동을 변화시킬 것이라는 희망으로 자녀를 벌한다. 그러나 처벌은 숨겨진 메시지를 다루지 못하며 아이는 여전히 낙담한 채로 있다. 처벌은 단기적으로 행동을 변화시킬 수 있을지 모르지만, 소속감과 존재감을 찾는 목표는 다루어지지 않았다. 반항은 되돌아올 것이다.

또한 여러 부모가 많은 칭찬과 보상을 제공함으로써 아이들을 격려하고 소속감을 형성할 수 있다고 잘못 믿고 있다. 불행하게도 칭찬과 보상은 실제 장기적으로 아이들에게 좌절감을 준다. 이에 관해서는 이 장 후반부에서 논의할 것이다.

"싫어요"라고 계속 고집스럽게 말하는 아이를 부모가 어떻게 격려할 수 있을까? 부모는 깊은 좌절감을 느끼고 권위가 도전받는다고 믿을 수 있다. 반면에 아이는 화나고 반항적인 모습을 보이는 이 결전의 높은 감정적 부담감을 감안할 때, 아마도 '지금 당장' 문제를 해결하려고 하기보다는 긍정적인 타임아웃(8장 참고)을 취하는 게 최선일 것이다. 시간과 약간의 공간 분리는 놀라운 효과를 낼 수 있다. 예를 들어 당신은 이렇게 말할 수 있다. "우리 둘 중 어느 누구도 지금 이 문제를 정중하게 다룰 수 있는 위치에 없는 것 같구나. 우리 둘 다 저녁 식사 후에 더 나은 상태에서 이야기를 나누자." 저녁 식사 후, 당신은 감정을 안전하게 체크하고 문제 해결을 위해 좀 더 고무적인 분위기를 만들도록 돕는 '협력을 얻는 4단계'를 사용할 수 있다.

협력을 얻는 4단계

당신의 배우자가 논쟁하던 중에 잠깐 멈춘 다음 "그래, 당신이 말하는 의미를 이해할 것 같아"라고 한 적이 있는가? 그랬을 때 당신은 거의 곧바로 수용받고 격려받는다고 느꼈는가? 아이도 마찬가지다. 엄마나 아빠가 자신의 관점을 이해한다는 것만으로도 문제를 진정시키는 데 큰 도움이 된다.

다음은 협력을 얻는 4단계의 핵심이다.

- 아이가 어떻게 느끼고 있는지에 대한 이해를 표현하라. 당신이 옳은지 알려면 아이에게 꼭 확인해보자. "지금 당장보다는 좀 더 있다가 네 장난감을 정리하고 싶은 것 같은데, 그러니?" (적극적인 경청법을 사용하고 싶을 수도 있다. 이는 소통과 감정을 다루는 10장에서 탐색할

것이다.)

- 아이의 인식에 대한 이해를 보여주라. 이는 당신이 어쩔 수 없이 아이에게 동의한다는 것을 의미하지 않는다. 단지 아이가 문제를 어떻게 보고 있는지 이해한다는 것이다. 그것은 당신이 그와 비슷하게 느끼거나 행동했을 때 아이와 그런 시간을 공유하는 데 도움을 줄 수 있다. "그건 이해할 수 있어요. 엄마는 바로 내 방을 치우라고 말하곤 했고, 내가 원하는 것은 계속 노는 것뿐이었죠."

- 자신의 감정과 인식을 공유하라. 처음 두 단계가 성실하고 친근하게 이루어졌다면 아이는 더 기꺼이 귀를 기울일 것이다. "가족 모두 자기가 뭔가를 하고 난 후 정리를 잘할 때 정말 고맙거든. 난 집이 멋져 보이는 게 좋고, 너도 그럴 거라고 생각해."

- 아이에게 함께 해결책을 강구할 의향이 있는지 물어보라. "장난감을 가지고 놀 수는 있지만, 끝나면 그것을 치워야 해. 이 문제를 해결하려면 어떤 방법을 생각해볼 수 있을까?" 아이는 아마 자신만의 아이디어를 조금이라도 떠올릴 것이다. 그렇지만 만약 아이의 생각이 막혀 있다면, 당신이 제안해볼 수 있다. 되도록 그 결정에 계속해서 아이를 참여시키는 방식으로 말이다. "엄마가 어렸을 때 기억나는 일이 있는데, 거실에서 장난감을 가지고 놀다가 저녁 식사를 하기 전까지는 모두 정리하는 데 동의했지. 아마도 너는 가장 좋아하는 장난감을 거실에 있는 상자에 보관할 수 있을 거야. 그렇게 하면 정리하기도 훨씬 쉬워질 테고."

협력을 얻는 4단계가 차갑고 냉담해 보일 수도 있지만, 이를 자기화하고 마음속에 새겨둔다면 분명 놀라운 일이 벌어진다. 가장 중요한 요소는 아이의 인식에 대한 이해를 보여주려는 당신의 의지다. 마치 배우자가 우리가 어떻게 느끼는지에 대한 이해를 표현할 때 고마운 마음이 들듯이 말이다, 우리 아이도 그렇다.

존중

협력을 얻는 4단계의 성공 비결은 존중함이다. 존중은 모델링으로 가장 잘 가르쳐진다. 함께 살아가는 매일매일 자기 자신 그리고 다른 사람을 존중감으로 대하는 것을 보며 배운다. 한쪽 무릎을 꿇고 눈을 마주칠 수 있을 때, 아이의 감정과 인식에 대한 이해를 정중하게 보여줄 때, 그리고 해결책을 향해 함께 노력할 수 있을 때 "지금 당장 해!"라고 뒤로 물러설 때보다 훨씬 더 많은 것을 할 수 있다.

아이를 존중한다고 말하는 것과 실제 아이에게 존중감을 보이고 실천하는 것, 이 두 가지는 매우 다르다. 그런데 아이에게 존중을 보이는 것이 어른의 특권이나 책임을 아이에게 준다는 뜻은 아니다. 그것은 그야말로 저마다 아이의 인간성과 영혼을 존중한다는 의미로, 예수님이 아이가 가까이 와서 앉는 것을 허락하며 제자들에게 모범을 보이신 것과 같다. 대부분의 부모는 정중하게 말하려는 의도가 있지만, 왠지 모르게 낡고 무례한 말(자신의 어린 시절에 들었을지도 모르는 말)이 불쑥 튀어나온다.

상호 존중을 실천하는 열쇠 가운데 하나는 존중의 언어를 배우는 것이다. 저자 중 한 사람인 마이크는 전 학교 교장으로, 한때 학생에게 부모님이 하신 말 가운데 가장 듣기 싫은 표현을 파악해달라고 요청했다. 가장 싫어하는 5가지 표현, 즉 '5가지 금기 문구'는 다음과 같다.

1. "'안 돼'의 어떤 부분이 이해가 안 가는데?"
2. "내가 네 나이였을 때는….."
3. "만약 다른 사람이 모두 절벽에서 뛰어내린다고 너도 똑같이 할래?"
4. "어느 누구도 인생이 공평하다고 말하지 않아."
5. "내가 그렇게 말했기 때문이야."

각각의 표현은 타인을 **대하는** 두 가지 무례한(그리고 궁극적으로 비효과적) 방법인 빈정거림과 권위**주의적**임을 전달한다는 데 주목하라. 마이크는 5가지 금기 문구에 대한 **워크숍**을 할 때 참가자들이 새롭고 더 존중감 있는 대본으로 그들의 낡은 대본을 '덮어쓰도록' 돕는다. 예를 들어 "내가 그렇게 말했기 때문에" 대신 "그것이 옳은 일이기 때문에"라고 말하는 것을 연습할 수 있다. 그것이 존중하는 것이고, 우리 모두가 옳고 그름의 차이를 배우게 하는 더 높은 권위를 향하는 존재라는 것을 가르친다. 성경이 우리에게 말하듯이 말이다. "우리가 하나님을 사랑하고 그의 계명들을 지킬 때에 이로써 우리가 하나님의 자녀를 사랑하는 줄을 아느니라. 하나님을 사랑하는 것은 이것이니 우리가 그의 계명들을 지키는 것이라 그의 계명들은 무거운 것이 아니로다."(요일 5:2-3)

격려의 마법

아프리카의 한 부족은 구성원 사이의 규율 문제를 해결하는 데 독특한 접근법을 실행한다고 한다. 이 부족에서 무책임하거나 불법적인 행동을 하는 사람은 마을 한가운데에 홀로 놓이게 되지만, 구속받지는 않는다. 마을에서는 일이 모두 중단되고 모든 남자, 여자, 아이가 그 피의자 주위로 큰 원을 그리며 모인다.

부족의 각 사람은 피의자가 평생 행한 좋은 일을 한 사람씩 그를 향해 큰 소리로 이야기하기 시작한다. 그러면 어떤 세부 사항이 정확하게 이야기되면서 모든 사건과 경험이 떠올려질 것이다. 피의자가 여러 해에 걸쳐 베풀어온 긍정적인 자질과 선행, 강점과 친절함이 모두 장황하게 낭송된다. 아무도 그 사람의 업적이나 성격의 긍정적인 면을 조작하거나 과장하지 않는다. 그들은 그저 진실을 말할 뿐이다.

그 부족의 의식은 온종일 이어질 수 있고, 모든 사람이 피의자에 관해 할 수 있는 모든 언급을 할 때까지 멈추지 않는다. 마지막에는 부족의 원이 풀리고, 기쁜 축하 행사가 열리며, 그 사람은 상징적으로 그리고 그야말로 다시 부족의 환영을 받는다. 친구와 가족에게서 격려의 말을 들을 때 그 사람이 어떻게 느낄지 상상해보라. 만약 당신이 아이에게 그런 말을 할 수 있다면 아이가 어떻게 느낄지 상상해보라.

이 아름다운 이야기는 아이가 더 잘하도록 돕는 격려의 마법을 실질적으로 보여준다. 격려는 환영하고 힘을 주는 것으로, 사람들 사이의 관계를 해치는 게 아니라 강화한다. 처벌과 비판은 관계를 약화하고 때로 영구적인 영향을 끼친다. 만약 아이가 잘못했을 때 비난하지 않고 아이가 한 좋은 일을 모두 상기시켜준다면 어떤 감정을 느낄지 상상해보라.

간음한 여인과 예수님

간음한 여인과 함께하신 예수님의 격려보다 더 좋은 격려의 예는 아마 없을 것이다(요 8:1-11). 예수님은 예루살렘에 있는 성전 구역에 앉아 그분의 말씀을 듣기 위해 온 백성을 가르치시고 있었다. 이 평화로운 장면의 한가운데에 서기관과 바리새파 사람들이 간음하다 잡힌 여인 하나를 끌고 왔다. 그들은 예수님이 정죄보다는 용서를 설교하신다는 것을 알고, 예수님께 도전했다. "선생이여, 이 여자가 간음하다가 현장에서 잡혔나이다. 모세는 율법에 이러한 여자를 돌로 치라 명하였거니와 선생은 어떻게 말하겠나이까?"

예수님은 그들에게 대답하지 않으셨다. 그 대신 모래에 글을 쓰시기 시작했다. 그날 예수님이 모래에 쓰신 글에 대해 많은 추측이 있다. 우리는 결코(어쨌든 이 세상에서는) 알 수 없지만, 어떤 이들은 그가 이 여자를 고소한 자들의 죄를 기록하시고 있었다고 말하기도 한다. 혹은 이 여인의 모든 긍정적인 자질이나 선행을 기록하지는 않으셨을까? 아니면 하나님을 사랑하고 서로 사랑하라는 두 가지 위대한 계명을 쓰시고 있었을지도 모른다. 어쩌면 서기관과 바리새인들에게 산상수훈에서 말씀하신 것을 상기시키고 있었을 수도 있다. "긍휼히 여기는 자는 복이 있나니 그들이 긍휼히 여김을 받을 것임이요."(마 5:7) 우리는 알 수 없다.

우리가 아는 것은, 모래 속에 있는 예수님 말씀이 그 여자의 고발자들을 막지 못했기에 예수님께서 일어나서 그들에게 말씀하셨다는 것이다. "너희 중에 죄 없는 자가 먼저 돌로 치라." 그러고는 다시 모래 속에 있는 자신의 글로 돌아가셨다. 그러자 고발자들은 하나씩 떠나갔다. 앞에서 보았듯이 예수님은 여자의 죄를 용납하지는 않으시나 그녀를 벌하지도 않으셨다. 그 대신 그녀에게 새로운 삶을 시작하라고 격려하셨다.

어긋난 행동 재구성하고 재정향하기

자녀를 격려하려는 당신의 노력이 아마 예수님과 간음한 여인의 드라마처럼 되지는 않을 것이다. 그러나 사랑과 존중으로 자녀를 격려하는 데는 여러 소소한 방법이 있다. 부모를 위해 한 가지 도움이 될 만한 연습은 부정적인 특징으로 보이는 행동을 긍정적인 특징으로 재구성하는 것이다. 당신은 긍정적인 면 바라보기를 선택할 수 있다. 예를 들어,

지금 현재 당신을 짜증 나게 하는 아들의 '고집스러움'이 사랑과 지도를 거쳐 좋은 선택을 하고, 부정적인 동료의 압력에 저항하고, 10대로서든 어른으로서든 성공적인 삶을 즐기는 데 필요한 인내심과 자신감이 될 수 있다.

재구성은 태도이고 재정향은 행동이다. 당신이 재구성해서 바라볼 때, 당신은 다른 빛에서 자녀를 보려고 노력할 수 있다. 한 차원에서는 아이가 고집이 세다. 하지만 더 높은 차원에서 보면 아이는 자신의 가치관이 강한 것이며, 당신은 그것에 감사함을 느낄 수 있다.

당신이 방향을 바꿀 때, 아이에게 자기 자신을 다르게 바라볼 기회를 줌으로써 재구성을 실행에 옮기게 된다. '내가 항상 어떤 일이든 해낼 수 있음을 알기에' 좀 더 '보스'적인 아이에게는 특별한 책임을 줌으로써 같은 성격 특성이 긍정적이거나 부정적인 방식으로 사용될 수 있다는 것을 가르치게 된다. 태도가 모든 것이라는 말이 있다. 당신의 아이가 소유한 긍정적인 자질을 찾고자 한다면, 반드시 찾아낼 것이다.

완벽이 아닌 향상 추구하기

마크 트웨인은 한 설교자의 설교를 듣고 그에 대해 쓴 적이 있다. 그 설교자는 설교가 끝날 무렵, "구원의 가치가 거의 없는 숫자"라며 성도의 가치를 떨어뜨렸다. 그것은 예수님의 방식이 아니었다. 비록 예수님은 우리를 위해 높은 기준을 세울지라도 언제나 우리를 용서하고, 우리가 더는 죄를 짓지 않도록 격려할 준비가 되어 계신다. 우리 자녀들과의 상호작용에서 마크 트웨인의 설교자가 아닌 예수님의 예를 따르는 것이 분명 현명하다.

이 장을 열었던 이야기에서 우리는 딸들의 실패를 하나하나 지적하는 것이 자신의 책임이라고 생각한 아빠의 이야기를 읽었는데, '도움이 되는' 비판이 딸들을 더 나은 사람으로 만들어주길 바라는 마음에서였다. 그런 방식은 그에게도 효과가 없었고, 우리에게도 효과가 없다. 완벽을 기대하는 것은 아이들을 몹시 낙담하게 하는 결과를 초래한다(그리고 부모는 더 좌절한다). 그들의 노력과 향상됨을 알아차리는 것이 훨씬 더 고무적이다. "네 방을 정리해줘서 고마워. 훨씬 좋아 보이네, 도와줘서 참 고맙다."

만약 당신이 아이가 한 일을 '고치려' 하거나 누락된 모든 항목을 곧바로 지적한다면, 아이는 어떤 결정을 할까? 아이는 '내가 뭘 하든 엄마와 아빠를 만족시키지 못해. 나는 그냥 포기하는 게 낫겠어' 또는 '이 집안에서 사랑과 소속감을 얻는 유일한 방법은 모든 걸 완벽하게 하는 거야'라고 결정할지도 모른다. 어떤 결정도 유능하고 자신감 있는 아이를 만들거나 협력을 격려할 것 같지 않다. 노력에 주목하라. 당신의 아이가 하는 일에 진심 어린 감사를 보이라. 기억하자, 아이는 기분이 더 좋을 때 더 잘 행동한다는 것을.

사회적 압박 다루기

부모는 흔히 자녀를 크리스천으로 키우면서 직면하는 가장 힘든 점

중 하나가 사회적 압박이라고 말한다. 거부감이 드는(확신하다시피, 물론 다른 집 모든 부모가 괜찮다고 말해주는) 영화를 보러 가도 되겠느냐고 자녀가 물을 때 친절하고 단호하게 거절하기가 어렵다. 부모들은 때때로 그들의 주장을 강화하기 위해 5가지 금기 문구 중 하나로 되돌아가고 만다. "내가 그렇게 말했기 때문에"라고 말이다.

크리스천으로서 우리는 "내가 그렇게 말했기 때문에"라는 말에 의존할 필요가 없다. 우리는 신약성경에서 우리에게 행동의 기준을 주신 예수님 자신이라는 더 높은 권위를 가지고 있다. "예수님이라면 어떻게 하실까"라는 말은 요즘 들어 지나치게 대중화됐을지 모르지만, 그 간단한 말 속에 우리의 일상적인 결정을 안내해줄 많은 것이 있다.

아이가 대중을 따라 하거나 가족의 경계선을 시험하고 싶어 할 때, 당신은 그 순간을 격려와 가르침의 기회로 삼을 수 있다. 당신을 괴롭히는 아이의 요구는 무엇에 관한 것인가? 당신은 아이가 무엇을 생각하고, 느끼고, 결정하기를 원하는가? 힘겨루기에 불러들이는 협력을 이끌어낼 방법이 있는가? 그리고 이 문제가 당신의 믿음을 어떻게 반영하고 있는가? 과연 예수님은 어떻게 하실까? 가르치는 데 시간을 들이는 것은 부모가 아이에게 할 수 있는 가장 용기를 주는 일 가운데 하나다.

특별한 시간

선생님이 주변에 아무도 없는 곳으로 당신을 따로 데려가 프로젝트를 훌륭하게 해냈다고 말하거나, 오늘 수업에 대한 당신의 기여가 특히 통찰력 있었다고 말하거나, 방과 후에 일을 도와줘서 고맙다고 한 적이 있는가? 아니면 시간을 내어 당신과 어떤 문제에 관해 이야기를 나눈 선생님을 만났을 수도 있다. 만약 그렇다면, 그것은 아마도 영원히 당신에게서 뗄 수 없는 기억일 것이다. 어른이 아이에게 주는 특별한 일대일의 시간은 좀처럼 잊히지 않는다.

우리 대부분은 부모와 함께한 특별한 일대일 시간을 생생하게 기억한다(그리고 우리가 할 수 없다면, 할 수 있기를 바란다). 아마도 그것은 아빠가 우리가 가장 좋아하는 이야기를 계속 읽어주었을 때일 것이다. 아니면 불이 꺼지기 직전에 엄마가 우리와 함께한 특별한 시간이었을 것이다. 아니면 아빠와 나 단둘만의 캠핑 여행! 그 순간에는 진정한 마법이 있다. 그 특별한 일대일 기회를 찾아보자. 그것을 일상적인 의식의 일부로 만들어보자. 매일 일대일로 온전한 관심을 아이에게 주면서, 아이가 당신의 눈에서 자신이 '특별'하다는 것을 보도록 하라. 아이가 가족에 속해 있고 당신의 시간과 관심 속에서 가치 있는 존재임을 알게 하자.

칭찬과 격려

칭찬의 중요성은 누구나 잘 알고 있다. 어느 지역 부모든지 냉장고에 '아이를 칭찬하는 100가지 방법'을 붙여둔다. 그들은 아이의 모든 행동에 칭찬을 해주고, 가능한 모든 벽에 미술 작품을 게시하며, 그렇게 하는 것이 아이의 자존감을 세워준다고 믿는다. 그러나 칭찬, 특히 진실하지 못하거나 지나친 칭찬은 아이가 남을 기쁘게 하는 사람이나 인정 중독자가 되게 할 수 있다. 즉 다른 사람이 자신을 그렇게 말해줄 때만 자신이 받아들여질 수 있는 사람이라고 믿는다.

새년의 엄마와 아빠는 일 년 내내 아이가 유치원에서 보내는 첫날을 고대했다. 엄마는 새년에게 적어도 백 번은 말했다. "애야, 항상 선생님이 말씀하시는 대로 해. 항상 웃고 항상 머리 단정한지 확인하고. 그리고 드레스 더럽히지 말고." 그렇게 계속해서 말했다. 그래서 새년은 엄마가 하라는 대로 했다. 결국 새년은 남을 기쁘게 하는 아이가 되었고, 예상대로 선생님들은 새년을 사랑했다.

그러나 6학년 초 어느 날, 새년은 남을 기쁘게 하는 방식으로는 더 이상 자기 인생에서 중요한 사람들에게 같은 반응을 얻지 못한다는 것을 발견했다. 어른들이 이제 새년을 좋아하지 않는 것은 아니었다. 아이들이 그렇듯, 새년도 부모님이나 선생님보다 또래가 자기를 어떻게 생각하는지에 더 신경 쓰기 시작했다. 차츰 새년은 또래 학생의 찬사를 받는 일을 하기 시작했다. 불행하게도, 이는 부모님이 괜찮다고 생각하는 일이 아니었다. 새년은 중학교와 고등학교에 진학하면서 점점 인기가 많아졌지만, 성적과 행동은 나빠지기 시작했다. 새년은 부모님과 언쟁을 벌였고 자신의 행동에 죄책감을 느꼈다. 그러고는 점점 낙담하게 되었다.

격려는 그 말이 암시하듯이 아이에게 용기를 불어넣는 노력이고, 그 용기는 엄마나 아빠, 선생님이 보고 있건 보고 있지 않건 옳은 일을 하는 것이다. '용기'의 어원은 프랑스어로 '쾨르(coeur)', 즉 '마음(heart)'이다. 용기를 불어넣는 것은 실제로 '마음을 주는 것'을 의미한다. 용기를 꺾는 것은 말 그대로 '마음을 빼앗는다'는 뜻이다. 격려를 받은 아이는 그것이 올바른 결정이고 진실성과 같은 인격적 자질이기 때문에 그에 맞게 의사결정을 할 수 있는 내적 용기가 발달한다. 자녀가 세상 앞에 놓인 수많은 유혹을 정면으로 맞닥뜨릴 때 부모가 원하는 건 바로 이런 것이 아닐까?

칭찬은 그 사람에게 기대를 건다. "네 방을 청소하다니 넌 참 착한 소녀구나." 격려는 그 노력에 주목한다. "네가 방 정리를 아주 열심히 했구나. 고마워, 너도 참 기분이 좋겠다." 칭찬은 성적표에 적힌 A의 숫자를 기대한다. 격려는 무엇을 배웠는지를 바라본다. 칭찬은 타인에 대한 의존으로 이어진다. 격려는 자신감과 자립심 그리고 궁극적으로 진정한 자존감으로 이끈다.

때로 부모는 아이를 칭찬함으로써 아이에게 자존감을 '줄' 수 있다고 믿지만, 우리가 배운 대로라면 이는 역효과를 내곤 한다. 자존감은 실제 인생 기술 속에서 자라나는데, 이를 '역량 경험'이라 부르기도 한다. 당신의 아이가 스노보드, 체조, 요리 등 새로운 것을 시도했다가 성공한 때를 기억하는가? 아이의 기분은 어땠을까? 아이와 책임감을 나누고, 그렇게 할 수 있는 기술을 가르쳐주는 일로 초대하는 것의 감춰진 축복 가운데 하나는 우리가 결코 말로는 해줄 수 없는 방식으로 아이가 자신 감과 역량을 쌓도록 한다는 것이다. 자존감은 '주어질' 수 없다. 자존감은 아이들 저마다의 마음 가운데서 자라나야 한다.

용기를 얻은 크리스천(노소에 관계없이)은 자신의 선택이 옳다는 믿음에 근거해서 삶과 관계에 대한 선택을 해나갈 것이다. 옳은 일을 한 데 칭찬을 바라도록 길러진 크리스천은 자신이 하는 선택이 칭찬받지 못할 때 혼란스럽고 낙담할 것이다.

칭찬과 격려의 차이점

	칭찬(Praise)	격려(Encouragement)
사전적 정의	1. 호의적인 판단에 대한 표현 2. 특히 완벽한 결과에 대한 찬미 3. 인정과 찬성의 표현	1. 용기를 불어넣음 2. 촉진하고 활기를 줌
인정하는 것	오직 완벽하게 이루어낸 결과물	노력과 향상됨
태도	가르치려 듦, 조종하려 함	존중함, 고마워함
'I' 메시지	단정적 · 평가적: "내가 좋아하는 방식대로 네가 앉아 있구나."	자기 발현: "너의 협력이 정말 감사해."
주로 쓰이는 대상과 표현	아이: "너는 참 착한 아이구나."	어른: "도와줘서 고마워."
예시	"수학에서 백 점을 받아오다니 네가 정말 자랑스럽구나."(개인의 성취에 대한 소유권을 빼앗음)	"그 백 점은 네가 정말 열심히 했다는 의미야."(성취에 대한 소유권과 책임을 인정함)
초대하는 바	다른 사람을 위해 변화하는 사람	자기 자신을 위해 변화하는 사람
통제의 중심	외부: "타인이 무엇을 생각하지?"	내부: "내가 무엇을 생각하지?"
가르치는 바	'무엇'을 생각해야 하는가, 타인의 평가에 근거함	'어떻게' 생각해야 하는가
목표	순응: "당신이 옳았어요."	이해: "무엇을 생각하고 느끼지?"
자존감에 미치는 영향	타인이 인정해줄 때만 가치 있다고 느낌	타인의 인정 없이도 가치 있다고 느낌
장기적인 효과	타인에게 의존적임	자신감과 자기 의존적, 독립된 가치

* 위 내용은 캘리포니아 새크라멘토의 부모 교육 리더 보니 스미스와 주디 딕슨의 차트에 따른다.

보상

　보상은 아이에게 '외부의 통제권'을 가르친다. 다른 말로, 보상이 있을 때만 뭔가 하는 것을 배우게 된다. 이는 아이가 아니라 부모가 책임을 지도록 하는 것이다. 아이가 선하게 행동하는 것을 '포착'해서 보상을 해주고, 아이가 나쁘게 행동하는 것을 '포착'해서 벌을 주는 것이 부모의 일이 된다.

　'긍정 훈육'의 기본적인 원칙 가운데 하나는 아이가 단지 그것이 옳은 일이라는 이유만으로 옳은 일을 하는 법을 배워야 한다는 것이다. 이는 가족, 공동체 또는 사회에 기여해온 본질적인 것이나 내면적 앎을 위해서 필요하다. 관습적인 지혜는 보상을 아이가 더 잘할 수 있도록 돕는 최고의 동기 요인이라고 가르친다. 그리고 만약 당신이 단기간의 결과에만 관심이 있다면, 그것은 분명 효과적이다. 그러나 우리는 장기적인 관점에서의 결과 때문에 종종 "무엇이 작용하는지 주의하라"라고 말하곤 한다. 많은 아이가 잠깐은 보상으로 동기부여를 받을 것이다. 하지만 우리는 그들이 곧 더 큰 보상을 원하거나, 아니면 그 일을 전혀 하지 않으려 한다는 것을 알고 있다. 보상이나 처벌을 위해 당신에게 의존시키기보다는 아이에게 자기 훈육과 협력을 가르치는 것이 더 낫다.

자녀를 격려하는 도구

　다음은 우리가 매일 아이를 격려함으로써 자신감과 자존심을 길러주는 몇 가지 팁이다.

훈련에 시간을 들이라

우리는 모두 잠언(22:6)에 익숙하다. 하지만 훈련이 정말로 무엇을 의미하는지 생각해보려고 멈춘 적이 있는가? 우리는 훈련을 위해 시간을 할애하는가, 아니면 단지 우리 아이가 무엇을 하기를 원하는지 이해하기만을 바라는가?

마리안의 이야기를 생각해보자. 마리안의 엄마는 마리안이 자라는 동안 되도록 많은 집안 활동에 아이를 참여시켰다. 마리안의 가장 오래된 기억 가운데 하나는 엄마와 함께 가족의 옷을 세탁한 것이다. 마리안이 고작 3살밖에 안 됐을 때의 일이지만 엄마와 함께 일한 기억은 생생하다. 엄마의 일은 세탁기에서 젖은 옷을 꺼내 마리안에게 건네주는 것이었는데, 마리안은 엄마 옆에서 기대하며 기다리고 있었다. 마리안은 젖은 옷 더미를 건조기에 넣은 뒤 문을 꼭 닫고 시작 버튼을 누른 다음 일이 잘 끝났다고 자부하며 뒤로 물러서 있었다. 성장해가며 마리안은 세탁을 하는 데는 두 사람이 필요하다고 확신했다. 엄마는 마리안에게 집안일의 작은 부분을 어떻게 하는지 가르쳐주는 시간을 보낸 것뿐이지만, 마리안은 그것을 결코 잊지 않았고 그 덕분에 귀중한 삶의 교훈을 얻었다.

어린아이는 종종 "엄마, 내가 도와줄게요"라고 한다. 매 순간 주어지는 강력한 가르침의 기회가 되는 지점에서 당신은 두 가지 교훈 중 하나를 가르칠 수 있다. "너는 아직 어려서 도울 수 없어. 가서 장난감이나 가지고 놀아." 혹은 마리안의 엄마처럼 "네가 도와주면 정말 고맙겠다. 엄마가 건조기 작동법을 알려줄게"라고 말할 수 있다. 부모들은 아이들이 진심으로 동참하길 원할 때 그들을 참여시킬 기회를 놓치곤 한다. 아이가 '아직 어리기' 때문에, 또는 아이를 훈련하고 격려하는 데 시간이 걸리기 때문에, 또는 아이가 능력이 있다고 믿지 않을 수도 있다. 그러고는 아이가 좀 더 자란 뒤에 부모는 왜 애는 집안일 돕기를 싫어하고 장난감 가지고 놀기만 좋아하는지 의아해한다. 아이를 가르치는 데 시간과 에너지를 투자하면 앞으로 몇 년 동안 모두에게 이익이 될 것이다.

강점을 세우고, 약점을 관리하라

하나님은 서로 다른 강점과 약점을 지닌 자들로 우리 모두를 다르게 지으셨다. 바울이 고린도전서 12장에서 언급한 바와 같이 하나님은 어떤 이에게 특정한 재능을 주시고, 다른 이에게는 또 다른 재능을 주신다. 이는 모두 같은 한 성령이 행하는 일이다. 우리는 이 말씀이 익숙하지만, 때때로 아이를 기르는 데 이것을 어떻게 적용할지 잊어버리곤 한다. 우리 아이들은 저마다 독특한 재능과 강점이 있다. 부모의 과제는 그러한 강점을 토대로 조금씩 세워가는 일이며, 반면 피할 수 없는 약점은 아이가 관리하는 법을 배우도록 돕는 것이다.

물론 첫 번째 단계는 아이의 강점이 무엇인지 바로 발견하는 일이다. 우리는 『초우량 기업의 조건』에서 톰 피터스가 주창한 개념을 좋아한다. 피터스는 "좋은 발견자(good finder)가 되라"라고 주장한다. 무엇이 효과가 있는지 찾아보고, 그것을 인식하고, 그렇게 행함으로써 주위 사람에게 격려자가 되어라. 피터스는 업계에서의 격려에 관해 쓰고 있지만, 이는 아마도 부모들에게 더욱 중요할 것이다! 좋은 발견자가 되어라. 그러면 놀랍게도, 좋은 것이 발견될 것이다. 그리고 그것은 계속 더해질 것이다.

명령을 내리는 대신 질문하라

예수님은 청중에게 자신이 가르치는 것을 이해할 기회를 주고자 질문을 던지는 재주가 있으셨다. 당신은 다음 질문 속에서 초대와 격려의 메시지를 들을 수 있는가?

- "너희 중에 죄 없는 자가 누구냐?"
- "네 죄 사함을 받았느니라 하는 말과 일어나 걸어가라 하는 말이 어느 것이 쉽겠느냐?"
- "너희 중에 어떤 사람이 양 한 마리가 있어 안식일에 구덩이에 빠졌으면 끌어내지 않겠느냐?"

명령을 내리는 대신 아이에게 열린 질문을 한다면 명령하고, 지시하고, 기대할 때보다 쾌활한 협력을 받아낼 가능성이 훨씬 더 크다(당신 주변의 누군가가 명령할 때 기분이 어땠는가? 협력하고 싶은 영감을 받았는가, 아니면 약간의 발끈함을 느꼈는가?). "오늘은 할 일이 좀 많아. 나를 도와줄 수 있겠어?"라고 말하는 것이 "이게 오늘 네가 해야 할 일이야"라고 말하는 것보다 훨씬 더 힘을 북돋운다. 아이에게 어떻게 도움을 줄 수 있는지 물어봄으로써 기여할 기회를 주고, 아이는 가족 안에서 소속감과 존재감을 키운다.

불완전할 용기를 가지라

우리가 이 책에서 때때로 말했듯이 완벽함이란 우리가 무덤의 이편에 있는 한 우리 손아귀 밖에 있다. 우리는 실수할 거라는 사실을 받아들이는 편이 낫다. 그리고 우리 아이도 그럴 것이다.

식탁을 치우다 접시를 깨뜨린 아이에게 이렇게 말한다면 얼마나 멋진가. "괜찮아. 우리는 모두 실수해. 여기서 무엇을 배울 수 있을까?" 또는 이런 말이 더 나을 수도 있다. "아이고! 내가 너한테 식탁 치우는 방법을 보여주지 않은 실수를 했구나. 네가 할 수 있는 것과 또 우리가 더 나은 방안을 생각해낼 수 있을지 이야기해보자."

바울이 말했다. "아비들아, 너희 자녀를 노엽게 하지 말지니 낙심할까 함이라."(골 3:21) 그는 아이들에게 불완전할 수 있는 여지를 주어야 한다고 상기시킨다. 아이들이 성공하고 행복한 사람이 되는 데 필요한 모든 기술과 태도를 배울 수 있는 시간 말이다. 바울은 우리에게 말한다. "당신은 완벽한 부모가 될 필요가 없다. 그리고 당신의 아이 또한 완벽하지 않을 것이다. 그들을 좀 느슨하게 대하라. 결국 우리가 배우는 것은 오직 실수를 통해 이루어진다."

혹시 아이가 잘못을 저질렀다고 비난하고, 단지 잘못한 사람이 바로 너라는 것을 밝히다가 아이를 잘못 판단한 적이 있는가? 아이에게 사과했는가? 대부분의 부모는 자신의 실수에 대한 책임을 받아들이고 진솔

한 사과를 할 수 있을 만큼 겸손할 때, 아이가 빨리 용서해준다는 것을 알게 된다.

저자들은 불완전함에 대해 많이 알고 있다. 우리 아이들이 너무 잘 증명할 수 있는 것처럼, 우리는 오랜 세월 불완전함을 보였다. 메리는 그녀의 불완전할 용기에 대한 이야기를 공유한다. 메리와 그녀의 가족이 막 새집으로 이사했을 때, 메리는 빛나는 부엌 조리대에서 갓 생긴 듯한 깊은 흠집을 발견했다.

그녀가 소리쳤다. "음 그래, 애들아, 이리 와봐! 도마를 쓰기로 한 거 기억 안 나? 자, 누가 그랬어?"

세 아이 모두 합창하듯 반응했다. "난 아니야! 내가 한 짓이 아니야!"

그러나 이해가 가지 않았던 메리는 다시 단호하게 말했다. "좋아, 우리는 너희 가운데 하나가 시인할 때까지 여기 서 있을 거야." 메리는 타이머를 2분 맞추었다. "나는 안 했어요!"라고 더 큰 고함이 뒤따랐다. 그녀는 타이머를 3분 더 맞추었고, 역시 같은 결과를 내자 또 4분을 맞추었다. 10분간의 침묵이 흐른 뒤, 전화벨이 울렸다. 남편 게리가 직장에서 전화한 것이었다.

메리는 남편에게 긁힌 조리대에 대한 좌절감을 이야기한 뒤 아이들 가운데 하나가 자백하기를 기다리고 있다고 말했다. "10분이나 지났어." 메리는 볼멘소리를 했다. "그리고 애들은 아직도 나한테 누가 그랬는지 말해주지 않고 있어." 전화선 저편에서 긴 침묵이 흘렀다. 그러고는 게리가 조용히 말했다. "내가 그랬어. 쿠폰을 오리다가 조금 넘어가 버렸어."

말할 것도 없이 메리는 자존심 때문에 감추고 싶은 마음이 조금 있었다. 그렇지만 그녀는 세 자녀에게 사과했다. 아이들은 곧바로 엄마를 용서하고 안아주었다. 가족은 그때 엄마가 '그저 진실을 알아내려고' 노력한 시간을 떠올리면 여전히 웃는다.

아이들은 용서받는 것을 기뻐하는 만큼 빨리 격려해주고 용서를 아주 잘한다. 불완전할 용기를, 아이들과 더불어 겸손함의 본을 보일 용기를 가져라. 그리고 그들의 실수를 기꺼이 용서하라. "누가 누구에게 불만이 있거든 서로 용납하여 피차 용서하되 주께서 너희를 용서하신 것같이 너희도 그리하고 이 모든 것 위에 사랑을 더하라 이는 온전하게 매는 띠니라."(골 3:13-14) 우리가 매일 존중과 격려와 용서를 실천한다면 우리 집이 얼마나 환영받고 격려받을 수 있는 공간이 될지 상상해보라.

자녀를 격려하기 위한 도구

- 훈련에 시간을 들이라.
- 강점을 세우고 약점을 관리하라.
- 명령을 내리는 대신 질문하라.
- 불완전할 용기를 가지라.

제10장
감정과 의사소통 이해하기
—

유순한 대답은 분노를 쉬게 하여도
과격한 말은 노를 격동하느니라.

(잠 15:1)

아이가 배우는 첫 번째 성경 구절의 하나는 시편 118편 24절이다. "이 날은 여호와께서 정하신 것이라 이날에 우리가 즐거워하고 기뻐하리로 다." 사실 성경은 기쁨과 즐거움을 이야기하는 말씀으로 가득하다. 그 런데도 왜 크리스천들은 여전히 슬픔, 불안, 공포, 분노와 씨름하는 걸 까? 어째서 우리 가족은 물론이고, 우리 집 밖의 세상도 실상 언제나 즐 겁고 평화로울 수 없는 걸까?

한 가지 단순한 대답은 주께서 그분의 지혜로 다양한 스펙트럼의 감 정을 가지도록 우리를 지으셨다는 것이다. 비 온 뒤 무지개와 같이, 어 떤 이는 슬픈 시간을 경험하지 않는다면 우리가 충분히 행복한 시간을 보내지 못할 것이라고 말한다. 아픈 뒤에 우리가 얼마나 건강한 것에 감 사하게 되었는지 기억하는가? 사실 당신의 감정은 자기 자신과 주변의 세상에 대해 귀중한 정보를 주고 있음을 뜻한다. 감정은 당신을 아는 지표가 된다. 감정은 일어나는 일들 가운데서 당신을 계속 조율해주고, 종종 당신이 안전하고 건강하게 지내는 데 필요한 것이 무엇인지 알려주는 단서를 제공한다.

아이 또한 강한 감정이 있다. 그들의 감정은 주위 어른의 감정과 마찬가지로 강력하지만(그리고 가끔은 압도적일 정도로), 보통 어른보다 자신의 감정을 묘사하는 단어가 부족하다(그리고 그런 감정을 관리하는 데 도움이 될 만한 기술도 부족하다). 아이는 그들의 삶에서 만나는 부모와 그 밖의 다른 중요한 어른에게서 감정이 무엇이고, 감정으로 무엇을 하는지 배운다. 불행하게도, 때로는 그들이 배운 것이 별로 도움이 되지 않기도 한다.

감정이란 무엇인가?

크리스천들은 때때로 어떤 감정을 느껴서는 안 된다고 생각한다(물론 '좋은' 감정은 제외하고). 그리고 가족에게 무례와 분노, 다툼이 들이닥쳤을 때 실망하고 환멸을 느낀다. 그러나 성경은 기쁨과 평화, 사랑뿐 아니라 죄의식, 외로움, 두려움, 시기심, 분노, 증오에 관한 말씀도 포함하고 있다. 예수님조차도 분노를 느껴 성전에서 돈 바꾸는 자들을 쫓으셨으며 열매 없는 무화과나무를 저주하셨다. 분명하게도, 주님은 우리가 아주 많은 감정을 느낄 것을 알고 계셨고(그중 일부는 매우 불편할 수 있는 것) 우리가 그것을 현명하게 관리하는 법을 배우도록 의도하셨다.

시편 139편 14절은 우리가 하나님의 가장 복잡하고 훌륭한 창조물의 하나인 인간에 대해 어떻게 느끼는지 압축적으로 들려준다. "내가 주께 감사하옴은 나를 지으심이 심히 기묘하심이라 주께서 하시는 일이 기이함을 내 영혼이 잘 아나이다." 최근의 연구에 따르면 감정이 주로 편도체와 해마라고 부르는 인간 뇌의 일부에 따라 생성되며, 이는 단순히 정보를 제공하기 위한 것으로 보인다. 이뿐 아니라 심장 주변에 뇌세포의 '신경망'이 있고, 배에도 또 다른 신경망이 있다. "내 심장이 말해준다"라든지 '직관적 본능'이라는 말들이 문자적으로 거의 사실임이 판명된 셈이다. 사실 감정 없이 어떤 결정을 내리거나, 선택사항을 따져보거나, 인생을 즐기는 것은 어렵다. 감정은 좋지도 나쁘지도 않다. 모든 사람이 감정을 느끼고 있고, 감정 자체는 문제를 일으키지 않는다. 어른이건, 아이건 우리는 저마다 자신의 모든 감정을 누릴 권리가 있다. 하지만 우리가 감정을 느끼고 하게 되는 행동은 상처를 주거나 부적절할 수 있다. 다음 예를 생각해보자.

- 크리스틴은 16살이다. 크리스틴의 아빠는 딸이 친구들과 함께 금요일 밤에 외출할 때 가족용 차를 운전하라고 허락했다. 붐비는 주차장에서 운전해본 경험이 많지 않았던 크리스틴은 후진하다가 영화관에 있는 가로등에 부딪혔다. 크리스틴은 걱정되고 두려웠다. 아빠가 알면 화나고 실망해서 다시는 차를 운전하지 못하게 할 수도 있고, 크리스틴에게 그 손해를 배상하라고 할 수도 있다. 크리스틴은 아빠에게 차가 왜 그리 움푹 파였는지 모르며, 아마도 누군가가 우리 차에 후진한 것 같다고 말했다.
- 패멀라는 힘든 하루를 보냈다. 그녀에게는 3살짜리 세쌍둥이인 코트니와 켈리, 케이틀린이 있는데 그들은 조산했기 때문에 모두

특별한 필요를 가지고 있다. 두 딸은 중이염으로 밤새 잠이 깨어 있었고, 패멀라는 지쳤다. 이날 여러 의사와 진료 예약이 잡혀 있는데, 세쌍둥이는 투정 부리고 짜증을 낸다. 점심때쯤 되자 패멀라는 좌절감을 느끼고 짜증이 났다. 또한 평소처럼 딸들에게 인내심을 가지지 못했다는 이유로 죄책감을 느낀다. 진료를 다 마치고 난 늦은 오후, 코트니가 카시트에 앉기를 거부하자 패멀라의 신경은 확 곤두선다. "그렇게 버릇없이 굴지 좀 마!" 패멀라는 화내면서 코트니의 뺨을 철썩 때린다.

- 제러미는 9살이다. 학교 친구들은 모두 인기 있는 새 장난감을 가지고 있다. 그러나 제러미의 부모님은 그 장난감을 좋아하지 않고 사주지도 않을 것이다. 제러미는 돈도 없고, 화나고, 질투심을 느낀다. 어느 날 오후 제러미는 가장 친한 친구 가족과 함께 동네 장난감 가게에 가서 아무도 보지 않을 때 그 장난감을 재킷 주머니에 슬쩍 집어넣는다. 나중에 부모님이 그게 어디서 났냐고 묻자 제러미는 어디서 주웠다고 말한다.

크리스틴과 패멀라, 제러미가 느끼는 감정은 다 완전히 이해할 수 있다. 하지만 그들이 선택한 행동은 부정직하고, 상처를 주거나 부적절한 것이다. 성숙한 사람이 된다는 것의 한 단면은 자신이 느끼는 것(종종 해야 하는 것)이 자신이 행동하는 것과 다를 수 있음을 인식하는 것이다. 하지만 어른과 아이 모두에게 이 과정은 인내심과 연습이 필요하다.

감정을 가지고 무언가를 '할' 필요가 항상 있는 것은 아니다. 사실 사람들이 종종 그들의 감정을 '집어넣거나' 억누르는 한 가지 이유는 그러

감정 차트

차분한	신난	슬픈	놀란	자랑스러운	의심 많은	속상한
무력한	피곤한	편안한	거절된	겁내는	단호한	지루해하는
분개하는	화난	상처받은	장난기 많은	질투하는	부끄러운	긴장한
짜증 난	절망적인	다정한	압도된	확신이 없는	분한	안도하는
외로운	평화로운	우울한	희망에 찬	신경질 나는	죄책감 드는	걱정하는

한 감정이 어떻게든 자신들을 장악하고 나쁘게 행동하도록 할까 봐 두려워서다. 또한 앞에서 언급했듯이, 크리스천들은 때때로 '부정적인' 감정을 느끼는 것이 믿음이 부족하거나 영적으로 약하다는 뜻이라고 믿는다. 그러나 모든 사람은 감정이 있다. 게다가 건강한 방식으로 다루지 않은 감정은 그냥 사라지지 않는다. 그것은 때때로 사람의 일생에 걸쳐서 곪아 흐른다. 고통스러운 상처나 곪힌 상처처럼 딱지가 붙은 채로 살아가는데, 자기 삶에서 최대한 '뚜껑'을 덮어두기 때문이다. 또는 그것들이(분노나 우울의 형태로) 새어 나오거나 격노하거나 불만으로 폭발할 수도 있다. 감정을 인식하고 관리하는 법을 배우는 것은 어른과 아이 모두에게 중요한 일이다(앞쪽의 감정 차트를 보라. 당신이 느끼는 감정을 가장 잘 묘사한 것을 지금 바로 찾아보자!).

비언어적 의사소통의 메시지 이해하기

12살인 매슈가 현관문을 박차고 들어올 때 댄은 서재에서 컴퓨터로 일하고 있었다. 매슈의 턱이 떨린다. 매슈가 문을 거칠게 쾅 닫자 벽에 걸린 그림들이 덜거덕 흔들린다. 매슈는 쿵쿵거리며 침실로 걸어간다. 그 문도 쾅 하고 닫힌다.

단 한 마디 말도 없었지만, 댄은 아들이 몹시 화났다는 것을 바로 이해한다. 매슈는 아빠에게 강력한 비언어적 메시지를 보냈다. 어른은 보통 의사소통을 할 때 말에 의존한다(사실 우리도 비언어적 방식을 수없이 사용하면서 왜 아이가 그렇게 자주 우리를 무시하는지 궁금해한다). 하지만 때로 우리가 서로에게 보내는 가장 강력한 메시지는 어떤 말도 사용하지 않는 것이다. 우리는 우리의 표정, 우리의 목소리 톤, 우리의 자세, 우리가 만드는 눈 맞춤(또는 눈 맞춤을 거부하는 것) 그리고 우리 감정의 '에너지'로 그것을 보낸다.

만약 감정이 에너지를 발산한다는 것을 의심한다면, 사람들이 논쟁을 벌이는 방으로 걸어들어 갔던 때를 생각해보라. 비록 아무도 말하지 않더라도 당신은 아마 공기 중에서 정적과 긴장감이 도는 걸 느꼈을 것이다. 우리 모두는 감정적인 에너지와 비언어적 의사소통을 인식하는 능력이 있다. 사실 전문가들은 우리가 메시지의 80%를 이런 비언어적인 방법으로 의사소통을 한다고 추정한다. 말은 거짓말을 할 수 있지만, 에너지와 비언어적인 메시지는 거의 거짓말을 하지 않는다. 이는 대니얼 시겔과 메리 하첼이 지은 『내면에서 비롯된 자녀 양육(Parenting from the Inside out)』에서 확인할 수 있다. 이 책과 시겔의 또 다른 저서는 대인관계가 뇌의 발달에 어떤 영향을 미치는지 설명하는 데 도움을 준다.

어린아이는 특히 어느 정도 나이가 될 때까지는 언어 사용 능력이 완전히 발달하지 못하기 때문에 '읽는 것'과 비언어적 메시지를 보내는 데 크게 의존한다. 유감스럽게도, 부모는 가끔 "아니, 난 화나지 않았어"라고 말하면서 눈썹을 찌푸리고 주먹을 꽉 쥔 채로 있다. 이때 아이는 본능적으로 언어적 메시지보다 비언어적 메시지를 더 신뢰할 것이다. 그리고 댄과 매슈에게서 보았듯이, 부모도 아이가 보내는 비언어적인 메시지 읽는 법을 배울 수 있다.

다음에 사랑하는 누군가와 대화할 때 세심한 주의를 기울여보라. 당신은 그 사람과 눈을 마주치는가? 그가 당신을 살펴보는가? 어떤 커뮤니케이션 연구자들은 부모가 화났을 때는 아이와 눈을 마주치는 경향이 있고, 다른 때는 직접 눈 마주치기를 피하는 경향이 있다는 점에 주목했다. 당신이 말할 때 얼굴 표정은 어떤가? 목소리 톤은? 자세나 몸의 위치는 어떤가? 당신의 비언어적인 메시지는 당신이 하려는 말과 일치하는가, 아니면 '뒤섞인 메시지'를 보내고 있는가?

이것이 왜 중요한지 아직도 궁금하다면 '사랑해'라는 메시지를 생각해보자. 우리는 대부분 단어 그 자체만으로도 의미가 충분히 전달될 수 있다고 생각하면서 이것을 건성으로, 매우 부주의하게 말한다. 하지만 과연 그럴까? 다음에 아이가 이 메시지를 진정으로 듣기를 원한다면, 아이와 눈높이를 맞추고 눈을 똑바로 바라보자. 미소 짓고, 따뜻한 톤으로 말하라. 아마 당신은 어깨에 팔을 둘러보고 싶을지도 모른다. 이제 "사랑해"라고 말해보라. 포옹이 다가오는 것을 느낄 수 있는가? 심지어 당신이 화났을 때라도 만약 당신의 사랑이 먼저 전달된다면, 메시지는 통할 것이다. 당신은 이렇게 말할지도 모른다. "애야, 나는 너를 사랑하고 그 어떤 것도 이 사실을 바꿀 수 없어. 네가 동생을 때렸을 때 엄마는 화가 많이 났단다. 너와 내가 둘 다 마음이 진정되었을 때, 네 동생의 기분이 나아지는 걸 도와주고 존중하는 방식으로 문제를 해결할 방법을 우리가 찾을 수 있을 거라고 믿어."

때로 비언어적인 의사소통은 가장 유창한 말조차 필요 없게 하기도 한다. 마사는 14살이다. 마사는 노래 부르기를 좋아하고, 명예 합창단의 오디션을 준비하려고 열심히 노력했다. 가장 친한 친구 둘은 다 선발되었지만, 마사는 되지 못했다. 지금 마사는 학교 영어 수업을 위해 책을 읽으면서, 무릎에 아래턱을 괴고 소파에서 쓸쓸하게 몸을 웅크리고 있다. 마사가 느끼는 감정은 슬픔과 낙담인 것처럼 보인다. 마사의 엄마는 현명하기에 어떤 말도 지금 당장 딸을 돕기 위한 최선의 방법이 아닐 수 있음을 안다. 그래서 소파 옆을 지나면서 마사에게 공감의 미소를 보내고 손을 뻗어 어깨를 부드럽게 껴안아 준다. 마사는 힘없이 웃으며 반응한다. 마사의 엄마는 자신이 딸의 실망감을 '고치거나' '지울' 수 없음을 알지만, 딸을 사랑하고 공감하고 있다는 것은 알게 했다. 지금은 그것으로 충분하다.

적극적 경청의 힘

부모들이 종종 아이들의 감정을 '고치거나' 바꾸고 싶어 할지라도, 진실은 정말 좋은 의도라는 것이다. 우리는 그들에게 "힘내"라고 말한다. "두려워할 것 없어"라고 단호하게 말하거나 "젊은 친구, 나한테 화내지 마렴!"이라고 말한다. 하지만 감정은 그리 쉽게 변하지 않는다. 누군가가 당신이 어떻게 느끼는지 말해주려고 애쓴다면 당신은 인정할 수 있을 것이다. 현명한 부모는 아이의 행동이 자신에 대해 어떻게 생각하고, 느끼고, 결정하는지에 따라 형성된다는 것을 알고 있다. "대부분의 사람에게 가장 필요한 것은 잘 들어주는 것이다"라는 옛말이 있다. 그리고 감정에 주의 깊게 집중하는 '적극적 경청'이라고 부르는 이 기술이야말로 아이가 자신의 감정을 관리하고, 이해받는다고 느끼고, 문제 해결로 옮겨가도록 돕는 가장 좋은 방법 중 하나다.

적극적 경청은 부모가 긍휼히 여김을 보여주는 것이며, 이는 성경이 서로에게 보이도록 장려하던 것이다. "마지막으로 말하노니 너희가 다 마음을 같이하여 동정하며 형제를 사랑하며 불쌍히 여기며 겸손하며 악을 악으로, 욕을 욕으로 갚지 말고 도리어 복을 빌라. 이를 위하여 너희가 부르심을 받았으니 이는 복을 이어받게 하려 하심이라."(벧전 3:8-9) (판단, 비판, 지적질, 잔소리 대신) 긍휼히 여기고 온유하게 대하는 것은 우리가 다 축복을 나누고 받는 방법이다. 그리고 판단 없이 긍휼히 여기는 것은 아이에게 소속감과 존재감을 만들어내는 데 가장 좋은 방법 중 하나다.

댄과 매슈를 기억하는가? 댄이 서재에서 일하고 있었는데, 매슈가 집 안으로 쾅 하고 들어와서 자기 방으로 사라졌다. 지극히 정상적인 아빠로서 댄의 첫 반응은 짜증이었다. 그는 생각했다. '저 애 좀 봐! 내가 문을 쾅 닫지 말라고 몇 번이나 말했지? 저 녀석의 무례함에 질렸어!'

댄은 컴퓨터 파일을 저장하고 아들 방으로 복도를 따라 내려가기 시작했다. 그러나 닫힌 문으로 다가가면서 그는 걸음을 늦추었고, 마침내 가만히 서 있었다. 댄은 문득 자신이 12살이라면 어떨지를 떠올리며 심호흡을 했다. 그러고는 "주님, 제가 아들에게 손을 내밀 수 있도록 도와주세요"라고 조용히 숨을 내쉬며 말했다. 그러자 몇 달 전 교회에서 실시했던 양육교실에서 얻은 교훈이 떠올랐다. 이런 순간에 거기서 뭘 하라고 말해주었지? 오 그렇다, 감정. 아마도 거기가 시작하기에 좋은 곳일 것이다.

댄은 매슈의 방문을 부드럽게 두드리며 말했다. "이봐, 맷."

"뭘 원하세요?" 안에서 무뚝뚝한 반응이 돌아왔다. 다시 댄은 성급함을 누르고 말했다. "난 그저 네가 괜찮은지 확인하고 싶었을 뿐이야. 네가 들어왔을 때 많이 속상하고 화나 보여서."

긴 침묵이 흘렀고, 문이 천천히 열렸다. 댄은 눈물에 젖은 아들의 얼굴을 보았다. 무언가가 댄을 침묵에 머물게 했다. 말을 하는 대신 댄은 그저 아들에게 팔을 내밀었고 매슈는 그의 품에 안겼다. 오랫동안 조용히 안겨 있다가 매슈가 물러났다. 아이가 감정을 조절하려고 애쓰는 게 눈에 띄었다.

댄이 조용히 말했다. "너 너무 슬퍼 보여. 무슨 일이야?"

매슈는 심호흡을 한 뒤 천천히 말했다. "루크 아빠가 암에 걸리셨어요." 댄은 너무 놀랐다. 루크와 매슈는 유치원 때부터 가장 친한 친구였다. 그들은 학교와 교회를 함께 다녔고, 리틀 리그와 축구를 함께 했으며, 그저 놀면서 많은 시간을 보냈다. 소년들은 끊임없이 서로의 집을 드나들었고, 루크의 아빠는 언제나 매슈의 두 번째 아빠나 다름없었다.

댄은 매슈가 문을 쾅 닫았다고 꾸짖으면서 이 대화를 시작하지 않은 데 안도감을 느꼈다. 아들의 얼굴을 들여다보다가 그 속에서 갑자기 혼란과 두려움, 슬픔이 눈에 들어왔다. 댄은 아들을 자기 옆에 있는 침대로 끌어당기고 루크와 그의 아빠 그리고 그 가족을 위해 기도하자고 제안했다. 기도를 마치자 매슈는 아빠 얼굴을 올려다보았다.

매슈는 조용히 말했다. "만약 이런 일이 루크와 그 애 아빠에게 일어날 수 있다면, 아빠에게는 일어나지 않을 수 있다는 걸 어떻게 알죠? 이건 불공평해요, 아빠. 마틴 씨는 정말 좋은 사람이고 아이들을 아주 많이 사랑해요. 왜 하나님은 이런 일이 일어나게 내버려 두시는 거죠?"

"나도 잘 모르겠다, 맷. 꽤 혼란스럽지?" 댄은 이 질문들이 단 한 번의 대화로 해결되지 않을 거라는 것을 충분히 알 만큼 현명했다. 또한 그는

매슈가 겪고 있는 진짜 고통을 흡수할 시간과 허용 외에 매슈를 '더 기분 좋게' 해주려고 노력하지 않았다. 댄은 아들의 괴로움과 두려움을 돌아보면서 그 감정에 초점 맞추기를 선택했다. 그리고 단지 아들의 행동이 아닌 감정에 초점을 맞춤으로써 아들에게 진정 자신에게 일어나는 일을 표현할 수 있는 길을 열어주었고, 아빠와 아들이 앞으로 닥칠 도전적인 시간을 거쳐 서로 도울 수 있는 기반을 다졌다. 댄은 잠언 15장 1절 말씀의 지혜를 배웠다. "유순한 대답은 분노를 쉬게 하여도 과격한 말은 노를 격동하느니라."

적극적 경청이 서툰 행동을 용납한다는 것을 의미하는 게 아님을 주목하라. 중요한 일이었다면, 댄은 조금 뒤 매튜와 문을 쾅 닫는 데 관해 이야기할 수도 있었을 것이다. 또한 적극적인 경청이 아이의 감정에 동의한다는 의미도 아니다. 그것은 단지 이해와 공감의 다리 역할을 제공하며, 이로써 사랑하는 사람이 자신의 말을 들어준다고 느낄 수 있고, 문제 해결과 협력으로 나아갈 수 있다.

댄 킨들런과 마이클 톰슨은 『아들 심리학』에서 아이들에게 자신의 감정을 알아차리고, 수용하고, 관리하는 능력인 '정서적 읽기 능력'을 길러주어야 한다고 말한다. 적극적 경청, 즉 단순히 아이가 느끼고 있는 감정에 이름을 붙이고 그것을 아이에게 되돌려주는 것만으로도 자신의 감정을 식별하는 법을 배우도록 돕는다. 그리고 자신이 느끼는 건 비록 자기가 하지 않은 것이라도 항상 받아들일 수 있음을 가르쳐준다. 또한 이는 우리 모두에게 불가피한 삶의 일부인 고통스러운 감정을 피하거나 침묵으로 물러나는 것이 아니라, 가족 사이에 존중과 사랑의 분위기 속에서 어려운 경험과 감정을 공유할 수 있도록 마음의 문을 열어준다.

단순히 당신의 아이가 어떻게 느끼는지 안다고 가정하지 말고, 기꺼이 확인하고 진심으로 귀 기울이자. 가끔은 어려울 수도 있겠지만, 아이의 감정을 개인적으로 받아들이지 마라. 다만 진심 어린 호기심을 보이며 질문하고, 당신이 받는 대답에 대해 기꺼이 "함께 입술로 들으라." 아이가 들려주는 메시지 이면에는 항상 숨겨진 메시지가 있다. "나는 엄마가 미워요"라는 말은 감정의 언어로, 사실은 이런 의미일 수 있다. "엄마가 나한테 시간을 쓰지 않는 것 같아서, 또는 나보다 빌리를 더 예뻐하는 것 같아서, 또는 엄마가 내 성적에 너무 집중해 나를 조건적으로 사랑하는 것처럼 느껴져서 마음이 상했어요." 이해받는다고 느끼고 자신의 감정이 수용된 아이는 거의 대부분 더 기꺼이 문제를 해결하려 하고 행동을 고치려 한다.

또한 당신은 행복한 기분으로 적극적 경청을 연습할 수 있다. "애야, 너 오늘 정말 좋아 보여!" 이는 아이가 가장 멋진 경험을 나누려고 기다리는 초대장이 될 것이다. '감정 얼굴 차트'를 사용함으로써 아이들이 자신의 감정을 인식하고 말로 표현하는 것을 도울 수 있다. 아이들과 함께 차트를 보고 "지금 네 기분을 표현하는 데 가장 가까운 얼굴을 찾을 수 있니?"라고 물어보자.

감정 관리를 위해 긍정적 타임아웃 사용하기

양육 도구에 대해 다룬 8장의 긍정적인 타임아웃을 기억하는가? 긍정적인 타임아웃은 훌륭한 훈육 도구지만, 특히 가족 모두가 강한 감정에 직면해서도 존중하고 협조적인 태도를 유지할 수 있도록 돕는 데 효과적이다.

만약 어린아이가 있다면, 틀림없이 짜증 내고 떼쓰는 식으로 분위기를 방해하는 상황을 겪어봤을 것이다(많은 부모가 자녀의 행동에 대한 반응으로 자신의 성질을 돋웠다). 화나거나, 약이 오르거나, 또는 기분이 상하는 것은 그 누구에게도 최선을 가져다주지 않는다. 적극적 경청과 긍정적인 타임아웃이 결합하면 상당히 효과적일 수 있다. 예를 들어, 아이가 반항하거나 화났을 때 이렇게 말해볼 수 있다. "네가 지금 얼마나 좌절했는지 알았어. 네 기분이 나아질 때까지 너만의 타임아웃 공간으로 가보는 건 어때? 네 마음이 좀 가라앉았을 때 나에게 오렴. 우리 이 문제를 해결할 방법을 함께 찾아보자." 또는 "타임아웃 공간에 혼자 가 있겠니, 아니면 내가 함께 갈까?"라고 말해볼 수도 있다. 이는 타임아웃 공간이 처벌이 아님을 강조한다. 만약 당신을 초대한다면, 아이가 대화를 시작하기 전까지 말하지 마라. 그냥 조용히 앉아서 사랑과 지지를 보내라.

진정하고, 이성적으로 생각하고, 존중과 품위를 갖추고 행동하기 위해 시간이 정말 필요한 사람은 종종 부모인 경우가 많다. 당신은 아이에게 "나는 지금 정말 화가 나서 후회할 무언가를 말하거나 행동하고 싶지 않아. 잠깐 진정할 시간을 가질게. 5분 뒤에 여기서 다시 만나 방금 있었던 일에 관해 이야기하자"라고 말할 수 있다.

많은 부모가 의지하는 징벌적 타임아웃이 아니라는 것을 명심하자("내가 셋을 세기 전에 그만둬. 그러지 않으면 너는 타임아웃이야!"). 모든 사람에게 진정할 시간을 주는 것은 결코 허용적이거나 방임적이지 않다. 이는 종종 행동을 바꾸고 협조를 구하는 데 가장 효과적인 방법이며, 파괴적으로 흐를 수 있는 소리 지르기와 명령하기, 논쟁하기를 피하는 것이다. 아이가 무엇을 해야 할지 결정하기 전에 이성적인 사고가 가능하도록 시간을 들이는 것만큼 아이에게 감정 다스리는 법을 가르칠 더 나은 방법이 있을까?

"글쎄, 내 감정은 어떨까?"

아이는 거의 항상 당신이 생각하고 느끼는 바를 당신이 짐작하는 것보다 더 많이 안다. 기억하라, 아이들은 정서적인 '에너지'와 보디랭귀지를 읽는 데 남다른 통찰력이 있다. 또한 어린 시절에는 대개 자기중심적이어서 다른 사람의 행동이나 감정이 자신들 때문에 일어난다고 믿는 경향이 있다. 그래서 단순히 당신의 감정을 아이에게 말해준다면(물론 아이를 탓하지 않고) 꽤 도움이 될 수 있다.

여기 적절한 정서적 정직함에 대한 몇 가지 예가 있다.

- "오늘 아침 회사에서 중요한 회의가 있는데 우리가 늦어지고 있어서 답답해. 네 학용품을 정리하는 걸 도와주면 고맙겠다."
- "나는 지금 네 아빠한테 화가 나. 우리 타임아웃을 가지고 조금 있다가 이야기하자."
- "네가 제시간에 귀가하지 않으면, 혹시 너한테 무슨 일이 생긴 게 아닐까 걱정돼. 늦어질 때 전화해주면 고맙겠어."

사실을 굳게 지키고, 자신의 감정에 대해 정확성을 가지고, 만약 적절하다면 왜 당신이 그렇게 느끼는지를 설명하라. 만약 그것이 불가능해 보인다면, 어떤 말을 하기 전에 시간을 두는 게 좋을 것이다.

어른은 종종 자신의 감정을 억누르거나, 분명히 다른 것을 느낄 때쯤 하나를 말하곤 한다. 정서적인 정직함의 효과적 표현에는 중요한 점이 두 가지 있다. 첫째는 자신이 느끼는 것을 느끼고, 생각하는 것을 생각하고, 원하는 것을 원하는 게 괜찮음을 아는 것이다. 둘째는 아무리 당신이 자신을 정중하게 표현한다 할지라도 다른 사람이 똑같이 느끼거나 생각하지 않을 수 있고, 단지 요청했다고 해서 당신이 원하는 것을 해줄 의무는 없다는 점이다. 여전히 존중감 있는 정직함은 교묘하게 조종하거나, 회피하거나, 화내거나, 다른 누군가가 내 마음을 읽어주기를 기대하는 것("정말 나를 사랑한다면, 당신은 알아줘야지")보다 항상 더 효과가 있다. 서로 존중하는 것이 성공적인 관계의 열쇠임을 기억하라.

듣는 마음 키우기

부모 노릇은 쉽지 않다. 아이의 필요와 행동을 다루는 것뿐 아니라 바쁜 세상의 스트레스와 도전에도 대처해야 할 때 특히 그렇다. 많은 가족이 '소통'에 도움을 요청하면서 상담에 참여하지만, 그들이 말을 하는 데 어려움을 겪는 일은 드물다. 사실 때때로 가족 구성원 모두가 동시에 말을 한다! 의사소통은 정말로 말과 감정과 행동에 대해 듣는 것을 뜻한다. 진정한 경청은 마음에서 시작한다.

당신은 아이(또는 배우자)가 말하는 모든 것을 항상 좋아하지는 않을 것이다. 하지만 당신이 적극적 경청을 연습하고, 침착함과 존중감을 유지하고, 자신의 마음을 친절하고 단호하게 말할 수 있다면 의사소통은 거의 문제가 되지 않는다. 그리고 가족 모두는 소속감과 존재감을 느낄 수 있다. 더구나 주님은 성령의 열매를 맺어갈 기회를 우리 안에 허락하신다. "오직 성령의 열매는 사랑과 희락과 화평과 오래 참음과 자비와 양선과 충성과 온유와 절제니 이 같은 것을 금지할 법이 없느니라."(갈 5:22-23) 이것들은 우리 모두가, 부모와 아이가 마찬가지로 가정과 마음 속에서 환영하는 감정이다.

Positive Discipline
in the
Christian Home

제11장

가족회의

—

모이기를 폐하는 어떤 사람들의 습관과 같이 하지 말고
오직 권하여 그날이 가까움을 볼수록 더욱 그리하자.

(히 10:25)

"가족회의 시간이에요, 여러분." 마저리는 집안 구석구석을 향해 외친다. 그녀는 모두가 다시 모이기를 고대하고 있다. 그녀는 '원탁'이 있는 부엌으로 가는 길에 혼자 생각한다. '마침내 6주 정도 가족회의를 하고 나니 정말 좋은 것 같아. 자연스러워.' 아빠는 이미 싱크대에서 손을 씻고 있다. 12살인 시에라는 모두가 가장 좋아하는 디저트를 준비하면서 신이 난다. 마크와 멜라니는 둘 다 8살인데, 뒷문으로 들어온다. 그들은 '스쿠터 게임 중간에' 가족회의를 해야 하는 바람에 부엌으로 들어오면서 투덜거린다. 그러다 갑자기 마크가 폭탄 발언을 한다. "오, 훌륭해. 또 다른 '엄마 회의'야. 이번 주 봉사로는 어떤 큰 집안일을 하게 될지 궁금하네요." '엄마 회의? 마크는 어디서 그런 생각을 하게 됐지?'라고 생각하며 마저리의 얼굴에서 행복한 미소가 금세 사라진다. 마저리는 다른 가족이 이러한 장해물을 극복했다는 것을 재빨리 기억하면서 발언한다. "마크, 우리 모두가 그것에 관해 이야기하고 해결할 수 있도록 너의 염려를 가족 안건으로 부칠게."

가장 강력한 가족 의식

우리가 이 책에서 탐구해온 성품과 생활 기술을 가르치는 것뿐 아니라 가족에 속해 있다는 느낌을 자아내는 데 도움이 되는 가장 강력한 가족 의식 가운데 하나가 바로 가족회의다. 학교의 긍정 훈육 프로그램의 기초가 되는 학급회의와 마찬가지로 가족회의는 존중과 감사의 분위기 속에서 다양한 기술을 가르칠 수 있는 효과적인 수단을 제공한다.

우리는 종종 가족이 직면하는 문제나 도전에 대응하기 위해서만 '가족회의'를 연다는 이야기를 듣곤 한다. 세 자녀가 모두 학교에 들어가면서 다시 교사로 복직하게 된 한 여성은 출근하기 한 달 전쯤 가족회의를 열어 예전에 자신이 직접 했던 수많은 집안일을 나누었다고 말했다. 이런 목적으로 가족회의를 하기로 한 그녀의 결정에 우리가 박수를 보내는 만큼, 만약 몇 년 동안 정기적으로 가족회의를 진행하고 있었다면 그건 불필요했을지도 모른다. 이러한 집안일은 가족의 협력과 팀워크 분위기 가운데 이미 다루어졌을 수도 있다. 그리고 가족회의 시간은 앞의 오프닝 이야기에서처럼 '엄마 회의' 이상의 것으로 간절히 기대될 수도 있다.

가족회의를 논할 때, 완벽함이 목표가 아니라는 점을 기억하는 게 중요하다. 그 대신에 상호 존중과 협력, 재미있는 분위기를 만들어가도록 할 수 있다. 실수, 불만, 성공, 실패 모두가 배움의 과정에 더해질 수 있다는 사실을 깨닫는다면 낙담할 것이 없다. 우리가 가족회의를 열었을 때 불평하던 아이들이 이제는 기숙사 회의, 룸메이트 회의 그리고 자신의 가족 안에서 가족회의를 조직하고 있다. 많은 회의가 아주 즐길 만하다. 우리는 오래된 추억 사진 들여다보기를 즐기는 만큼 오래된 가족회의 노트 읽어보기를 즐긴다.

이제 우리는 가족회의의 유일한 목적이 집안일을 가족에게 고루 나누는 것이라고 비추어지길 원하지 않는다(그것이 종종 유쾌한 결과일지라도). 우리가 이 장에서 발견해가겠지만 가족회의는 훨씬 더 많은 것을 한다. 하지만 일단 가족회의의 메커니즘을 살펴보자.

간단히 말해 가족회의는 매주 모든 가족 구성원이 칭찬을 주고받고, 관심사와 고민을 공유하며, 가족 사이의 문제를 상의하고, 가족의 즐거움을 계획해볼 수 있는 기회다. 가족회의를 방해하는 건 어떤 것도 허용되지 않는 게 가장 좋다. 자동응답기가 전화 메시지를 받도록 하고, 모든 것을 동원해 미디어를 차단하자(텔레비전조차도!). 이는 각 사람이 가족회의에 들이는 시간에 대해 존중함을 보이는 것이다. 가족회의가 방해받으면 가족 사이의 의사소통에 지장이 생기고 가족 구성원은 왜 자신들이 이 테이블에 왔는지 의아해할 것이다.

가족회의를 위해 제안하는 간단한 안건이 여기 있다.

- 기도, 말씀 읽기, 성경 이야기 또는 영감을 주는 다른 이야기. 각 가족 구성원을 차례로 초대해 오프닝 순서를 이끌게 할 수 있다.

- 칭찬, 감사, 주중에 있었던 긍정적인 일 공유하기(제인 넬슨의 『긍정의 훈육』에서는 이것을 '감사의 시간'이라고 부른다.)
- 공유, 토론 또는 문제 해결을 위한 안건 항목
  - 달력
  - 집안일
  - 용돈
  - 추가 공지 사항
  - 축하 또는 재미있는 가족 활동

기도와 말씀 읽기

"두세 사람이 내 이름으로 모인 곳에는 나도 그들 중에 있느니라."(마 18:20) 가족회의를 기도로 시작하는 것만큼 더 좋은 방법은 없다. 그 과정에서 예수님을 환영하고 가족이 하려고 하는 일에 그분의 축복을 구하는 것은 서로 지지하고 오늘날 그들이 직면한 수많은 문제를 존중과 존엄, 은혜로 헤쳐나가는 데 집중하도록 하는 강력한 방법이다. 또한 하나님의 임재를 청하는 것은 예수님이 영적 가족인 제자들과 함께 일하면서 우리에게 보이신 모범을 따르는 것이다. 예수님은 제자들을 불러 유대감을 강화하고 결속하는 교제의 시간을 경험하게 한 뒤 다른 제자들의 존재로부터 떨어져 흩어졌을 때 각자 일상생활을 이끌어갈 수 있도록 그들을 세상 가운데로 보내셨다.

우리는 가족을 위해 기도하거나 성경을 읽을 기회를 돌아가면서 나누기를 권한다. 어린이 성경, 어린이를 위한 기도문 그리고 기억에 남는 성경 구절은 어린아이가 자기 차례일 때 의미 있게 기여할 수 있도록 도와준다. 당신의 가족은 기도하면서 예수님을 식탁에 초대하며 모임을 시작하는 것과 축복의 시간 뒤에 모임을 마무리할 때 특별히 읽거나 암송한 성경 구절을 모아가는 것이 점점 좋아질지도 모른다.

우리가 아는 어떤 가정은 가족회의 시간의 마지막 부분을 이용해 교회에서 그 주의 설교 메시지에 어떻게 반응할 것인가 토론하고, 한 주 동안 하나님 말씀을 실천에 옮긴다. 또한 우리는 교회에서 나눈 설교를 바탕으로 암송하는 가족도 안다. 몇몇 가족회의에서는 가족이 지난 한 주 동안 각자가 영적으로 감동받았던 것에 관해 대화를 나누기도 한다. 마음에서 우러나온 헌신이나 기도로 가족을 이끌어달라고 요청했을 때, 아주 어린 아이인데도 종종 심오한 경우가 있다.

가족회의 안건의 정기적인 부분으로 항목을 유지하면서도 신앙적인 부분의 형식을 다양하게 함으로써, 당신과 자녀가 함께 공유할 성장과 영감을 기대해볼 수 있다. 또한 평생에 걸쳐 당신의 가족에게 영양을 공급할 전통을 시작할 것이다.

칭찬과 감사

긍정 훈육 워크숍을 진행할 때 우리가 겪은 가장 겸손한 경험의 하나는 어른들이 원으로 둘러앉아 가족회의를 연습하는 자리에서 서로 칭찬을 주고받은 것이다. 감사의 눈물을 흘리지 않고는 이런 일이 거의 일어나지 않는다.

정신없이 바쁘고 스트레스가 많은 시간 속에서 친절한 말은 정말 드물다. 칭찬을 주고받는 것은 가정집 벽 안에서는 물론, 우리 문화에서도 충분히 활용되지 않는 기술이다. 당신이 가장 최근에 칭찬을 받았을 때 어떻게 반응했는지 생각해보라. 이런 식으로 반응하지 않았는가? "어, 아무것도 아니야." "별거 아니야." "오래된 옷이야." 또는 그저 당황해하면서 침묵하는 반응을 보였는가? 그 대신 칭찬받았을 때 이렇게 반응하면 어땠을까? "고마워." "그 점 감사해요." "알아줘서 고마워." 진실은 우리는 대부분 칭찬받기를 꺼리고, 또 다른 사람에게도 잘 해주지 않는다는 것이다. 아마 우리는 칭찬받는 사람을 당황시킬까 봐 두려워하거나 긍정적인 코멘트가 중요하지 않다고 믿는지도 모른다. 심지어 칭찬이 위험하다고 믿을 수도 있다.

많은 크리스천이 "교만은 패망의 선봉이다"라는 가르침을 받았고, 자녀에게 칭찬이나 감사의 말을 전하는 것이 위험한 오만함과 허영심을 만들어낼 수 있다며 두려워한다. 실제로 성경은 이렇게 말한다. "타인이 너를 칭찬하게 하고 네 입으로는 하지 말며 외인이 너를 칭찬하게 하고 네 입술로는 하지 말지니라."(잠 27:2) 감사의 표시와 충분히 받을 만한 격려는 자신의 업적을 뽐내는 것과 차이가 있다. 아이의 공헌에 감사하고, 아이가 자신의 가치와 능력을 소중히 여기도록 가르칠 수 있으며, 여전히 다른 사람과 하나님 앞에 겸손한 것이 귀중한 자질임을 배울 수 있다.

가족회의는 공식적이면서도 염려되지 않은 분위기에서 칭찬을 주고받을 수 있는 기술을 연습할 탁월한 기회를 제공한다. 칭찬은 "나는 _____에 대해 _____을 칭찬(또는 감사)하고 싶어요"라고 간단하게 할 수 있다. 예를 들어 "내 자전거가 펑크 난 걸 고쳐준 아빠를 칭찬하고 싶어요"라거나 "이번 주는 집안일 할 차례가 아닌데도 설거지를 도와준 멜라니에게 고마웠어요"라고 한다. 심지어 이런 것도 가능하다. (아빠부터 엄마까지) "내가 집에 왔을 때 나한테 맡기지 않고 부엌 배관 문제를 살펴줘서 엄마에게 얼마나 고마웠는지 말하고 싶어요." 각각의 경우에 대한 반응은 "고마워"라는 간단한 말이다.

칭찬은 의견 차이가 발생할 수 있는 문제로 토론이 이루어질 때 지지하고 열린 분위기를 제공하기에 중요하다. 가족 구성원이 처음에 가족회의 테이블에서 서로 존중하고 감사하며 협력하는 마음을 느끼기 시작하면 문제를 함께 해결하기가 더 쉬워진다. 앞서 말했듯이 우리 모두는 (부모와 자녀가 다 마찬가지로) 기분이 좋을 때 더 잘 행동할 수 있고, 가정의 모든 사람이 인정받고 환영받는다고 느낄 때 문제 해결과 협력을 쉽게 할 수 있다.

칭찬하는 기술이 습관이 되려면 시간이 걸리는데, 특히 서로 칭찬하는 것보다 불평하는 일이 훨씬 편안한 아이들에게는 더욱 그렇다(실제로 인간의 행동에 관한 연구에 따르면 어떤 기술이 습관으로 정착되려면 적어도 21일이 필요하다. 그것은 18일간의 연습이 샌드위치처럼 끼워진, 적어도 3번의 주간 회의일 것이다!). 낙심하지 마라. 우리가 '사람이 좋은 일을 하도록 붙잡는 일'에서 더 많은 연습을 할수록 '좋은 점 찾기'는 더 쉬워진다.

긍정적인 것 공유하기

(특히 칭찬 서클의 기술을 처음 배운다면) 칭찬에 대한 대안으로(또는 추가로), 가족 구성원은 지난 한 주 동안 있었던 긍정적인 일을 공유할 수 있다.

이 장의 시작 부분에서 예로 들었던 마저리는 집안일을 해결하는 데만 가족회의를 이용했을 뿐, 아이들의 요구에서 '좋은 점 찾기'도 놓쳤다는 것을 깨달았다. 그들은 특히 편안하게 칭찬과 불평을 주고받기가 쉽지 않았다.

칭찬하거나 긍정적인 경험을 나누는 일은 특히 가족 구성원이 일주일 내내 무언가로 논쟁을 벌였을 때 가족 안건에 관한 다른 주제에 대해 긍정적이고 우호적인 분위기를 조성하는 데 도움이 된다. 긍정적인 나눔의 예는 다음과 같다. "나에게 일어난 긍정적인 일은 오늘 밤 우리의 저녁 식사를 위해 식품점에서 연어를 판다는 것을 발견했다는 점이다."

한 저자는 가족 소통 개선 워크숍에 참석한 교회의 가족에게 '집에서 즐거운(home-fun)' 활동 과제를 내주었다. 목표는 간단했다. "그저 사람들을 테이블로 모아서 그곳에 있고 싶게 하기."(물론 궁극적으로는 가족이 정기적인 가족회의에 함께할 수 있도록 돕는 것이 목표였다.) 그 활동은 다음과 같다. "각 가족 구성원에게 특별한 의미가 있는 물건 한 가지를 가족 테이블로 가져오라고 요청하라. 적어도 20분 동안 서로 이야기를 듣고 서로의 물건에 관해 대화하는 시간을 보내라."

몇 주 후, 부모들 가운데 한 사람이 이 활동의 결과를 공유했다. 그녀의 딸은 엄마가 어렸을 때 하던 목걸이를 테이블로 가져왔다. 딸은 몇 년 전에 그 목걸이를 받았는데, 두 사람 모두 그 사실을 잊고 있었다. 딸은 엄마에게 이 기억이 얼마나 특별한지, 또 이것과 다른 많은 보석을 몇 해 동안 나눠준 엄마의 넉넉함에 얼마나 감사한지를 말하고 싶어 했다. 딸은 엄마가 어렸을 때 이 목걸이를 건 사진을 본 기억이 있다고 말했다. 그래서 그들은 앞으로 몇 주 동안 이어지는 가족 스크랩북에 대한 검토를 시작하기로 했다. 딸이 10대를 보내면서 엄마와 딸은 어떤 전형적인 긴장감을 경험해왔는데, 두 사람 다 사랑과 연결의 이 순간을 감사히 여기게 되었다.

공유, 토론, 문제 해결을 위한 안건 항목

안건 항목은 해결책이 필요한 문제가 될 수 있다. 그러나 때로는 다른 사람들이 듣고 있는 동안 감정을 공유할 기회가 될 수도 있고, 무언가를 고칠 필요 없이 고민이나 관심사를 토론해보는 기회로 삼을 수도 있다. 목표는 의제가 얼마나 많든 적든 간에 매주 만나는 것이다. 기도, 감사, 축하의 시간을 나누는 것이 유일한 안건인 가족 모임은 우리가 제안한 안건의 모든 부분에 관심이 필요한 가족회의만큼이나 중요하다.

많은 가족이 안건을 제안해 각 가족 구성원이 사전에 논의할 사항을 적어둘 수 있다(그렇다. 엄마와 아빠도 안건 제안자의 일부다. 오직 기여자만이 아니라!). 가족 가운데 누구라도 자신이 토론하고 싶은 사안을 적어두고 가족회의에서 적힌 순서대로 각 사안을 해결할 수 있다. 어린아이는 그림을 그리거나 자신이 좋아하는 색 마커를 사용해 자신이 기여할 무언가를 나타내기도 한다. 때로는 안건에 대한 각 항목을 논의할 수 없는 경우도 있기 때문에 다음 주 가족회의를 위해 논의되지 않은 항목을 저장하면서 항목의 우선순위를 정할 필요가 있기도 하다.

안건은 가족이 만들어낸 어떤 형식이든 가능하다. 냉장고에 붙인 포스트잇 한 장, 컴퓨터로 작성한 형식, 윗부분에 구멍을 낸 신발 상자 또는 관심 항목을 적는 다른 어떤 편리한 방법도 좋다. 우리가 아는 몇몇 가족은 부엌 조리대에 잘 보이게 일종의 '연간 가족회의 저널'을 만들어 두었다. 이 저널에는 각 가족회의의 안건과 회의록, 결정 사항, 코멘트를 기록하며, 회의 후 보낸 가족만의 특별한 즐거운 시간을 담은 한두 장의 스냅사진도 함께 수록되어 있다(이런 기록은 아이가 자라면서 이전의 글과 고민을 되돌아볼 수 있어 재미있다). 또 다른 가족은 공식적인 안건이나 기록된 회의록 없이 각 구성원에게 고르게 발언 기회를 준다. 어떤 식으로든, 그렇게 하고 싶어 하는 모든 가족 구성원에게 기여할 시간을 허락해야 한다.

회의는 어떻게 진행하는가? 먼저 안건을 읽고, 그것을 올린 가족 구성원에게 여전히 고민인지 묻는다(만약 공식 안건이 작성되지 않았다면, 각 가족 구성원은 돌아가면서 회의 시작 전에 안건으로 올릴 만한 아이디어와 이슈를 차례로 제시하고, 기록하는 이는 항목을 적어간다). 적은 항목이 더는 고민거리가 아닐 경우, 다음 안건을 선정한다. 흥미롭게도, 주중에 안건으로 올린 많은 항목이 가족회의 날에는 문제가 되지 않는 것으로 밝혀졌다. 문제를 적어두는 바로 그 행동이 종종 감정을 표출하는 역할을 하고, 사실 그게 필요한 전부일지도 모른다. 때로는 문제가 있는 사람들이 회의 전에 가족의 도움 없이 해결하기도 한다. 이러한 상황은 종종 격려의 기회가 되는데, 특히 형제간의 싸움이 포함되었을 때 더욱 그렇다. 또한 시간이 어느 정도 흐른 것도 있다. 시간이 모든 상처를 치유하지는 않지만, 분명히 그중 일부는 치유된다.

안건 항목이 여전히 문제라고 한다면, 문제를 제기한 가족 구성원에게 어떤 해결책이 자신이 생각하는 최선인지를 묻는다. 그러고 나서 다른 가족 구성원은 그들의 코멘트와 아이디어를 제공하는 데 초대된다.

'브레인스토밍'은 이 시점에서 아이디어를 얻는 데 특히 효과적인 방법이다. 이는 그 순간에 어떤 지적이나 비판 없이 할 수 있는 모든 제안, 심지어 웃기거나 불가능한 제안까지도 적는 것을 뜻한다. 이렇게 하는데는 다음과 같은 몇 가지 이유가 있다. 곧바로 못 쓰게 된 해결책을 제시한 아이들은 대개 나중에 거리낌 없이 말하기를 꺼린다. 게다가 실행할 수 없는 해결책이라도 다른 사람에게 좋은 생각을 불러일으킬 수 있다. 큰 종이에 모든 제안 사항을 다 적어라. 그러면 그것들을 함께 평가하고 토론해볼 수 있다.

대개 투표보다는 합의를 거쳐 해결책을 선택하는 것이 더 좋다(기억하라, 투표는 '승자'와 '패자'를 낳고 패자는 공유하지 않았던 결정에 참여할 의향을 느끼지 못하는 경우가 많다). 그러고 나서 다음 항목을 해결해간다. 만약 안건이 오직 그 안건을 상정한 사람에게만 영향을 미친다면(바라건대 다른 가족 구성원이 준 도움이 되는 의견을 신중하게 고려한 뒤) 그 사람이 해결책에 대한 결정을 할 수 있도록 허용해주어야 한다. 다음 회의에서 그 해결책이 얼마나 잘 작용했고 무슨 일이 일어났는지 시간을 내어 살펴볼 수 있다.

달력

요즘 일정 관리는 아무리 작은 규모의 가족이라도 악몽이 될 수 있다. 맞벌이 부모와 활동적인 청소년으로 구성된 많은 가정에서는 일정 관리 시간 동안 서로의 활동을 공유하고 기록하는 것이 절대적으로 도움이 된다. 이것은 가족 구성원 개개인이 시간을 현명하게 계획하고, 언제 그들의 존재가 필요할지 미리 알 수 있게 해준다. 몇몇 가족은 '그게 일정

표에 없으면 가족이 그 활동을 예우해줄 의무가 없다'는 합의를 내리기도 한다. 아무도 완벽하지 않기 때문에 가끔 기억의 실수는 용납된다(때때로 부모조차도 용서를 고마워했다!).

어떤 가정은 지워 쓰는 달력을 가지고 있고, 어떤 가정은 컴퓨터 양식을 출력해서 쓴다. 어떤 이들은 개인용 달력이나 전자기기를 사용하는데, 이것은 가족 달력과 동시에 업데이트해 회의 때 불러올 수 있다. 여러 학교는 행사가 미리 인쇄된, 학생을 위한 학교 달력이 있다. 달력의 일정 관리 형태가 어떤 것이든 다 당신의 가족을 위한 것이다. 그것은 중요한 행사를 기억에 의존하여 심한 혼동, 스트레스, 상한 감정이 발생하는 것을 미연에 방지함으로써 모두를 구해줄 것이다.

집안일

가족회의가 오직 집안일에 관한 것뿐이라면 아마도 집에서 인기 없고 성공적이지 못할 것이다. 하지만 가족회의는 피할 수 없는 집안일 분쟁을 다루는 데 틀림없이 효과적인 방법이다. 우리는 집안일이 엄밀히 말해 '가족 일'이라고 믿는다. 이 일은 가족이 더 순조롭게 작용할 수 있도록 돕는 것이고, 따라서 가족 구성원 모두가 책임져야 한다.

저자들은 집안일에 관해 공유할 이야기가 많다. 몇 년 전, 마이크의 가족은 오로지 집안일에 관해서만 다루는 회의를 했다. 아내 캐럴은 최근 교사로 복직한 상태였고, 집안일에 너무 많은 책임을 진다고 느꼈다. 그래서 가족회의에서 가정 살림을 해나가는 데 필요한 모든 집안일을 적었다. 마이크와 캐럴 그리고 두 자녀는 실천 가능한 옵션을 논의했고,

의견일치로 합의를 이룬 뒤 그 계획을 실행에 옮겼다(마이크는 결국 저녁 요리에 대한 책임을 졌고, 그 이후 테이크아웃 피자에 대한 관심이 높아졌다).

또 다른 '집안일 이야기'는 휴스의 가정에서 나온다. 얼마 전 첫 번째 컴퓨터를 구입한 시기가 가족회의를 시작했을 때와 거의 같은 시점이라 도움이 되었고, 아빠는 일주일 동안 해야 할 모든 집안일의 주요 리스트를 만들었다('축구 카풀 운전하기'와 같이 아직 아이들이 할 수 없는 부모의 일을 모두 포함해서). 그들은 모두 선착순으로 집안일을 신청했다. 세 아이가 서로 '가장 쉬운' 일을 하려고 해서 이 집안일 신청 협상은 첫 가족회의에서 가장 많은 부분을 차지했다. 마침내 패턴이 나타났고, 집안일은 '정규 일꾼'을 찾아냈다.

에릭은 어느 주에 신청하려 했던 고양이 배설물 치우는 일을 누가 해버려서 마지못해 웬디의 '정규' 집안일 가운데 하나를 하기로 동의했다. 바로 그날 지정된 요리사를 돕는 것이었다. 에릭은 자신이 이 새로운 기술의 다양함과 도전을 즐긴다는 사실을 발견했다. 마이크가 테이크아웃 피자를 찾아낸 것과 달리, 에릭의 요리 경험은 결국 어느 정도 탁월한 성인 요리사를 탄생시켰다. 그리고 놀랍게도, 에릭은 이 기술을 그의 요리 초기 시절의 결과로 본다(당신은 훨씬 더 나중에야 집안일 신청의 긍정적인 영향을 알 수 있을 것이다).

루시는 9년 가까이 싱글맘이었다. 그녀는 아들이 집안일로 먼지 털기를 선택하도록 '도왔던' 노력을 털어놓는다. 루시는 먼지 터는 일을 정말 싫어했는데, 예전에 어머니가 그 일을 주로 그녀에게 맡겼기 때문이다(사실 루시는 여전히 그렇다). 그러나 아들은 마지못해 협조했을 뿐, 물건의 가장자리만 먼지를 털고는 종종 "잊어버렸다"라고 말하곤 했다. 아들을 더 기꺼이 존중해야겠다고 마음먹었을 때, 루시는 더 많은 협력을 얻어냈다. 아들은 가족회의에서 진공 청소는 괜찮지만 먼지 털기는 싫다고 했다. 루시는 기꺼이 도움을 받는 것이 말다툼과 잔소리보다 훨씬 낫다고 판단했다. 그녀는 한숨을 내쉬며 아들이 즐겁게 청소기를 돌리는 동안 먼지를 털었다.

넬슨의 가정에서는 일주일에 한 번씩 집안일이 돌아간다. 아이들은 순환을 위한 많은 계획을 세웠다. 때로 그들은 항아리 속에서 일주일간의 집안일을 뽑았다. 다른 때는 집안일 때문에 '회전시키기'를 즐겼다(아이들은 접시 바깥쪽에 집안일 사진이 붙어 있고 가운데는 스피너가 그려진 종이 접시로 집안일 회전판을 만드는 엄마를 도왔다). 이들이 여러 다른 계획을 세우는 이유는 집안일을 선택하는 데 존중감을 가지고 참여했는데도 집안일에 대한 '열정'이 불과 1~2주밖에 지속되지 않아서였다. 몇 달 동안 효과가 있었던 계획은 엄마에게 아이 한 명당 두 개의 집안일을 화이트보드에 적어놓으라고 한 아이들의 아이디어였다. 그런데 그들은 곧 '다른' 아이가 더 쉬운 집안일을 하는 데 대해 불평하기 시작했다. 이 문제가 가족회의에서 논의되자, 마크는 기발한 제안을 내놓았다. "집안일을 모두 게시판에 올리고 선착순으로 가져가는 게 어때요?" 엄마는 이 생각에 신이 났다. 공정해지려고 집안일을 회전시키는 노력을 그만해도 됐기 때문이다. 첫 주에 아이들은 '최고의 집안일'을 먼저 하려고 알람시계를 맞췄다. 하지만 곧 그렇게까지 많은 노력을 할 가치가 없다고 결론지었다. 그러나 아이들은 그렇게 처리할 때도 어떤 집안일이든 기꺼이 했다.

당신의 가족에게 있는 집안일과 과업이 무엇이든 간에 현실적인 기대로 확실하게 '훈련 시간을 들이는' 게 중요하다는 것을 기억하라. 아이들이 일을 어떻게 해야 하는지를 알고, 그것을 하는 데 편안함을 느끼게 하라. 그러면 불평하고, 토론하고, 칭얼대는 데 쓰던 시간을 아낄 수 있고, 더 즐거운 항목을 위해 가족회의 안건을 자유롭게 올릴 수 있을 것이다.

그러나 당신이 집안일을 위해 가족 협력을 얻는 일을 성취하겠다고 선택한다면, 그것은 단지 이런 이유로 중요하다. 바로 가족 협력이다. 이는 우리가 아이들이 집안일을 하는 데 돈을 지불하는 것이 좋은 생각이라고 믿지 않는 이유이기도 하다.

용돈

많은 부모가 우리의 양육 워크숍에서 용돈에 관해 묻는다. 우리는 '집안일'과 '용돈'이라는 단어를 같은 문장에 넣는 것을 피하는 게 현명하다고 믿는다. 그것은 가족 안에서 당신이 무엇을 하는가가 아닌, 당신이 누구인가에 따른 가치관이 담긴 분리된 이슈다. 우리는 집안일을 하든 그러지 않든 용돈은 그것의 결과물이 아니라고 믿는다. 용돈은 돈이 드는 일이 있고 돈의 가치를 가르치려고 주어지는 반면, 집안일은 책임감과 기브앤드테이크 그리고 가족 협력을 가르친다.

출금 계좌와 저축 계좌 유지하는 법, 예산 세우는 법, 돈 버는 법, 우리가 받은 것의 일부를 주님께 돌려드리는 법 등 가정생활에 필요한 금융 기술을 가르치는 것은 좋은 생각이다. 이러한 개념을 쉽게 가르치는 방법은 아이의 인생에서 되도록 일찍 돈에 대한 '3$'를 가르치는 것이다. 돈은 우리가 지출($pend)하고, 저축($ave)하고, 봉사($erve)할 수 있게 해준다. 가족마다 비용, 즉 돈을 지출해야 할 항목이 있다. 어떤 항목은 예상되는 것이고, 어떤 항목은 여가 비용으로 여기는 것이기도 하다('원하는 것'과 '필요한 것'의 차이를 아이에게 가르치는 건 중요하다). 이는 아이에게 점심값, 영화관이나 스케이트장 입장료 그리고 옷, 아마도 가족의 재정상 예산을 초과하는 것을 포함할 수 있다.

어떤 가정은 '고용을 위한' '추가'적인 일 목록이 있기도 하다. 이 목록은 지급되어야 할 금액이 붙는 일(예를 들어 세차하기나 벽장 짜기 등)을 포함한다. 아이는 돈이 더 필요할 때, '지원금'을 구걸하는 대신 이러한 일들 가운데 하나를 선택할 수 있다. 아이가 성장함에 따라 베이비시터를 하거나 신문 배달 등으로 돈을 버는 것은 가족 용돈 이상의 추가 수입을 얻는 매우 중요한 방법이 될 수 있다. 너무 비싸서 한번에 구매할 수 없는 물건이 많으니, 아이에게 돈을 저축하는 습관을 기르도록 해야 한다. 아이를 위한 이러한 품목은 휴가비, 자전거, 스쿠터, 컴퓨터, 자동차 또는 대학 등록금을 대는 데 도움이 되는 돈 등을 포함할 수 있다.

마지막 $인 봉사는 아이의 용돈 일부를 교회에서 헌금으로 드리거나 (부모의 헌금을 접시에 담는 게 아니라), 지정된 봉사단체에 보내거나, 이웃의 어려운 가정을 위해 물품을 구입하는 데 사용하는 것을 뜻한다.

각 $의 비율은 가족 내에서 결정할 수 있다. 성경은 십일조의 법칙에 관해 이야기한다. 10%가 당신의 가족이 동의한 최선의 양이라면, 이것은 당신이 모범적으로 가르치고 싶은 개념이다. 아이가 자라서 스스로 유쾌한 기부자가 되는 것은 가족 내에서 베푸는 정신을 관찰했기 때문이다. 성경 고린도후서 9장 7절 말씀이 참고가 된다. 우리는 마지못해 혹은 법에 따라 '해야 하는' 게 아니라, 우리가 원하기 때문에 그것을 즐거이 하고 싶은 것이다.

가족과 이치에 맞게 돈 문제를 논의하는 방법을 찾는 것은 가족회의에서 중요한 부분이다. 이 회의에서 가족의 모든 재정 문제를 논의할지 말지는 부모인 당신에게 달려 있다. 최신의 금융과 가족 재정에 대한 토론은 아이가 재정 계획을 배우는 데 도움을 줄 수 있다. 이 영역은 부모의 책임이지만, 많은 부모가 특히 가정불화의 시기에 아이를 걱정시킬 수 있는 문제에 대해서는 논의하지 않기로 한다. 가족 재정이 가족 휴가 계획이나 자녀에 대한 활동을 선택하는 데 영향을 미칠 정도로 빡빡한 경우(예를 들어 피아노와 기타 레슨을 받고 싶은 사람)에는 가족으로서 상황을 논의할 수 있고, 부모에게 남겨진 최종 결정에 대해서도 논의해볼 수 있다.

추가 공지 사항

가족회의의 이 부분은 가족 구성원이 말해야 할 특별한 것을 위한 시간이다. 어쩌면 성적표를 이야기하는 시간일지도 모른다. 또는 엄마가 취업 기회가 있어 가족과 의논해야 한다든지, 아빠가 곧 출장을 가야 해서 가족과의 시간을 늘리고 싶어 하는 것일 수도 있다. 대학 합격 시점이 다가왔거나, 직장에서 월급이 인상되거나, 복권에 당첨된 사람이 있을 수도 있다(농담이다).

공지는 지금 당장의 논의나 문제 해결이 필요하지 않은 항목일 수 있으며(다음 회의 준비를 위해 생각해봐야 할 항목일 수도 있지만), 안건에 포함된 빠른 항목으로 일종의 참고용('그냥 알아둬' 정도의) 주제다.

이 공지 시간이 가끔은 축하 나누는 시간, 특히 가족 구성원에게 좋은 소식이 있을 때임을 발견할 수 있을 것이다. 오늘날 많은 우편 주문 카탈로그는 생일이나 다른 기념행사가 있는 사람의 집에 놓인 다양한 버전의 가족 '축하 판(celebration plate)'을 보여준다. 특별한 발표가 있는 사람 앞에 이 지정된 판을 놓고 모임 내내 어떤 좋은 소식으로 가족이 함께하는 시간이 끝날지 궁금해하게 하는 것도 재미있을 듯하다.

축하 또는 재미있는 가족 활동

우리는 가족회의의 마무리를 디저트나 게임, 이야기 시간 또는 다른 재미있는 활동으로 채우기를 추천한다. 가족회의에서 첫 안건 항목을 바로 다루기보다 가족의 말씀, 기도, 영감을 주는 시를 공유하라. 아마도 이는 가족 구성원이 다음 모임을 준비하기 위해 한 주 동안 암송하려고 한 사람씩 선택한 성경 말씀일 것이다. 이처럼 3살 이상의 가족 모두가(어린아이일수록 자신이 계획한 일에 자부심이 크고 충만하다) 번갈아 가며 이 축하 시간을 구성해볼 수 있다. 때에 따라 가족회의의 끝을 짧은 디저트 시간이나 이야기 또는 게임으로만 채울 수도 있다. 이런 축하가 있을 때 가족은 다가오는 주 동안 모두가 존중하는 가족 시간이나 식사를 계획할 수 있다. 무슨 일이 있어도 지켜지는 '특별한 가족 시간'은 가족 사이에 '강력한 접착제' 역할을 하는 프로그램이다. 그것이 없다면 우리는 정말 가족이면서도 서로를 알지 못한 채 살게 될지도 모른다. 혹은 가족을 자신에게 있어야 할 유일한 보물로 소중히 여기지 않을지도 모른다.

왜 이런 구조와 형식을 요구하는 걸까? 또 다른 시기, 다른 장소에서는 아마도 이런 공식적이고 구조적인 가족회의가 필요하지 않았을 것이다. 그러나 오늘날의 가족 구성원은 함께 앉아 대화를 나누기보다 저마다 다른 방향으로 달려가는 것처럼 보인다. TV, 영화, 인터넷 등 수많은 매체가 가정에서 밀도 있는 대화를 방해하기 때문이다. 한 세대 전까지는 알 수 없었던 온갖 스트레스와 압박은 우리가 살아가는 문화 속에서 조직적으로 이 문제를 보완하는 법을 배우도록 가족에게 요구한다. 어떻게든 적어도 일주일에 한 번은 가족 구성원 모두가 서로의 말을 듣고 지지받도록 해야 한다.

또한 가족회의는 아이에게 여러 중요한 삶의 기술을 가르친다는 점을 기억하라. 아이들은 서로에 대해 말하려고 긍정적인 부분을 찾는 법을 배운다. 그들은 브레인스토밍으로 해결책을 찾는 방법과 비난 대신 해결책을 찾는 것의 중요성을 배운다. 그리고 차이에 대한 관용과 감사를 배운다(여러 다른 성격 스타일을 가지고 있지 않은 가족이 있는가?). 그들은 말하기와 듣기 둘 다 잘하는 뛰어난 의사소통 기술을 배운다.

많은 가족이 가족회의에서 '토킹 스틱(Talking Stick)'을 사용한다. 토킹 스틱을 들고 있는 사람만이 말할 수 있는데, 이것은 어린아이들이 차례대로 말하는 것을 돕는 데 효과적인 방법이다. 토킹 스틱은 대초원 지역의 아메리카 원주민 부족에게서 유래한 것이다. 깃털과 가죽 조각, 구슬로 장식한 60센티미터 정도 길이의 단순한 막대기로, 말할 차례가 된 사람이 들고 있었다. 당신 가족의 토킹 스틱을 가족 프로젝트로 계획해 함께 만들어볼 수도 있다.

아마도 당신 가족은 가족 휴가 때 모은 조개껍데기나 다른 중요한 물건을 토킹 스틱 대신 사용할 수 있을 것이다. 말하기에는 경청이 필요하며, 토킹 스틱을 잡고 있는 사람의 말을 자신이 경청받고 싶은 만큼 집중해서 들어야 한다는 것을 기억해야 한다(그리고 자녀에게 가르쳐야 한다).

고려할 사항

다음 생각들은 당신의 가족 안에서 효과적이고 존중하는 만남을 시작하도록 도울 것이다.

- 우리의 양육 세미나에서 한 참가자가 다음과 같이 말했다. "내가 어렸을 때 우리는 가족회의를 했다. 모두 저녁 식탁에 둘러앉아 아빠가 수장이 되어 무엇을 할 것인지, 어떻게 할 것인지, 언제 할 것인지 말했다."(아, '아빠 모임!') 우리가 여기서 뜻하는 것은 분명히 그런 게 아니다. 가족회의의 목적은 각 가족 구성원에게 경청하고, 그들의 생각을 깊게 고려하고, 지지받을 수 있는 시간을 제공하는 것이다. 부모가 지시하는 식의 형태는 아니다.
- 가족회의는 아이를 혼내는 시간이 아니다. 훈육은 거의 항상 다른 곳에서 이루어져야 하며, 아이의 감정이 존중받는 곳이어야 한다. 가족회의는 가족 구성원 모두에게 긍정적인 경험이 되어야 한다.
- 가족의 결정 사항과 해결책은 가족 분열을 심화시키는 다수결이 아니라 합의에 따라 도출되어야 한다. 합의란 모든 사람이 함께할 수 있는 것에 도달하기 전까지는 아무것도 결정되지 않았다는 뜻이므로 합의가 이루어질 때까지는 하나의 안건으로 남아 있게 된다. 이는 모든 사람이 동의할 수 있을 때까지 몇 주 또는 몇 달 동

안 어떤 항목이 논의된다는 것을 의미한다. 물론 가족이 살 곳 등 합의에 따른 결정이 적합하지 않은 항목도 있을 수 있다. 그렇지만 이사가 필요한 이직의 경우라면, 가족 구성원이 최대한 즐겁게 이사할 방법을 토론해볼 수 있다.

- 가족회의를 질서정연하게 유지할 수 있도록 역할을 순환시키는 것이 중요하다.

  - 의장(사회자): 이 역할을 맡는 사람은 회의를 소집할 때 사용하는 실제 의사봉을 가질 수 있다.

  - 노트 필기자, 비서 또는 기록자: 이 역할을 위해 특별한 펜이나 연필 또는 노트 패드를 사용하자.

  - 축하 담당자: 가족은 당신의 첫 모임에서 '가족의 재미'와 '디저트'를 위한 아이디어 목록을 만들 수 있으며, 필요에 따라 추가할 수도 있다. 신선한 과일이나 팝콘은 대부분의 가정에서 확실히 인기가 있다. 그래서 이 아이디어는 비용이 많이 들거나 사치스러울 필요가 없다.

- 때때로 우리는 싱글맘에게서 가족회의가 가족 구성원의 의도적인 조정 없이도 전환과 도전 가운데 살아가는 데 특히 도움이 되었다는 말을 듣는다. 일부 의붓 가족은 가족회의를 할 때, 아이들이 '그의 것, 그녀의 것, 내 것, 우리 것'이라는 딱지를 떼어내는 일이 익숙하지 않았다고 말했다. 왜냐하면 새로운 가족을 이루기위해 모두가 애쓰는 중이기 때문이다. 그들이 함께 직면한 도전은 모두를 반대 방향보다는 같은 방향으로 이끌었다. 모든 가정은 구성과 상관없이 가족 사이의 소통 패턴을 어떻게 풀어가느냐에 따라 상

황이 변화한다.

- 가족회의는 부모의 책임을 포기하는 것이 아니다. 아이에게 듣고, 고려하고, 확인할 수 있는 공개 토론의 장을 제공한다고 해서 아이가 하는 모든 생각이 가족 투표로 통하는 것은 아니다. 책임 있는 크리스천 가정은 존중함, 정직함, 예의 바름, 진실함 등의 기본 원칙에 맞추는 가족이다. 더 나아가 이들은 야간 외출 금지, TV 시청, 숙제, 집안일 등에 대한 행동 규칙을 만든다. 가족회의가 이러한 항목에 대해 논의할 수 있는 공개 토론의 장을 제공할 수 있어도, 궁극적으로는 부모에게 책임이 있기에 최종 결정 또한 거기에 바탕을 두어야 한다. 효과적인 가족회의는 가족 구성원 모두가 무엇이 토론에 열려 있고, 무엇이 그렇지 않은지를 아는 모임이다. 부모는 토론에 개방되지 않은 항목은 그것이 기본적인 가족의 가치를 나타내고 이를 뒷받침하는 규칙으로 제한되도록 반드시 보장해야 한다.

결론적인 생각들

솔직한 고백의 시간이다. 이 장 초반의 '마저리'를 기억하는가? 음, 그녀의 이름은 사실 저자 중 한 명인 '메리'였다. 비록 메리는 자녀들이 가족회의를 '엄마 회의'라고 불렀을 때 환멸을 느꼈지만, 마저리는 그만두지 않았고 가족도 마찬가지였다. 비록 그들의 만남이 교과서적인 수준은 결코 아니었지만, 그들은 이 가족의 시간이 그 당시에 가끔 나타났던 것보다 훨씬 더 가치 있음을 발견했다.

어느 날 집을 떠나 대학에 가 있는 2학년 '멜라니'(일명 웬디, 메리의 딸)는 교회가 막 끝날 때쯤, 가족이 항상 가족회의를 열 무렵에 전화를 걸었다. 멜라니는 "엄마랑 아빠랑 에릭은 지금 가족회의를 하고 있죠?"라고 물었다. 메리는 "아니야, 에릭은 교회 끝나고 바로 서둘러 나가서 오늘 저녁 7시가 되어서야 만날 거야. 그 애는 집에도 없어."

웬디가 대답했다. "좋아요, 그럼 나중에 다시 전화할게요. 내가 강사 가운데 한 사람과 직면하고 있는 이 상황에서 내 선택을 어떻게 생각하는지 가족 모두에게 들어봐야 해요. 에린에게 전화해서 의견을 듣고, 나중에 전화할게요. 끊어요~."

얼마나 많은 대학생 소녀가 어려운 결정에 대한 모든 이의 생각을 얻으려고 집으로 전화를 할까? 모든 가족이 때론 가족회의를 힘들어하기도 한다. 하지만 아이가 어리든지, 학령기든지, 10대든지 간에 시작하기에 너무 늦은 것은 결코 아니다. 장기적으로 볼 때 가족회의와의 고군분투는 그럴 만한 가치가 있다. 당신이 가르칠 인생 기술, 당신이 경험할 가족 유대감, 그리고 당신이 소중히 여길 가족의 추억은 보물이 될 것이다. 또한 그것은 영혼을 강하게 하는 가치가 있기 때문에 당신은 가족 안에 있는 모든 사람을 격려하고 영감을 주며 존중해가는 장소를 만들고자 함께 노력할 때 이 모든 걸 경험할 것이다.

성공적인 가족 모임을 위해 '해야 할 것'과 '하지 말아야 할 것'

해야 할 것

1. 소속감과 존재감, 역량에 대한 인식을 개발하고 의사소통 기술, 문제
   해결 기술, 사고력, 책무성, 협력과 같은 가치 있는 삶의 기술을 가르
   치는 장기 목표를 기억하라.
2. 안건을 눈에 잘 띄는 곳에 게시하고 가족 구성원이 문제를 제기할 수
   있도록 격려하라. 또는 가족에게 토론해야 할 사항이 생겼을 때 이를
   작성하라.
3. 가족 구성원이 서로 긍정적인 점을 찾고 말로 표현하는 것을 배우도
   록 칭찬부터 시작하라.
4. 문제 해결을 위해 브레인스토밍을 하라. 거칠고 우스운 아이디어(재
   미를 위해)로 시작하며, 모든 관심사에 대해 유용하고 존중하며 실용
   적인 아이디어로 마무리하라. 그런 다음 한 가지 제안(합의에 따라)을
   선택하고 일주일 동안 시도하라.
5. 매주 후반부를 위한 가족 놀이 활동(모든 스포츠 및 기타 활동[운전자 스
   케줄 포함해서] 등)을 계획하라.
6. 가족회의를 짧게 하라. 자녀의 나이에 따라 보통 10분에서 30분 정
   도면 충분하다. 가족의 재미있는 활동, 게임 또는 디저트로 끝내라.

하지 말아야 할 것

1. 가족회의를 훈계와 부모 통제를 위한 플랫폼으로 사용하기
2. 아이가 지배하고 통제할 수 있도록 허용하기(상호 존중이 핵심이다.)

3. 매주 하는 가족회의 건너뛰기(가족회의는 달력에서 가장 중요한 날짜여 야 한다.)

4. 실수는 배울 수 있는 멋진 기회라는 것을 잊어버리기

5. 가족회의가 가치 있는 삶의 기술을 가르치는 과정이라는 것을 잊어 버리기. 기술 습득에는 시간이 필요하다. 효과적이지 않은 해결책이 라도 백지로 돌아갈 기회를 제공하고 다시 시도한다. 항상 존중과 해 결책에 중점을 둔다.

6. 4세 미만의 아이가 그 과정에 참여할 것이라고 기대하기(어린아이가 너무 산만하게 한다면 잠자리에 들 때까지 기다리자.)

Positive Discipline
in the
Christian Home

제12장

가족 기념하기

—

너희에게 평강이 있을지어다.

(요 20:19)

이 집이 평안할지어다.

(눅 10:5)

리베카는 대학에서 첫 해를 보낸 뒤 집으로 돌아와서 이제는 교회 다니는 것이 중요하다고 믿지 않는다고 가족에게 말했다. "하나님 과 이야기하고 싶으면 언제 어디서든 할 수 있어요. 하나님과 대화 하는 데 교회는 더 이상 필요하지 않아요." 스스로 대학에 진학해 10 대들의 반란을 어느 정도 알고 있었던 그녀의 부모는 리베카가 그 들 앞에 매달리며 향락을 허용해달라는 수작도 현명하게 거절했다. 그러나 그들은 저녁 식사를 하려고 함께 자리에 앉았을 때 리베카의 말에 대한 준비는 되어 있지 않았다.

지난 일 년 리베카가 집을 비운 동안, 그녀의 부모는 영적인 삶에 조 금 해이해졌고 식사 전에 축복을 비는 습관에서도 벗어나 있었다. 부모가 축복을 빌지도 않고 샐러드를 먹기 시작하자 리베카는 크게 화를 냈고, 그녀가 떠날 때 그들이 자신이 기대하는 대로 되기를 분

명히 요구했다. 리베카는 심지어 자진해서 기도도 했다. 그리고 그
녀의 현명한 부모는 "고맙다, 리베카"라는 말 외에는 아무 말도 하
지 않았다.

리베카가 대학에 가 있던 일 년 동안 그리워한 것은 익숙한 것에 대한
편안함이었으며, 삶 속에서 친숙함과 안정감을 주는 연결 의식의 편안
함이었다. 리베카는 기숙사에서 음식을 먹기 전에 축복을 빌지 않았을
지도 모르지만, 일단 집에 돌아오면 언제나 그랬듯이 그런 의식이 제자
리에 있기를 기대했다.

우리는 일과(루틴)를 가르치고 훈련하는 도구로 사용한다는 생각으로
탐구해왔다. 하지만 일과는 우리가 성장하고 발전할 수 있는 친숙한 틀,
즉 친숙한 것의 편안함을 제공한다. 이 장에서 우리는 건강한 크리스천
가족이 안정과 평화, 기쁨을 길러가는 그들의 삶에서 수립해야 할 의식,
전통 그리고 기념하기를 살펴볼 것이다. 또한 크리스천 부모가 아이의
학교 경험에 계속 관심을 보일 수 있는 방법을 살펴볼 것이다. 마지막으
로 우리의 기독교 신앙이 가족으로서 봉사를 통해 더 큰 공동체와 상호
작용할 기회를 제공하는 다양한 방법을 살펴볼 것이다.

의식과 전통

의식과 전통은 존재감이 성취되고, 그 기본적인 의미를 뛰어넘는 일
과이다. 토요일 아침 뒷마당을 청소하는 것은 하나의 일과다. 주일에 교

회에서 보낸 시간 전후에 가족과 아침이나 점심을 함께하는 것은 일종의 의식이다. 의식과 전통은 축복받은 일상이다.

　의식과 전통은 친숙하고 축하하고 축복하는 모든 활동을 가리킨다(생일 파티와 특별한 기념일 보내기, 교회를 마치고 함께 식사하기, 입학식 후 식사하러 나가기, 하루의 끝에 이야기 시간을 가지고 기도하기, 크리스마스를 특별한 방법으로 축하하기 등). 이는 가족 정체성의 일부가 된다. 이런 의식은 종종 당연하게 받아들여진다. 누군가가 그 일을 잊어버리기 전까지는 말이다. 이것은 우리 각자가 평생 기억하는 순간이고, 공유했던 특별한 시간은 소중히 아끼는 추억이 된다. 우리는 이 장에서 몇 가지 가족 의식과 전통을 탐구할 것이다. 하지만 먼저 당신의 가족을 기념하는 것이 왜 중요한지 살펴봐야 한다.

사회적으로 유해한 환경

　코넬 대학의 제임스 가바리노 박사는 '사회적으로 독성이 있는 환경'에 관해 광범위하게 글을 썼다. 그는 폭력과 무책임한 성에 대한 언론의 이미지에서 물질주의와 그에 수반되는 사회적 압력의 유혹에 이르기까지 오늘날의 젊은이들과 대치하는 모든 요소를 묘사한다. 대부분의 부모는 길을 건널 때 차를 조심하거나 가위를 들고 뛰지 않거나 안전벨트를 매는 등 신체적인 위험에서 자녀를 보호해야 한다는 것을 직감적으로 알고 있다. 그러나 많은 사람이 기독교 신앙과 건강한 인지, 정서, 사회적 발달에 독이 되는 상황에서 자녀를 보호할 준비는 되어 있지 않다.

가족은 그러한 사회적 독성 요소를 다루고, 그것에 대해 가르치고, 그 것으로부터 우리 아이를 보호하는 데 이 사회에서 가장 중요한 힘이다. 교회와 학교 그리고 지역사회와 정부 기관들이 지원을 제공하는 데 매 우 중요하지만, 가족은 아이가 '바깥세상'을 다루는 데 필요한 도구를 제공하는 열쇠다. 이 도전에 어떻게 반응하며 여전히 사랑스럽고 행복 한 가정을 만들 것인가?

학교는 어떨까?

특히 빠르게 발전하는 테크놀로지 시대에 교육의 가치에 의문을 제기 하는 부모는 거의 없다. 부모는 자녀의 행복과 성공을 원하며, 교육은 그러한 목표를 달성하는 데 가치 있는 방법이다. 그러나 크리스천 부모 에게 학교는 몇 가지 문제를 제기한다. 당신은 분명히 크리스천 가정을 만드는 데 관심이 있기 때문에 이 책을 읽고 있다. 당신은 자녀가 기술 과 능력뿐 아니라 믿음과 지혜 안에서 자라기를 원한다. 대부분의 부모 는 언젠가부터 여러 선택지에 대한 고려를 멈춘다. 자녀가 공립학교에 다녀야 할까, 사립 기독학교에 다녀야 할까? 아니면 홈스쿨링을 해야 할까? 각 선택의 장단점은 무엇일까?

홈스쿨링을 포함해 공립 교육과 사립 교육의 비교우위에 대한 포괄적 인 논의는 이 책의 범위를 벗어난다. 각각의 교육은 개별적인 가정에 따 라 다르게 견주어질 수 있고, 각각은 엄청난 이점들이 있다. 당신은 자 녀 교육에 대한 다양한 선택지를 조사할 수 있고 조사해야 한다. 어느 쪽을 선택하든지 간에 아이의 교육에 채널을 고정하는 것이 대단히 중요하다. 아이가 무엇을 배우고 있는지 '가나다'뿐 아니라 아이의 태도와 가치까지 주의 깊게 살펴봐야 한다.

다음은 학교 일에 대처하고, 아이가 학교에서 겪은 경험이(자녀가 다니는 유형과 상관없이) 가정에서 가르치는 가치를 뒷받침하는지 확인하기 위한 몇 가지 제안이다.

학교 교육에 포함되라

아이 교육의 일부가 되는 것보다 아이를 더 잘 지원해줄 수 있는 좋은 방법은 없다. 학부모-교사 간담회나 학부모 초청의 밤에 아이의 교실에서 자원봉사자로 참석하라. 만약 이런 것이 불가능한 경우라면, 담임교사에게 이따금 전화해서 확인하라. 부모와 교사가 함께 협력할 때 아이는 멋진 방식으로 유익을 얻는다.

들으라

자녀가 학교생활에 관해 이야기할 때 정말로 귀 기울여 듣는 시간을 가져야 한다(바쁜 부모에게 쉽지 않은 소리로 들리겠지만). 친구, 놀이터에서의 행동, 교실의 훈육, 아이가 누리는 특권 등을 이야기할 때 잘 들어보라. 자신의 가치관과 충돌하거나 당신을 걱정하게 하는 이야기나 생각을 들었을 때, 무언가를 가르칠 시간을 확보하고 '무엇'과 '어떻게'로 질문하면서 자녀에게 일어난 일에 대해 생각해보도록 권하라. 많은 학교가 여전히 처벌과 보상에 크게 의존하고 있으며, 장기간에 걸쳐 아이의 행동 변화를 이끌어내는 데 비효율적이고 낙담시키는 접근 방식을 사용한다. 학교에서 학부모 모임을 시작하기 위해 지원하거나 아이의 선생님과 긍정 훈육을 공유해보고 싶을지도 모른다(우리는 제인 넬슨 등이 쓴 『학급긍정훈육법』을 적극 권한다. 그리고 마이크 브록의 『학령기와 그 후의 양육법〔Parenting through the School Years and Beyond!〕』도 온라인 서점이나 저자를 통해서 구할 수 있다).

숙제 전쟁을 주의하라

학업은 아이의 책임이다. 여전히 많은 부모가 아이가 숙제를 하도록 매일 달래고 꼬드기고 구걸하는 데 시간을 허비한다는 무서운 이야기를 전한다. 만약 당신 가정에서 학업이 문제가 된다면, 이를 가족회의 안건으로 올리고 해결책을 브레인스토밍하는 데 도움이 되도록 아이들을 초청할 수 있다. 또한 아이와 선생님이 함께 계획을 작성하도록 제안할 수 있다. 당신은 제안하고 상기시킬 수는 있지만, 아이 대신 해줄 수는 없다. 어깨너머로 지켜보며 아이에게 하게 '하는' 것은 가정에서 당신이 그토록 열심히 만들어왔던 큰 평화와 기쁨을 파괴할 것이다.

배움의 즐거움을 격려하라

가족 시간의 일부를 배움으로 만들 수 있고, 교육에서 가장 중요한 자신의 행동으로 모델링할 수도 있다. 아이가 일하고 공부할 수 있는 편안한 공간을 만들자. 아이가 (쉴 수 있는 시간뿐 아니라) 읽고 공부할 수 있는 시간이 충분한지 확인하라. 소리 내어 함께 읽는 것은 아이의 언어기술을 가르쳐주며 학업 준비를 격려하는 가장 좋은 방법 중 하나다. 특히 아이가 당신에게 책을 읽어줄 수 있을 때 이는 또한 가족 시간의 즐거운 부분이 된다.

분명 크리스천 부모는 학교 교육 주제에 접근할 때 고려해야 할 사항이 많다. 시간을 내어 자신의 가치를 명확히 하고, 구할 수 있는 다양한 대안을 확인하며, 아이의 필요를 이해하려고 노력하라. 학교가 자녀와 가족의 다양한 요구, 즉 학문적 · 사회적 · 정서적 · 신체적 · 정신적인 것을 충족시키는지 신중히 따져보라.

교육 또한 축하의 이유가 될 수 있다. 아이의 교육적인 경험이 즐겁고 정말로 축하할 만한 일이 되도록 모든 노력을 기울이자. 의식과 전통은 가족이 경험하는 기쁨을 더할 수 있다. 당신의 아이가 인생의 또 다른 전환기에 이르렀다는 것을 인식하기 위해 잠깐 멈춰 서서 그 시기의 시작과 끝을 축하하라. 성적표가 보여주는 것과 관계없이(긍정적인 관점을 기억하라) 성적표 시간을 축하하는 기회로 만들라. 어떤 가족은 자녀의 성취와 자랑스러운 순간을 기념하려고 저녁을 먹으러 나가기도 한다. 학부모와 교사의 면담 시간을 '좋은 발견'의 기회로 삼고 더불어 그날을 축하하자. 아이의 학교생활과 관련된 행사를 표시할 모든 기회를 찾으라. 그러면 아이는 학교생활을 긍정적인 경험과 평범한 가족 활동의 확장으로 보는 법을 배울 것이다.

오아시스 같은 크리스천 가족

크리스천 가족은 오아시스 역할을 한다. 아이가 무조건적인 사랑, 수용, 지지, 긍정적인 역할 모델링, 친절하고 단호하며 일관된 훈육을 경험할 수 있는 안전한 장소다. 또한 우리가 배운 바와 같이 아이가 실수를 할 수 있고, 실수에서 배울 수 있는 곳이기도 하다. 바깥세상은 항상 이런 걸 제공하지는 않을 것이다. 실제로 가바리노가 시사하는 바와 같이, 제공되던 가족의 노력을 지원하는 일은 점점 더 빈약해지고 있다. 의식과 전통은 우리의 가치를 주고받고 서로에 대한 사랑을 증명할 수 있는 안전한 장소와 소속의 순간을 창조하는 데 도움이 된다.

부모가 사용할 수 있는 긍정 훈육의 도구 가운데 하나는 부모의 말을 줄이고 일과를 보스로 만드는 것이다. 이것은 의식과 전통에서도 마찬가지다. 식사 전에 축복을 빌고, 하루를 마감할 때 기도하며, 교회 식품 저장실에서 자원봉사를 하거나, 주일에 예배 후 할머니를 찾아뵙는 것과 같은 의식은 설교나 잔소리가 필요 없이 효과적으로 중요한 교훈을 가르친다.

때로는 중요한 가치를 가르치려고 노력할 때, 부모는 단지 그것을 하는 대신 그것에 대해 말하는 데 너무 많은 에너지를 소비하곤 한다. 행동은 대개 말하는 것보다 훨씬 더 크게 말한다. 공동체에서 정기적으로 봉사하는 가족은 아빠가 주마다 잔소리하는 가족보다 기부에 대해 더 많이 배운다.

만약 당신에게 어떤 성품과 가치가 중요하다면 당신은 매일을 그렇게 살아야 한다. 또한 공원 청소를 선택하는 것부터 노숙자 쉼터에서 추수 감사절 저녁 식사를 제공하도록 돕는 것까지 당신이 가르치고 믿는 것을 강화해줄 가족 전통을 시작해볼 수 있다.

가족과의 저녁 식사

미국의 가장 위대한 이야기꾼 중 하나인 제임스 미치너는 『이 숭고한 땅(This Noble Land)』에서 '아이 교육에서 필수적인 요소' 목록의 맨 위에 "매일 밤 중요한 주제에 대한 활발한 토론이 이루어지는 정돈된 저녁 식사를 하는 가정에 사는 것"이라고 썼다. 마이크 브록과 스티브 글렌의 『능력 있는 학생으로 기르는 7가지 전략(Seven Strategies for Developing Capable Students)』에서는 학교에서의 성공과 규칙적으로 저녁을 함께 먹는 가족과 생활하는 것이 긍정적인 연관성이 있다는 몇몇 연구를 조사했다.

학교에서의 성공과 저녁을 함께 먹는다는 것은 무슨 연관성이 있다는 걸까? 저녁을 함께 먹는 사람이 그러지 않은 사람보다 더 똑똑할까? 아마 아닐 것이다. 시간을 내어 식사를 함께하는 가정은 아이가 부모와 정기적으로 대화하고, 형제자매의 말을 듣고, 가장 중요한 소속감과 존재감을 경험할 수 있는, 연결되고 안정적이며 평화로운 환경을 만들 수 있을 것이다.

저녁을 함께 먹으려고 식탁에 모이는 일은 가족의 삶을 회복할 수 있는 간단한 처방이다. 그래서 우리는 그것의 중요성을 최소화하고 싶은 유혹을 받는다. 그러나 그렇게 한다면 심각한 실수를 하는 것이다. 가능하다면 가족과 함께하는 저녁 식사를 위해 한 시간 정도 시간을 내는 것을 고려해보자. 접시가 정리되는 대로 테이블에서 달아나고 싶은 유혹을 피하라. 여기 5가지 연구 결과가 당신에게 확신을 줄 것이다.

- 가족과의 식사는 어린아이의 어휘력 발달에서 놀이나 이야기 시간, 다른 가족 행사보다 더 중요하다(하버드 연구, 1996).
- 가족 식사를 자주 하는 것은 흡연과 음주, 약물 사용의 위험을 줄이고, 우울증과 자살 충동의 발생률을 낮추며, 11~18세 아이의 성적이 더 좋은 것과 연관된다(소아청소년과 기록보관소, 2004).
- 가족 식사를 자주 하며, 식사하는 동안 긍정적인 분위기를 느끼는 사춘기 여학생은 섭식장애를 보일 가능성이 낮다(미네소타 대학, 2004).
- 부모와 함께 자주 식사하는 아이는 일주일에 두 번 또는 그 이하로 가족과 저녁 식사를 하는 아이보다 대개 학교에서 A학점과 B학점을 받을 확률이 40% 더 높다(컬럼비아 대학 국립중독및약물남용센터).
- 당신이 여전히 가족과 함께하는 식사의 유익을 납득하지 못한다면 이 기사를 읽어보라. "가족 식사의 마법"(http://www.time.com/time/magazine/article/0,9171,1200760,00.html)

어떤 가족은 작업 일정이나 축구 연습 또는 저녁 모임 탓에 매일 밤 저녁을 함께 먹을 수 없다. 따라서 적어도 일주일에 하루나 이틀은 외부의 산만함에서 벗어나 특별한 저녁 시간을 갖기로 결심할 수 있다. 일주일에 딱 한 번 간신히 함께 저녁 식사를 할 수 있다면, 진정한 기념을 위해 노력하라. 좋은 도자기를 사용하고, 촛불을 켜고, 좋은 음악을 틀자. 어떤 가정은 아이들이 돌아가면서 성경 구절이나 힘을 주는 메시지를 각자 접시에 놓으면서 격려의 쪽지를 돌아가며 썼다. 이 특별한 시간은 당신 가족에게 연결과 기념을 위한, 값을 매기지 못할 기회를 제공할 것이다.

당신은 가족이 TV보다 중요하고, 외부 일정보다 중요하며, 전화기 저편에 있는 다른 사람보다 더 중요하다는 것을 전할 수 있다. 물론 아이가 자라면서 또래 친구가 세상의 더 큰 부분이 되면, 아이는 부모가 원하는 만큼 식탁에 머무르고 싶어 하지 않을지도 모른다. 이는 문제를 존중할 좋은 기회를 제공한다.

또 다른 가족의 이야기다. 아빠는 자신이 식사를 다 하기 전에 모두가 식탁을 떠나고 싶어 해서 화가 났다. 그는 가족회의 안건에 이 문제를 제기하기 전, 몇 달 동안 이 점에 대해 불평했다. 다음 회의에서 문제가 제기되었을 때, 엄마와 10대 두 아이는 식탁에 앉아서 너무 천천히 식사하는 아빠의 모습을 지켜보는 게 지루하다며 불만을 나타냈다. 아빠는 혼자 식탁에 앉은 채 남겨졌을 때 가족이 자신을 사랑하지 않는 것처럼 느껴진다고 했다. 엄마와 아이들은 이 말을 듣고 매우 놀라서 아빠를 사랑한다고 안심시키려 했다. 그렇지만 식사를 마친 뒤 그냥 식탁에 앉아 있기는 어려웠다. 브레인스토밍을 하는 동안 몇 가지 제안이 나왔다.

1. 아빠는 더 빨리 먹을 수 있다.
2. 다른 모든 사람이 천천히 먹을 수 있다.
3. 그들은 단지 아빠를 사랑한다는 것을 보여주기 위해 다 먹은 뒤

에도 10분 동안 아빠와 함께 앉아 있을 수 있다.
4. 지루해하는 대신 각자 자신이 좋아하는 것을 이야기하거나, 이번 주 자신들의 목표를 공유하거나, 가족의 재미를 위해 하고 싶은 무언가를 계획할 수 있다.

온 가족은 3번과 4번 제안에 모두 동의할 수 있었다. 또한 토론은 서로에 대한 그리고 서로의 다른 스타일에 대한 더 큰 이해로 이어졌다. 그들은 아빠가 더 빨리 먹는 데 스트레스를 받을 수 있고, 다른 사람들이 조금 느리게 먹는 것이 해가 되지 않음을 깨달았다. 그들은 서로에 대한 사랑과 돌봄을 표현하는 것이 얼마나 중요한 일인지도 깨달았다.

가족 안에서 문제를 해결할 수 있다면, 온 가족이 함께 떡을 떼고 시간을 보내는 일이 얼마나 중요한지 경험하고 기억하는 것만큼 10대를 포함한 아이들에게 더 안전하고 안심되는 항구를 제공하는 것은 없다.

가정생활이 아이에게 미치는 영향

저녁 식탁은 가족의 삶을 갱신하는 완벽한 메타포가 될지도 모른다. 여러 '전문가'가 미국 가정의 죽음에 대해 말했다. 통계는 소름 끼친다. 아버지 없는 가정, 10대 미혼모, 배우자와 아동 학대의 사례가 너무나 많고 10대의 수많은 자살 등 정말 음울한 그림이다. 전문가들은 미국 가정이 죽었다고 선언했고, 우리는 이를 대신할 다른 모델을 제공해야 한다. 교회, 공동체 조직 그리고 지역·주·연방 정부가 나서서 현재 사망한 미국 가족의 대안을 제시해야 한다.

이런 비관론을 나누지 않더라도 우리는 학교와 교회, 공동체 조직 그리고 정부가 가족을 지원하기 위해 더 많은 일을 할 수 있다는 데 동의한다. 하지만 그들은 가족의 대안이 될 수 없고 앞으로도 결코 되지 못할 것이다.

아이에게 가족이 미치는 영향이 얼마나 중요할까? 긍정 훈육에 관련된 모든 책은 알프레트 아들러의 출생 순서에 대한 이론과 그것이 가족 내에서 자기 역할에 대한 아이의 인식에 어떤 영향을 미치는지 탐구해왔다. 우리는 (5장에서 철저하게 논의한 바와 같이) 아이가 가족과의 관계에서 어떻게 자신을 인지하는가는 아이의 인생에서 가질 수 있는 어떤 다른 시스템과 조직, 제도 또는 경험보다 더 많은 영향을 끼친다고 믿는다. 세상이 점점 더 정신없고 빨라지고 혼란스럽고 기술적으로 압도되고 위협적이고 사회적으로 독성이 강해지면서 가족의 영향력도 위태로워졌다. 하지만 다른 모든 것이 혼란스럽고 당혹스럽게 할 때도, 가족은 믿을 만한 불변의 상수로 남아 있다. 식탁에 둘러앉아 함께 저녁을 먹고, 그날의 경험을 나누고, 서로의 기쁨과 슬픔에 귀를 기울이고, 서로의 삶을 축복한다.

가정생활이 어린아이에게 미치는 영향을 충분히 쉽게 알 수 있어 보인다. 하지만 때때로 우리는 성장한 아이들이 자신들의 전통을 확립할 때 내리는 선택에서 이 어린 시절이 중요했다는 점을 간과하곤 한다. 메리의 다 성장한 아이들은 지금도 "생일 축하합니다~"라는 어린 시절부터 들었던 이른 아침의 전통적인 코러스를 고대한다. 어느 해 한 아이는 대학에 가서 가족과 떨어져 있었을 때 "생일 축하합니다" 코러스를 자동응답기에 저장해놓고 향수병이 도는 순간마다 재생했다. 이런 순간은 우리의 정서적인 은행 계좌에 예금을 넣어 스트레스와 이별의 시간 중에도 우리를 지탱해준다.

가족의 밤

아빠는 직업상 월요일부터 목요일까지 일주일에 4일 밤을 타지에서 보낼 수밖에 없다. 엄마는 집 밖에서 파트타임으로 일하고, 앞뒤로 카풀 일정이 꽉 차 있으며, 하루가 끝날 때쯤엔 요리를 해야 한다(이 가족은 이미 11장을 읽었으며, 집안일은 되도록 똑같이 모든 구성원에게 고루 나누어져 있다). 금요일 밤은 엄마와 아빠가 함께 보내기로 예약되어 있고, 토요일 밤에는 아이들이 친구들과 함께할 활동을 계획한다. 주일은 가족이 함께 식사하는 밤으로 예약되어 있다. 또한 '가족의 밤'으로도 예약되어 있다.

여러 가족에게 가족의 밤은 가족 식사의 연장선상에 있다. 가족의 밤은 간단히 말해 가족이 함께할 수 있도록 매주 1박의 시간을 따로 두는 것을 뜻한다. 가족회의를 할 수도 있고 게임, 이야기 말하기, 서로 읽어주기, 함께 디저트 만들기, 프로젝트 하기, 외출과 휴가 계획하기 등을 할 수 있다. 가족 식사와 마찬가지로 가족의 밤은 아이들에게 자신들이 가족의 시간과 관심을 받을 만한 가치가 있고, 가족 앞에 놓인 모든 오락거리보다 더 중요하다는 것을 말해주는 기회가 된다.

가족의 밤은 어린아이에게 활동을 선택할 수 있도록 허락하고, 활동에 어느 정도의 변화를 보장해주며, 가끔은 뜻밖의 일을 던져줌으로써

(예를 들어 아이스크림 가게로 떠나는 여행 등) 가치가 향상될 수 있다. 핵심은 가족 식사처럼 일정을 잡고 그것에 계속 머물게 하는 것이다. 그리고 10 대가 되어 떠돌기 시작할 때도 어쨌든 계속해서 그것을 해나간다. 그들은 떠돌다 돌아올 테고 그때 그들은 당신이 가족의 밤에 계속해서 제공해온 오아시스에 감사할 것이다.

마지막 요점 하나: 아이와 일대일로 함께하는 시간을 잊지 말라. 온 가족이 함께하는 일이 긍정적인 경험인 만큼, 아이 각자와 개별적으로 시간을 보내는 데는 특별한 무언가가 있다. 아이는 엄마나 아빠가 함께하는 짧은 시간을 찾아 나설 때 특별한 소속감과 가치를 느낄 기회를 얻는다. 특별한 시간은 시간을 낼 가치가 있는, 존재감의 강력한 의사소통 수단이다.

하루를 마감하는 시간

"이제 저는 자려고 눕습니다. 나의 영혼이 지켜지기를 주님께 기도합니다"라는 단순한 기도로 하루를 마감하는 아이가 얼마나 있을까? 그 하루가 아무리 정신없이 바쁘고, 부정적인 경험이 아무리 많이 일어났다 하더라도 평화롭고 긍정적인 말로 하루를 마무리하는 것은 안정과 위안을 만드는 데 큰 도움이 될 수 있다. 우리 아이의 하루가 긍정적인 경험으로만 채워질 것이라고는 장담할 수 없고 시도할 수조차 없지만, 우리는 안심시키고 응원하는 방식으로 하루를 마무리하도록 한마음으로 노력할 수 있다.

만약 우리 아이들이 하루를 막 끝낸 순간에 평화롭게 잠들 수 있다면, 그들은 다가올 날에 대해 더 낙관적으로 느낄 것이다. 분노하고 소외된 상태로 잠자리에 보내지면, 그들은 똑같거나 그보다 더한(앙갚음하려는) 것을 배울 것이다.

이런 이유로, 많은 가족이 '마무리 시간'을 지정해서 보낸다. 그 이후에는 더 이상의 개인적인 일을 하지 않고, 불 끄고 잠자리에 들기 전 가족 모두가 함께 즐거운 시간을 보낼 수 있다. 비록 이런 일이 15분 정도만 일어난다고 할지라도, 그리고 엄마와 아빠가 저녁이 끝나기 전에 여전히 할 일이 더 있다고 해도 이 시간을 아이와 부모가 함께하는 것은 아이의 하루를 끝내는 아주 즐거운 방법이 될 수 있다.

마무리 시간에는 숙제, 집안일, 회사 일을 다 중단한다. 가족은 개인적인 성찰, 이야기, 기도 또는 성경 읽기로 하루를 마감하려고 함께 모인다. 제인에게 가장 마음이 따뜻했던 경험 하나는 아들의 가족을 방문해 성경을 읽는(네 자녀가 번갈아 가며) 저녁 의식에 참여한 것이다. 그러고 나서 가족 기도를 위해 무릎을 꿇는다. 하나님과 가족에 대한 사랑에서 온전하다는 느낌은 참으로 아름답고 평화롭다.

마무리 시간은 가족에게로 다시 초점을 맞추고, 모든 구성원이 각자 하루 동안 일어난 일이 무엇인지 떠올리는 데 도움이 된다. 각각의 구성원이 어떤 방향을 취했든, 이제 그들은 가족으로서 함께 시간을 보낼 수 있다. 하루를 마감하는 얼마나 즐거운 방법인가. 더 평화로운 단잠을 제공하는 것은 확실하다.

터치의 힘

몇 년 전 마이크가 가족과 정서적으로 결핍된 적이 있었다. 당시 12살 정도였던 아들이 그에게 다가왔고, 아이들에게만 보이는 소박함과 정직함으로 말했다. "아빠, 아빠는 종일 나를 아예 만지지도 않았어요!" 그리고 아이가 옳았다. 아들은 마이크의 내성적이고 다소 조용한 성격이 '바로 그대로의 아빠'라는 것을 배웠다. 하지만 하루 동안 아빠가 한 번도 자신을 껴안거나 어깨를 두드리거나 장난스럽게 팔을 찔러보지도 않았다는 사실은 아이가 감당할 수 있는 이상의 것이었다. "아빠는 종일 나를 아예 만지지도 않았어요!" 이 얼마나 강력한 기소인가!

우리가 10장에서 발견한 것처럼, 의사소통에서 말은 겨우 20% 정도에 불과하다. 우리 메시지의 나머지 80%는 보디랭귀지, 목소리 톤, 자세, 태도 등에 담겨 있다. 터치는 강력한 의사소통 수단이다. 우리 모두는 어떤 말보다 메시지를 더 잘 전달하는 포옹, 다독임, 키스 또는 따뜻한 악수를 경험하지 않았는가?

오늘날 신체적 접촉이 학대 문제로 그토록 민감한 사안이 되었다는 것은 슬픈 일이다. 교사는 오해받아 곤란하고 불편하고 대립하고 소송에 걸리는 등 나쁜 결과를 초래하지 않도록 관리자에게서 학생을 터치하는 일을 피하라는 지시를 일상적으로 받는다. 또한 어떤 부모도 신체적인 접촉이 있을 때 이를 주저한다. 왜냐하면 그것이 그들이 길러진 접근 방식이고 편안하게 느끼는 유일한 접근 방식이기 때문이다.

크리스천에게 "거룩한 입맞춤으로 서로 문안"하도록 격려하는 말씀은 적어도 6구절 정도 있다. 우리는 학대가 일어날 테고 반드시 그것에서 지켜져야 한다는 것부터 상기할 필요가 없다. 터치는 항상 적절해야 하며, 아이들은 상처를 주는 터치에 저항하는 법을 배워야 한다. 그러나 학대를 막으려는 경계심이 우리를 다정하고 안심시키는 터치를 피하도록 이끌 때 우리는 또 다른 형태의 학대, 즉 정서적 거리두기의 학대에 기여하게 된다. 우리 모두는 신생아에게 신체적인 터치가 얼마나 필요한지, 아이를 어떻게 데려가고 꼭 껴안고 얼굴을 쓰다듬는 것이 아이의 생존에 얼마나 중요한지에 대한 보고서를 읽었다. 요양원에서 일하는 사람은 신체적인 접촉이 어르신의 삶의 질에 변화를 줄 수 있고 심지어 그들의 삶을 연장할 수도 있다고 말한다. 전 세계의 남녀는 일상적인 인사에서 정기적으로 악수하거나 포옹하거나 키스를 한다. 우리 모두는 정기적으로 신체적인 접촉이 필요하다.

가족 구성원이 서로 다정하게 스킨십을 할 때 가정의 정서적 안정감은 강화된다. 접촉, 친밀감 제공, 애정 표현과 더불어 신체적인 터치를 사랑하는 것은 아이가 적절한 것과 그렇지 않은 것의 차이를 이해하도록 도와준다. 배우자들은 아이뿐 아니라 서로에게도 자연스러운 표현으로 적절한 신체적 터치를 모델링할 수 있다(연구 결과는 자녀가 부모 사이에서 적절한 육체적 애정을 목격했을 때 더 건강한 관계를 맺는다고 말해준다). 우리 아이들은 TV와 영화에서 포옹과 키스가 어떻게 남용될 수 있는지 배울 수많은 기회가 있을 것이다. 그들은 행복하고, 건강하고, 정서적으로 안정된 크리스천 어른들에게서 두려움 없이 표현할 수 있는 자연스러운 애정 표현을 배워야 한다.

몇 년 전 갤럽 여론조사에서 보고된 바와 같이 "때로는 잘, 그리고 세게 때리면서 아이를 훈육할 필요가 있다"라고 믿는 미국 부모가 절반 정도라는 것은 정말 불행한 일이다. 이는 양육과 부모 교육의 실태에 대한 슬픈 논평으로, 우리 아이들을 더욱 존중하는 방식으로 인도하려고 노력하는 우리 모두에게 도전장을 내민다. 우리가 자녀와 주고받는 신체적인 접촉이 언제나 사랑스럽고 위로가 되고 편안하고, 고통 대신 축복의 원천이 될 수 있도록 하자.

주일을 특별하게 만들기

맨 처음 주신 계명 중 하나는 "안식일을 기억하여 거룩하게 지키라"(출 20:8)이다. 주일예배가 끝난 뒤 가족 단위로 외식을 하거나, 오직 주일에만 만드는 냄비에 구운 요리의 향을 맡으며 귀가했던 추억을 소중히 여기는 사람이 많다. 다른 이에게 그 기억은 할머니 댁으로 여행을 가거나 친구들과 정기적으로 만나는 것일 수도 있다. 이런 것들 모두 그 나름대로 옳지만, 우리가 그것을 주일예배의 일부로 만들 때 우리 삶에서 새로운 차원의 의미로 끌어올리게 된다. 이는 가족에게 유대감을 주는 의식일 뿐 아니라 주일예배에 참석하기 위해 따뜻한 느낌을 창조하는 데 도움을 준다.

솔직히 말해보자. 부모가 어렸을 때, 그들도 주일예배에 가는 것이 항상 신나지는 않았다(그리고 때로 어른들조차도 신나지 않을 수 있다). 그러나 주일예배가 가족과 함께 식사를 하러 가거나 할머니 댁에 가는 것을 의미할 때는 그림이 바뀐다. 그것은 단순한 의무가 아니라 축하가 되고, 가족을 기념하는 연결 의식이 된다.

또한 많은 가족에게 주일은 가족 식사, 가족회의 그리고 가족의 밤을 위한 이상적인 시간이다. 이와 같은 활동과 함께 주일을 기념하는 것은 주님의 날의 중요성을 강화함은 물론, 가족이 그저 함께 있는 것만으로 즐길 수 있는 평온한 시간을 제공한다. 주님의 날은 지난 몇 년 동안 문화적인 지지를 많이 잃었는데, 그것은 참으로 유감스럽다. 크리스천 가정들이 적극적으로 나서 그날을 축하와 함께하는 특별한 날로 만들기로 결정할 수 있다. 점점 더 바빠지는 우리의 세상 속에서 서로를 위해 남겨진 하루는 진심으로 감사가 된다!

당신이 원하는 장소

주님의 날이 특별해지고 가족 식사와 가족회의, 가족의 밤 그리고 신체적인 애정 표시 등 이 모든 것이 더해진 가정은 아이에게 환영받고 편안함을 느끼게 해준다. 자신에게 다음과 같이 질문해보라. 당신의 가정은 아이가 있고 싶어 하는 곳인가? 가족과 함께 집에 있는 것과 건강하지 못한 활동에 참여하는 것 사이에서 아이는 집에 머물기를 선택할 것인가? 아이가 친구를 초대하는 것을 편안해하는가? 집이 확실하게 편안한 곳이려면 격려와 지원, 지지의 공간이고, 각 사람이 무조건적으로 사랑을 받으며, 끊임없는 잔소리와 비난에서 자유로워야 한다(에베소서 6장 4절 말씀 "또 아비들아 너희 자녀를 노엽게 하지 말고"를 기억하라). 이는 당신의 아이에게 필요하고 받을 자격이 있는 안전한 피난처를 제공하면서 당신이 긍정적으로 그 질문들에 답하는 데 도움이 될 것이다.

축복 나누기

우리는 이 장을 리베카의 이야기로 시작했다. 리베카는 주일에 교회에 가는 것의 중요성에 관해 자신만의 생각을 가지고 대학에서 집으로 돌아왔다. 리베카는 부모님에게 그녀가 자신만의 사람이 되어가고 있다는 것을 알게 했고, 전형적으로 자신의 주장을 강조하려고 부모님에게 중요한 문제를 스스로 선택했다. 그러나 리베카의 부모님은 지난 몇 년간 긍정적인 의식과 전통을 창조하고 기념하기 위해 노력했고, 리베카도 의식과 전통에 감사하고 소중히 여기는 법을 배웠다. 결국 그녀의 가족이 길러온 사랑과 소속감은 리베카를 주일에 다시 교회로 인도해줄 것이며, 그것은 이제 성장하는 그녀의 가족 속에 습관으로 자리 잡을 것이다.

우리는 정기적으로 서로 연결하고 다른 사람들과 나누는 기회를 만들어가면서 가족을 기념하게 된다. 원조 활동, 이웃 활동 참여, 공동체 봉사, 교회 모임 출석 등을 통해 나누는 일은 크리스천 가족의 오아시스 안에서 배워가는 것들이다. 긍정 훈육은 건강한 가정을 만들기 위한 많은 도구를 제공함으로써 도움을 줄 수 있다. 이 도구들은 우리 아이들이 먼 훗날에 잘 섬기며 살아갈 수 있는 성품과 인생 기술을 배울 수 있게 한다. 예수님의 가르침과 건강하고 존중하며 사랑하는 가족으로 성장시키는 도구들, 이것은 확실히 축하할 만한 가치가 있는 조합이다!

"오직 나와 내 집은 여호와를 섬기겠노라."(수 24:15b)

옮긴이의 글

긍정 훈육을 알게 되고 아들러와 드라이커스에 관해 공부하게 된 것은 정말 큰 축복이었다. 막연하게 알아서는 그 앎대로 살아낼 수가 없다. 우리는 사랑해야 하는 줄을 모르는 게 아니고, 아이를 진심으로 존중하고 부모나 교사로서 아이들에게 존중받아야 함을 모르는 게 아니다. 그리스도의 사랑을 입은 자로서 사랑하려 애쓰고 상호 존중하려고 노력한다. 그렇지만 그런 의도와 노력이 무색하게 우리는 행동하고 있고 아이들은 그에 따라 반응하며 결국 관계마저 틀어지는 경험을 할 때가 많다. 제대로 알아야 제대로 사랑할 수 있고 바라는 대로 살아낼 수 있다. 긍정 훈육은 자녀를 교육하고 학생들을 지도함에 있어 막연하게 알았던 것들에 대해 선명함과 통찰을 선사해주었고, 나를 좀 더 나은 부모와 교사가 될 수 있도록 격려해주었다.

처음 책으로 긍정 훈육을 접했을 때 다 옳은 말이고 당연한 원칙들이라고 생각은 되었지만, 현실에서 그런 훈육을 경험하거나 관찰해보지 못한 탓에 사실 감이 잘 안 왔다. 지금 돌이켜 생각해보니 존중을 해야 한다는 말은 수없이 듣고 또 그러고자 했지만, 그때는 내가 제대로 하고 있는지 가늠해볼 수 있는 센서조차 없었던 것 같다. 존중은 존중 어린 태도를 경험하면서 배울 수 있는데, 나 역시 그런 경험이 충분하지 못했을 것이다. 긍정 훈육 워크숍에 참여하면서 책 속 행간의 의미를 이해할 수 있었다. 역할극과 여러 활동을 통해 작게나마 훈육 받는 사람의 입장을 경험할 수 있었고, 훈육하는 자의 좌절과 어긋난 논리도 깨달을 수 있었다. 그리고 꽤 여러 부분에서 나는 그동안 나 자신을 존중 어린 태도로 대하지 않았고 내 가족과 학생들에게도 그랬다는 것을 알았다.

무엇보다 긍정 훈육을 배우면서 정말 은혜를 많이 받았다. 그리고 실천하고 나누면서 은혜가 더해지는 경험을 했다. 나만 그런 것이 아니라 긍정 훈육 워크숍이나 공부 모임을 마치고 나면 참가자들의 얼굴이 은혜받은 사람들처럼 충만한 표정들이다. 무슨 예배나 부흥회도 아닌데 다들 은혜가 한가득이다. 그 이유는 이 긍정 훈육의 원리가 너무나도 성경적이라서 그렇다. 사랑과 공의가 다 이루어지는 방식을 경험적으로 배우고 또 격려를 받게 되니 기쁨이 생길 수밖에 없다. 가르치는 내용만 옳고 선한 것이 아니라 가르치는 방법과 태도에도 옳고 선함이 깃들어야 한다. 사랑을 베풀다가 공의가 무너져도 안 되고, 공의를 지키다가 사랑이 사라져도 안 된다. 이 둘을 다 지켜내는, 구체적이고 선명한 태도와 기술이 긍정 훈육에 담겨 있다.

아들러 심리학을 기반으로 하는 이 긍정 훈육이 절대적이라고 생각하지는 않는다. 다만 이 원리가 절대자이신 하나님의 뜻과 합하고, 성경의 가르침과 일치하기 때문에, 성경적인 훈육을 실천하려는 분들에게 구체적인 지침을 주고 용기를 준다는 점은 분명하다. 배우고 실천하고 나눌

수록 긍정 훈육이 추구하는 방향과 가치가 하나님이 우리를 존중하시고 사랑하시고 기다리시고 놓아주시는 방식들과 비슷하다고 생각할 때 즈음, 국내 유일 PD 트레이너이자 '긍정의 훈육' 시리즈의 최초 번역자이신 김성환 선생님과 이에 대한 이야기를 나누게 되었다. 그리고 신앙의 관점에서 긍정 훈육을 서술한 이 책의 존재를 알게 되었다. 김성환 선생님의 멘토로서 긍정 훈육이 한국 사회에 온전하게 자리매김할 수 있도록 공헌하신 분이 이 책의 저자 메리 휴스였고, 그녀는 독실한 크리스천으로 이 책이 한국에 출간되기를 소망하고 있었다. 이러한 만남과 연결의 과정 가운데 일하고 계셨을 하나님을 생각하니 이 또한 큰 기쁨과 감동이었다. 긍정 훈육을 배운 후로 몸소 변화와 회복을 경험한 나로서, 크리스천 가정을 살리고 교회 교육을 새롭게 하는 데 큰 도움을 줄 귀한 책을 번역하게 된 것을 영광으로 생각한다. 사명감을 가지고 번역한 것이 이제 이렇게 결실을 보게 되어 진심으로 감사할 따름이다.

하나님은 우리를 지으신 창조주시다. 그리고 다른 피조물과는 구별되게 우리를 하나님의 형상대로, 함께 사랑을 주고받기 위해 지으셨다. 하지만 완전한 하나님과는 달리 불완전한 우리 인간은 결국 창조주의 사랑에 온전하게 반응하지 못했다. 우리 안에 하나님의 형상은 깨어졌고 우리는 마음에 하나님 두기를 싫어하는 죄성이 가득한 존재가 되었다. 하나님은 그런 우리를 헤아리시고 존중하셨다. 우리는 부족하고 약하기에 악해지기 쉽고, 어리석기에 또한 악해지기 쉬운 존재임을 아셨다. 당신이 사랑하여 지으셨으니 그 사랑을 끝까지 지켜내시려는 책임감으로 하나님은 이 땅에 성육신하셨다. 그리고 십자가에서 보혈을 흘리시고 우리 죄를 해결하시고 새로운 삶을 주셨다. 하나님이 우리에게 베푸신 은혜와 일하심을 찬찬히 묵상해보라. 그 은혜를 알수록 그를 닮아가고 싶고 그의 행하심대로 나도 살아내고 싶다면 이 책은 분명 그에 필요한 통찰과 구체적인 지혜를 선물할 것이다.

긍정 훈육을 실천하는 것이 우리 크리스천들에게는 더 쉬운 일이다. 우리에게는 하나님의 공급하심과 예수님의 본 보이심과 성령님의 중보하심이 있기 때문이다. 하늘의 에너지를 받아 누리는 우리가 그분의 온전하신 사랑을 흘려보내는 통로가 되면 좋겠다. 또한 온전하신 예수님을 닮아가는 것이 우리 삶의 이상이고 목표임에도, 죽을 때까지 우리는 불완전한 존재임을 기꺼이 받아들이면 좋겠다. 은혜 아니면 살아갈 수 없는 존재임을 기억할 때, 우리는 서로를 용서하고 서로에게 용기를 북돋는 일을 계속 이어갈 수 있다. 인생 기술을 키워가고, 자기 삶의 부르심을 이루는 데 온전히 주목하면서 하나님이 바라시는 양육의 목표에 더욱 가까워지게 될 것이다.

양육서이면서 신앙서인 이 책을 기꺼이 출판해주신 교육과실천에 하나님의 축복이 임하기를 간절히 기도한다. 이들의 수고 덕분에 많은 가정과 교회가 살아나고 세워지리라 믿는다. 이 책이 겨자씨가 되어 여러 크리스천 가정과 한국 교회에 예수님이 몸소 보이신 사랑의 훈육이 편만해졌으면 좋겠다. 크리스천의 본분인 생명을 낳고(육적인 자녀이든 영적인 자녀이든), 그 생명이 생명력 있게 자라도록 양육하고 헌신하는 일에 우리 모두가 귀하게 쓰임 받기를 소망한다.

안미영

크리스천을 위한 긍정의 훈육

초판 1쇄 발행 2020년 12월 11일

지은이 | 제인 넬슨, 메리 휴스, 마이크 브록
옮긴이 | 안미영

발행인 | 최윤서
편집장 | 허병민
교정교열 | 이진희
디자인 | 디자인봄
마케팅지원 | 김수경
펴낸 곳 | 교육과실천
도서문의 | 02-2264-7775
인쇄 | 031-945-6554 두성 P&L
일원화 구입처 | 031-407-6368 (주)태양서적
등록 | 2020년 2월 3일 제2020-000024호
주소 | 서울특별시 중구 창경궁로 18-1 동림비즈센터 505호
ISBN 979-11-90113-09-0 (03230)

값은 뒤표지에 있습니다.